プリント形式のリアル過去問で本番の臨場感！

東京都
都立

富士高等学校附属中学校

2025年春受験用

解答集

本書は，実物をなるべくそのままに，プリント形式で年度ごとに収録しています。
問題用紙を教科別に分けて使うことができるので，本番さながらの演習ができます。

■ 収録内容

・解答集（この冊子です）

書籍ＩＤ番号，この問題集の使い方，最新年度実物データ，リアル過去問の活用，解答例と解説，ご使用にあたってのお願い・ご注意，お問い合わせ

・2024（令和６）年度 ～ 2019（平成31）年度　学力検査問題

JN132018

問題文などの非掲載につきまして

著作権上の都合により，本書に収録している過去入試問題の本文や図表の一部を掲載しておりません。ご不便をおかけし，誠に申し訳ございません。

○は収録あり　年度	'24	'23	'22	'21	'20	'19
■ 問題（適性検査Ⅰ～Ⅲ）	○	○	○	○	○	○
■ 解答用紙	○	○	○	○	○	○
■ 配点	○	○	○	○	○	○

全分野に解説があります

注）問題文等非掲載:2023年度適性検査Ⅰの1，2022年度適性検査Ⅱの2，2019年度適性検査Ⅰの1

教英出版

■　書籍ＩＤ番号

入試に役立つダウンロード付録や学校情報などを随時更新して掲載しています。
教英出版ウェブサイトの「ご購入者様のページ」画面で，書籍ＩＤ番号を入力してご利用ください。

書籍ＩＤ番号　109213

（有効期限：2025年9月30日まで）

【入試に役立つダウンロード付録】
「要点のまとめ(国語／算数)」
「課題作文演習」ほか

■　この問題集の使い方

年度ごとにプリント形式で収録しています。針を外して教科ごとに分けて使用します。①片側，②中央のどちらかでとじてありますので，下図を参考に，問題用紙と解答用紙に分けて準備をしましょう（解答用紙がない場合もあります)。

針を外すときは，けがをしないように十分注意してください。また，針を外すと紛失しやすくなりますので気をつけましょう。

①　片側でとじてあるもの

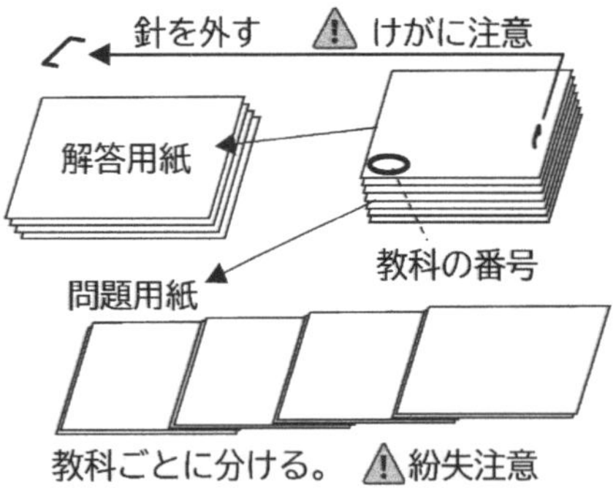

②　中央でとじてあるもの

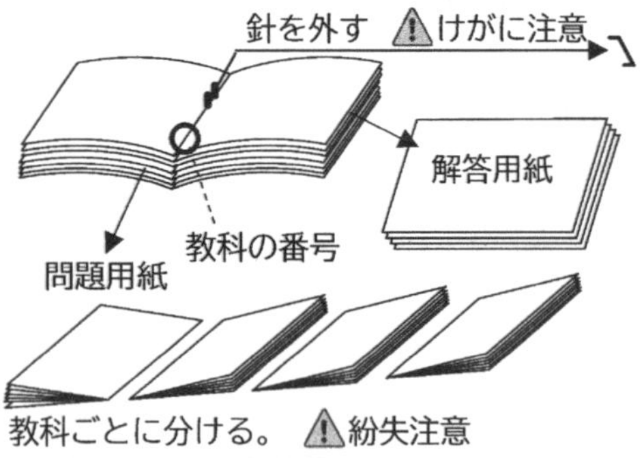

※教科数が上図と異なる場合があります。
解答用紙がない場合や，問題と一体になっている場合があります。
教科の番号は，教科ごとに分けるときの参考にしてください。

■　最新年度　実物データ

実物をなるべくそのままに編集していますが，収録の都合上，実際の試験問題とは異なる場合があります。実物のサイズ，様式は右表で確認してください。

問題用紙	Ａ４冊子(二つ折り)
解答用紙	Ａ３プリント

リアル過去問の活用

～リアル過去問なら入試本番で力を発揮することができる～

✿ 本番を体験しよう！

問題用紙の形式（縦向き／横向き），問題の配置や余白など，実物に近い紙面構成なので本番の臨場感が味わえます。まずはパラパラとめくって眺めてみてください。「これが志望校の入試問題なんだ！」と思えば入試に向けて気持ちが高まることでしょう。

✿ 入試を知ろう！

同じ教科の過去数年分の問題紙面を並べて，見比べてみましょう。

① 問題の量

毎年同じ大問数か，年によって違うのか，また全体の問題量はどのくらいか知っておきましょう。どのくらいのスピードで解けば時間内に終わるのか，大問ひとつにかけられる時間を計算してみましょう。

② 出題分野

よく出題されている分野とそうでない分野を見つけましょう。同じような問題が過去にも出題されていることに気がつくはずです。

③ 出題順序

得意な分野が毎年同じ大問番号で出題されていると分かれば，本番で取りこぼさないように先回りして解答することができるでしょう。

④ 解答方法

記述式か選択式か（マークシートか），見ておきましょう。記述式なら，単位まで書く必要があるかどうか，文字数はどのくらいかなど，細かいところまでチェックしておきましょう。計算過程を書く必要があるかどうかも重要です。

⑤ 問題の難易度

必ず正解したい基本問題，条件や指示の読み間違いといったケアレスミスに気をつけたい問題，後回しにしたほうがいい問題などをチェックしておきましょう。

✿ 問題を解こう！

志望校の入試傾向をつかんだら，問題を何度も解いていきましょう。ほかにも問題文の独特な言いまわしや，その学校独自の答え方を発見できることもあるでしょう。オリンピックや環境問題など，話題になった出来事を毎年出題する学校だと分かれば，日頃のニュースの見かたも変わってきます。

こうして志望校の入試傾向を知り対策を立てることこそが，過去問を解く最大の理由なのです。

✿ 実力を知ろう！

過去問を解くにあたって，得点はそれほど重要ではありません。大切なのは，志望校の過去問演習を通して，苦手な教科，苦手な分野を知ることです。苦手な教科，分野が分かったら，教科書や参考書に戻って重点的に学習する時間をつくりましょう。今の自分の実力を知れば，入試本番までの勉強の道すじが見えてきます。

✿ 試験に慣れよう！

入試では時間配分も重要です。本番で時間が足りなくなってあわてないように，リアル過去問で実戦演習をして，時間配分や出題パターンに慣れておきましょう。教科ごとに気持ちを切り替える練習もしておきましょう。

✿ 心を整えよう！

入試は誰でも緊張するものです。入試前日になったら，演習をやり尽くしたリアル過去問の表紙を眺めてみましょう。問題の内容を見る必要はもうありません。どんな形式だったかな？受験番号や氏名はどこに書くのかな？…ほんの少し見ておくだけでも，志望校の入試に向けて心の準備が整うことでしょう。

そして入試本番では，見慣れた問題紙面が緊張した心を落ち着かせてくれるはずです。

※まれに入試形式を変更する学校もありますが，条件はほかの受験生も同じです。心を整えてあせらずに問題に取りかかりましょう。

富士高等学校附属中学校　2024 令和６年度　適性検査Ⅰ

《解答例》

1　〔問題１〕文章１自分の気持ちを保つ　文章２わずかなくふうでうまくいくことに気づく

〔問題２〕あのきれ～ように。

〔問題３〕（１字あける）私は、小学校の時、友達とけんかをしてしまうことが何度かあった。友達が言ったことを深く考えずにすぐに否定したり、自分の思ったことをそのまま口にしたりして、友達をおこらせてしまうことがあったのだ。（改行）芭蕉の「謂応せて何か有」について、筆者は、ことばの裏側に余韻や想像力といった考えを置いてはどうか、詩という文芸は、表面的な理解だけでわかった気になってはつまらないと述べている。また、「舌頭に千転せよ」については、わずかな工夫でうまくいく、そこに気づくまで「千転せよ」というわけですと説明している。こうしたことは、俳句だけではなく、言葉を使う全ての場面で言えることだと思う。相手の言葉を表面的に理解してわかったつもりになったり、思ったことをそのまま言葉にしたりするのはよくない。言葉を受け取る人がどう思うか想像力を働かせ、言い方を工夫するように心がけたい。特に、ＳＮＳなどで、文字で言葉を伝える場合には、声や表情で感情を伝えられないので、より一層ていねいに言葉を使っていきたい。

《解　説》

1　**〔問題１〕**　文章１で，筆者が「くり返し唱えたり，思いうかべたりする」歌が，「こよひ逢《あ》ふ人みなうつくしき」で，この言葉を唱えることで，筆者は「前向きになり，好意的に人と会える気持ちになれて勇気がわく」のである。そして，短歌を思いうかべることで，このような効果があることを一般化《いっぱんか》して，「短歌を知る，覚えていくということは，自分の気持ちを保つための言葉を確保していくことでもあるのだと思う」とまとめている。文章２では，芭蕉《ばしょう》の「舌頭《ぜっとう》に千転《せんてん》せよ」という言葉をあげ，言葉を千回もくり返し唱えることで，「ほんのわずかの工夫《くふう》でうまくいく」ことに気づくことができると述べている。

〔問題２〕　筆者は「てのひらをくぼめて待てば青空の見えぬ傷《きず》より花こぼれ来る」という短歌から，「あのきれいな青い空にも傷がある。自分の中の見えない場所にあるもののように」という情景を想像している。倒置を用いた連続する二文になっている。「清水《きよみず》へ～こよひ逢ふひとみなうつくしき」の歌から想像した「桜の咲くころの祇園《ぎおん》を訪《たず》ねたことはないのだが，脳内《のうない》には花灯《はなあか》りの下を，浮《う》かれたような～人々《ひとびと》の，うつくしい顔がくっきりと浮かぶ」も短歌から想像した情景だが，「連続する二文」になっていないので，誤り。この直後の「夜桜見物を一度だけしたことがあるが～ロマンチックではない」は，筆者の実体験を述べたもの。

富士高等学校附属中学校　2024 令和6年度　適性検査Ⅱ

《解答例》

1　〔問題１〕太郎さんの作業…かく→切る→切る→切る→切る→切る→切る

花子さんの作業…かく→かく→かく→かく→かく

６枚のマグネットシートを切り終えるのにかかる時間…40

〔問題２〕右表

(得点板の数字を456から987にするのにかかる最短の時間)　(　16　)秒
〔　4　〕→〔　6　〕一の位と百の位のボードを入れかえる。
〔　6　〕→〔　9　〕6のボードを180度回す。
〔　5　〕→〔　8　〕5にマグネットを2個つける。
〔　4　〕→〔　7　〕4にマグネットを1個つけて2個取る。
〔　　〕→〔　　〕

2　〔問題１〕ＡからＣ／航空機と鉄道の利用わり合は，ＡからＢはほぼ同じであるのに対して，ＡからＣは航空機の方が高い。その理由としては，ＡからＣの航空機と鉄道の料金は，ほぼ変わらないが，航空機の所要時間が約半分だからと考えられる。　〔問題２〕「ふれあいタクシー」の取り組みが必要になった理由…人口が減少し，路線バスの本数が減少したＥ町が，移動することにこまっている人を対象とした交通手だんを用意するため。

「ふれあいタクシー」導入の効果…75 さい以上の人の多くが，利用者証を得て，「ふれあいタクシー」を利用して買い物や病院へ行くことができるようになった。

3　〔問題１〕750ｇの金属をのせて調べたときも 1000ｇの金属をのせて調べたときも，おもりの数は手順６の板のときが最大であった。そして，手順６の板のみぞの方向に対して糸の引く方向はすい直であり，キャップのみぞの方向に対して手で回す方向もすい直であるから。　〔問題２〕組み合わせ…２号と５号　理由…実験２では同じでなかった条件のうち実験３では同じにした条件は，重さである。１号と３号のすべり下りる時間が同じなのに，１号と６号のすべり下りる時間は同じではなかった。だから，すべり下りる時間が同じになるのは，一番下の板の素材が同じ場合だと考えられるから。

《解　説》

1　**〔問題１〕**　太郎さんは「かく」作業に10分，「切る」作業に５分かかり，花子さんは「かく」「切る」作業のどちらも７分かかる。よって，「かく」作業は花子さん，「切る」作業は太郎さんができる限りするように考える。

最初の作業はどちらも「かく」作業になり，かいた枚数よりも切った枚数の方が多くならないように，２人の作業をまとめると，右図のようになる。このとき，太郎さんの作業時間は10＋５×６＝40(分間)，花子さんの作業時間は７×５＝35(分間)だから，45分未満で終わらせることができる。解答例以外にも，条件に合えば他の手順，時間となってもよい。

太郎	⑩	5	5	5	5	5	5
花子	⑦	⑦	⑦	⑦	⑦		

※単位は「分」であり，「かく」作業は○印，「切る」作業は□印で表す。

〔問題２〕　２枚のボードを入れかえること(操作４)を行うかどうかで，場合を分けて考える。

操作４を行わない場合，〔４〕→〔９〕はマグネットを２個つける，〔５〕→〔８〕はマグネットを２個つける，〔６〕→〔７〕は180°回してマグネットを３個とるのが最短の方法で，２×２＋２×２＋(３＋２×３)＝17(秒)

かかる。

操作4を行う場合，〔6〕→〔7〕に時間がかかることを考えると，6を他の数字と入れかえたい。〔6〕→〔9〕は180°回転させるだけでよいので，最初に4と6を入れかえる。〔6〕→〔9〕は180°回す，〔5〕→〔8〕はマグネットを2個つける，〔4〕→〔7〕はマグネットを1個つけて2個とるのが最短の方法で，

3＋3＋2×2＋2×3＝16(秒)かかり，こちらの方法が最短となる。

2 〔問題1〕 AからDを選んだ場合の解答は，「航空機と鉄道の利用わり合は，AからBはほぼ同じであるのに対して，AからDは鉄道の方が高い。その理由としては，AからDの航空機と鉄道の所要時間は，ほぼ変わらないが，鉄道の料金が航空機の料金の約3分の2だからと考えられる。」となる。移動手段を考える場合，所要時間と料金のどちらを重視するかで選択が変わってくる。所要時間が同じなら料金の安い方，料金が同じなら所要時間の短い方を選択するのが，一般的な消費者の行動と言える。数値が比較しにくいときは，(料金)÷(所要時間)から，単位時間あたりの料金を求めるか，(所要時間)÷(料金)から，単位料金あたりの所要時間を求めるかして比べてみればよい。

〔問題2〕 表2からE町における路線バスの平日一日あたりの運行本数が減っていることを読み取り，図2からE町の人口が減っていることを読み取る。次に，路線バスの運行本数が減って困る人がどのような人かを，図3から読み取る。そうすれば「ふれあいタクシー」の取り組みが必要になった理由を考えることができる。また，表3から，利用者証新規交付数が減少するなか，利用者証累計交付数が，E町の75歳以上の人口の数値に近づいていて，75歳以上の人の多くが利用者証の交付を受けていることを読み取る。

3 〔問題1〕 手でつかむ力が大きいときを1000gの金属をのせたとき，手でつかむ力が小さいときを750gの金属をのせたときとして考える。また，結果では，プラスチックの板が動いたときのおもりの数が多いほど，すべりにくいと考えればよい。なお，実験でプラスチックの板が動くときが，キャップが開くときではない。

〔問題2〕 組み合わせについては，解答例の他に「4号と6号」でもよい。このときの理由は，「2号と5号」のときと同じで，実験3では重さを同じにしたこと，一番下の板の素材が同じであればすべり下りる時間が同じになると考えられることについてまとめてあればよい。

《解答例》

1　〔問題１〕３月 14 日

〔問題２〕道順…

得られる点数の合計…173

※〔問題３〕右下図

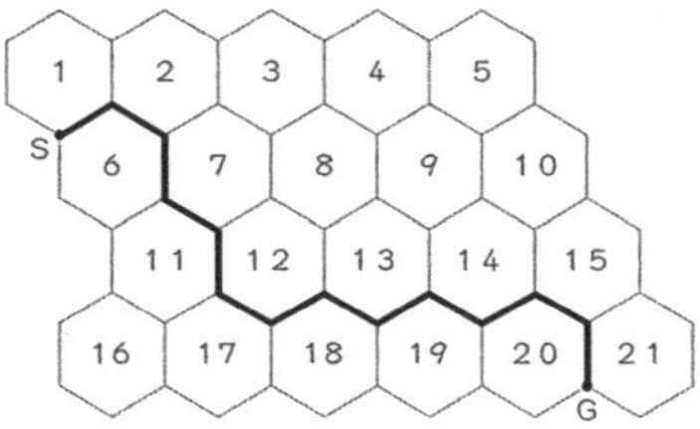

〔別解〕道順…

得られる点数の合計…161

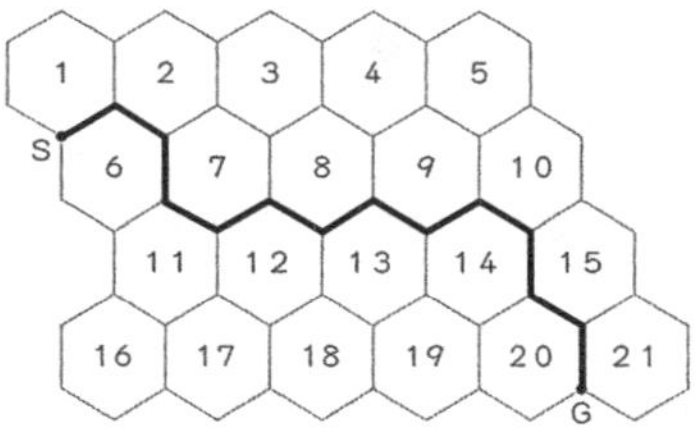

2 ※〔問題１〕②→②→①

〔問題２〕平行四辺形の合計…54

右図のうち１つ

〔問題３〕

(立方体の回転がアまたはイの場合)

じ③→じ⑤〔別解〕じ⑤→じ③

(立方体の回転がウまたはカの場合)

じ①→じ⑥〔別解〕じ⑥→じ①

(立方体の回転がエまたはオの場合) じ②→じ④〔別解〕じ④→じ②

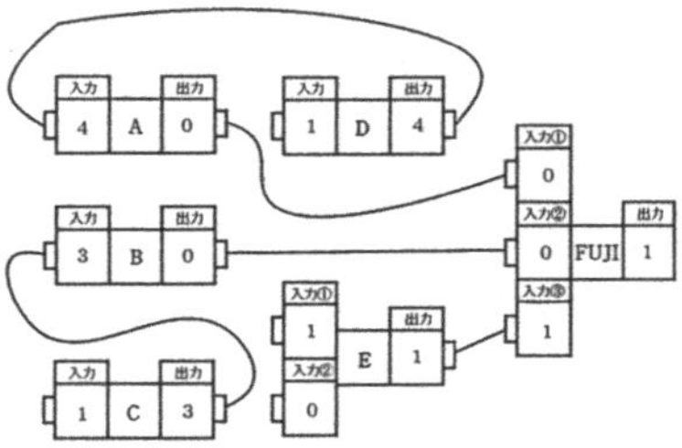

1〔問題３〕の図

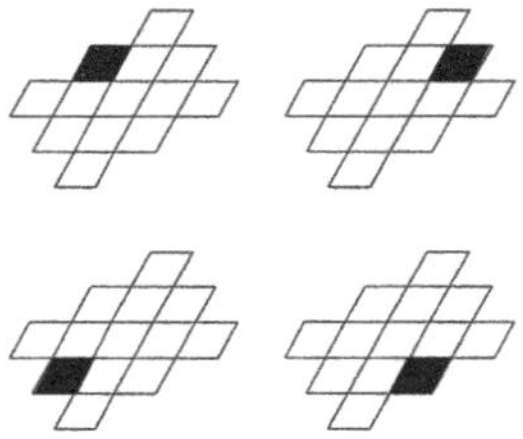

2〔問題２〕の図

※の別解は解説を参照してください。

《解　説》

1　**〔問題１〕**　まず表１より，２月１日から３月 23 日までと３月 24 日までの平年の平均気温の合計を求める。

２月１日から３月 23 日までの合計は，55.5＋61.1＋70.2＋82.1＋96.4＋10.3＝375.6(℃)，３月 24 日までの合計は，375.6＋10.4＝386(℃)である。したがって，桜が開花する平均気温の合計は，375.6℃より大きく 386℃以下だと考えられる。表２より，2023 年の平均気温を２月１日から３月 12 日まで合計すると，66.4＋76.7＋88＋126.2＝357.3(℃)となる。３月 13 日までの合計は，357.3＋13.9＝371.2(℃)，３月 14 日までの合計は，371.2＋10.0＝381.2(℃)，３月 15 日までの合計は，381.2＋12.3＝393.5(℃)である。よって，2023 年の開花日は３月 14 日と考えられる。

〔問題２〕　点数に関するルールの④は，「数字の合計が素数ならその合計と同じ点数を得る」という意味である。したがって，なるべく素数となる点数を得ながら進んだ方が，高得点になる。

通ることができる道を太線にし，その点数を書きこむと，右図のようになる。なるべく素数を通るようにすると，解答例の道順が見つかる。

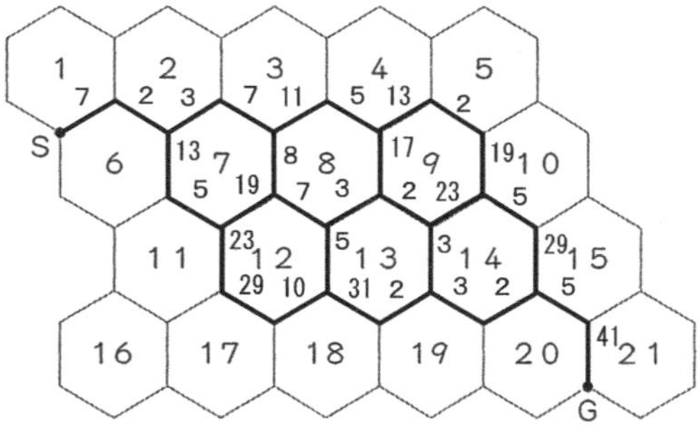

〔問題３〕　ＦＵＪＩブロックには０か１しか入力できないので，ＦＵＪＩブロックの前につなぐことができるブロックはＡ，Ｂ，Ｅのブロックである。Ｅブロック

の前にCかDのブロックをつなぐと，Eブロックから０か１が出力されることがないので，Eブロックの前には何もつながない。したがって，C，DのブロックをそれぞれAかBのブロックの前に別々につなぐ。Bブロックから２が出力されないように気をつけながら，C，Dブロックにそれぞれ０か１を入力し，A，Bブロックから出力された数字を確認してから，Eブロックに入力する数字を決めればよい。解答例以外にもいくつか答えが考えられる。

2 **〔問題１〕** 面積を３㎠にするためには，(底辺)×(高さ)の値《あたい》が３×２＝６になればよい。
Oの位置にある●を動かさず，残り２つの●をAとCの位置にもってくることを考えると，②→②→①と選べばよい。他にも，①→①→②，③→③→①，⑨→③→③などが考えられる。

〔問題２〕 図２の中に面積が３㎠の平行四辺形は，右の図Ⅰの３－aが５個，３－bが５個で10個ある。面積が４㎠の平行四辺形は，４－aが４個，４－bが２個，４－cが２個で８個ある。面積が５㎠の平行四辺形は，５－aが１個，５－bが１個で２個ある。面積が６㎠の平行四辺形は，６－aが２個，６－bが２個で４個ある。面積が９㎠の平行四辺形は，９－aが１個ある。よって，平行四辺形は合計13＋16＋10＋８＋２＋４＋１＝54(個)ふくまれている。

図Ⅰ

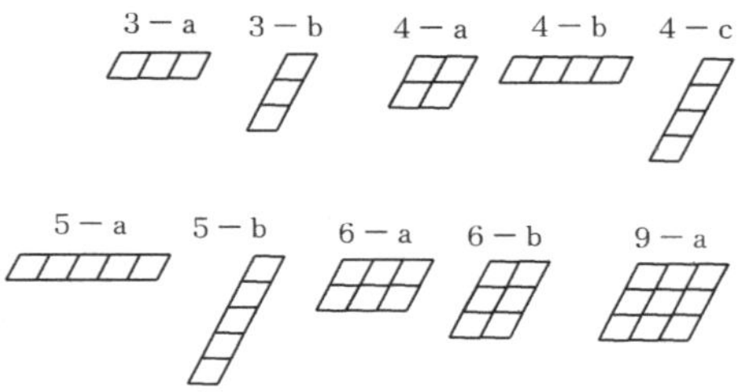

これを45個にするためには，54－45＝９(個)減らせばよい。図形の対称性から，図Ⅱで同じ番号をつけた平行四辺形はどれが使えなくなっても，減る平行四辺形の個数が同じになる。

図Ⅱ

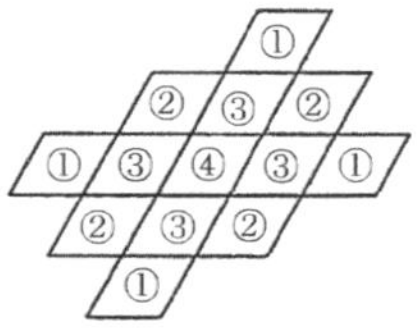

①の平行四辺形は，面積が１㎠の平行四辺形として１個ふくまれ，２㎠の平行四辺形１個と，３㎠の平行四辺形１個と，４㎠の平行四辺形１個と，５㎠の平行四辺形１個と，６㎠の平行四辺形０個と，９㎠の平行四辺形０個で使われている。したがって，①が使えなくなると，１＋１＋１＋１＋１＝５(個)減る。
②の平行四辺形は，面積が１㎠の平行四辺形として１個ふくまれ，２㎠の平行四辺形２個と，３㎠の平行四辺形２個と，４㎠の平行四辺形１個と，５㎠の平行四辺形０個と，６㎠の平行四辺形２個と，９㎠の平行四辺形１個で使われている。したがって，②が使えなくなると，１＋２＋２＋１＋２＋１＝９(個)減る。
③，④の平行四辺形が使えなくなると，減る個数はより多くなる。
よって，②の平行四辺形のうちの１個を黒くぬりつぶせばよい。

〔**問題３**〕　「じ①」～「じ⑥」による移動先を図にまとめると，右の図Ⅰのようになる。立方体の回転がア～カのどれであっても，アキラさんが動かしたＰの位置は，１辺が５㎝の立方体の対角線ＥＣ上を，ＥからＣの方向に，１辺が１㎝の立方体の対角線の長さだけ進んだ位置だから，以下の図の○の位置になる。

図Ⅰ

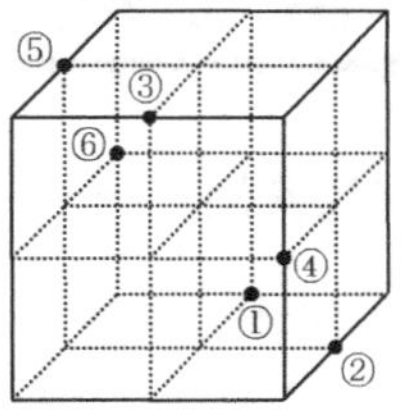

例えば回転の種類がアだった場合，右に２㎝や奥に２㎝動く移動をふくめると，ＱがＰに重ならないから，「じ③」と「じ⑤」以外の移動は使えない。

この場合，「じ③」→「じ⑤」または「じ⑤」→「じ③」と移動すればＱがＰに重なる。

このように，回転の種類がどれであっても，ＱがＰに重なる移動のしかたは２通りずつある。

図５　回転アの結果

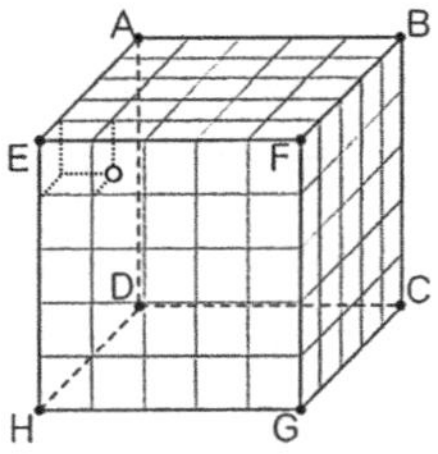

図６　回転イの結果

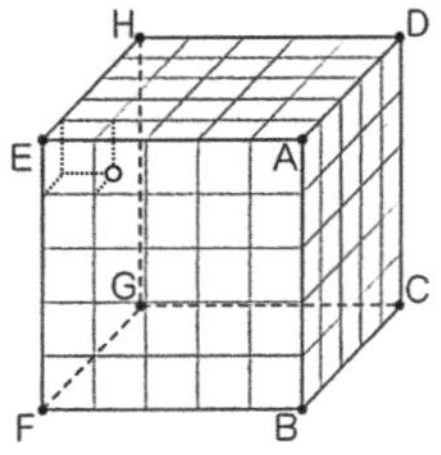

図７　回転ウの結果

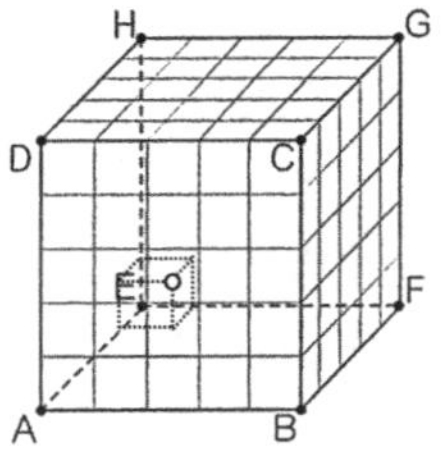

図８　回転エの結果

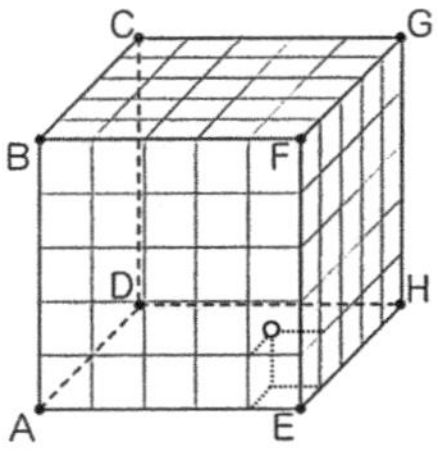

図９　回転オの結果

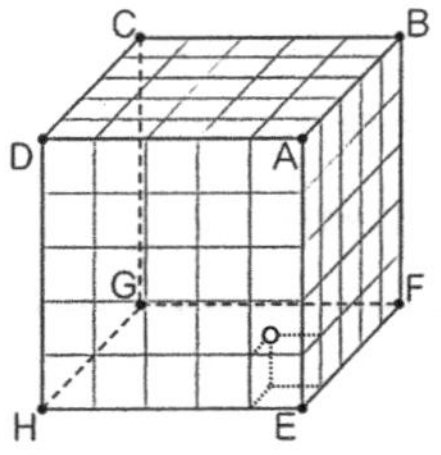

図１０　回転カの結果

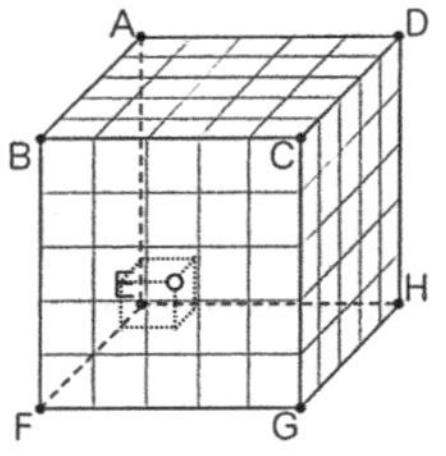

富士高等学校附属中学校　2023 令和5年度　適性検査Ⅰ

《解答例》

1 〔問題1〕何世代にもわたって伝えながらつくり出されてきた

〔問題2〕書き手の主観の入っている真実を読んで、書かれていない事実を考えること。

〔問題3〕

文章1と2に共通しているのは、現在と未来は過去の蓄積で成り立っていて、過去を未来につなげ、それを生かすことが大切だという考え方だと思う。文章1では、ものをつくり出すためには、知識や技術や経験だけではなく、アイデアが必要で、アイデアが浮かぶのは一瞬だが、その背後には長い時間が横たわっているということを述べている。また、何世代にもわたって伝えながらつくり出されてきたものの、時間を超えた価値について説明している。文章2では、過去の蓄積の少ない私達には、それを補うものとして、読書が役に立つということを述べている。

私は、これからの学校生活で「温故知新」という言葉を心がけて学んでいこうと思う。文章1を読んで改めて過去の人々の歴史や考え方を学ぶことの大切さに気づいたからだ。過去の蓄積の少ない私がそれを補い、過去というものに触れる機会を設けるためには、文章2に書かれているように、読書が必要だと思う。これから、読書をすることで、未来の自分をつくりあげる基礎を築きたいと思う。

《解　説》

1 **〔問題1〕** 古くさく感じない理由は、直後にあるように「古くないから」である。これをもう少しくわしく説明しているのが、次の一文の「それを人びとが受けつぎ、『もの』が新しい命、新しい生活をもらう」である。つまり、人びとに長く受けつがれてきていて、新しい命を感じさせるから古くさく感じないのである。筆者がこのような「隙間《すきま》や傷《きず》のある家具」を見て、どのようなことを思うのかを読み取る。ぼう線部の前の段落に、「古い道具やすり減った家具を見て、きれいだなと思うことがある～何世代にもわたって伝えながらつくり出されてきたものは」とある。

〔問題2〕 行間を読むということについては、直前に、「本を読むということは～書かれていることを読み、そこに書かれていないことを考える作業とも言えます」と説明されている。少し後に「書かれていることが真実だとすれば、行間には事実があると言えるかもしれませんね」とある。本に「書かれていること」は、「真実」であり、書き手が込《こ》めた想《おも》いや考え、つまり主観が入っている。一方、行間には「事実」があって、それは読み手が本に書かれていないことを考えることで見つけるものである。

富士高等学校附属中学校　2023 令和5年度　適性検査Ⅱ

《解答例》

1　〔問題１〕道順…(エ)→キ→オ→イ→カ　式と文章…５＋７×1.4＋７＋10×1.4＋13＝48.8　ロボットの分速は 12m なので，１m進むには，５秒かかる。ブロックを１個運んでいるときは７秒，ブロックを２個運んでいるときは10秒，ブロックを３個運んでいるときは13秒かかる。また，1.4m進むためには，１m進むときよりも時間は1.4倍かかる。わたしが考えた道順に合わせて，かかる時間をそれぞれたし合わせると，48.8秒になる。

〔問題２〕Ａ，Ｂ，Ｄ／右表

表５　太郎《たろう》さんと花子さんがさらに書きこんだ表

	①の電球	②の電球	③の電球	④の電球
Ａのスイッチ	×	○	○	×
Ｂのスイッチ	○	×	○	○
Ｃのスイッチ	×	○	○	○
Ｄのスイッチ	×	×	×	○
Ｅのスイッチ	○	○	○	×

2　〔問題１〕第２次産業／しゅう業数者は，1960年と比べて1990年は増加し，1990年と比べて2020年は減少している。しゅう業者数の最も多い年れいそうは，1960年は15～24さい，1990年は35～44さい，2020年は45～54さいと変化している。

〔問題２〕図２…①　図３…⑤　農家の人たちの立場…共通する利点は，カフェ事業を始めたり，新しい観光ルートを提案したりして，来客数が増えて，売り上げが増加したことである。　農家以外の人たちの立場…消費者にとって共通する利点は，新しくできたカフェをおとずれたり，加工工場見学などの新しい観光ルートを体験したりして，新たなサービスを受けられるようになったことである。

3　〔問題１〕(1)ウ　(2)葉の面積を同じにしたときの葉についたままの水の量が多いか少ないかを比べ，水てきが葉とくっついている部分の大きさが大きいか小さいかを比べることによって判断した。

〔問題２〕(1)図３から黒色のインクがついた部分がより少ないので，すき間がより広いと考えられ，図４からおもりをのせるとよりちぢむので，厚みがある方向にもすき間がより広いと考えられる。つまり，あらゆる方向に，水が入ることができるすき間がより多いから。　(2)じょう発した水の量は，箱とシャツの合計の重さが軽くなった量からＴシャツの重さが重くなった量を引くことによって求められる。キは，Ｔシャツによってきゅうしゅうされた水の量とじょう発した水の量のどちらも最も多いから。

《解　説》

1　**〔問題１〕**　ロボットの移動する速さは何も運んでいないとき分速 12m だから，１m進むのに 60÷12＝５(秒)，1.4m進むのに５×1.4＝７(秒)かかる。同様にして，ブロックを運んでいるときの個数と時間をまとめると，右表のようになる。

時間の合計の小数第一位を８にするためには，9.8秒かかる進み方を１回だけ行い，あとはかかる時間が整数になるようにしたい。

まずは時間が最短となるような道順を考えてみる。時間を最短にする方法として，倉庫に行くのを１回ですませたいので①「３つのブロックをまとめて倉庫まで運ぶ場合」と，ブロックを３つ運ぶことでロボットがおそくなることをさけたいので②「途中《とちゅう》で倉庫にブロックをおろす場合」の２パターンが考えられる。

運んでいるブロックの数	１m進むのにかかる時間	1.4m進むのにかかる時間
０個	５秒	７秒
１個	７秒	9.8秒
２個	10秒	14秒
３個	13秒	18.2秒

①の場合，ブロックを２つまたは３つ運んでいる状態をなるべく短くしたいので，ブロックの位置をまわる順番は

キ→イ→カとしたい。この場合最短の道のりを通るには，エまたはクをスタートして，キ→オ→イ→カ→ケとまわればよい。このときかかる時間は，５＋9.8＋７＋14＋13＝48.8(秒)となる。よって，これが求める道順である。

②の場合，ブロックの位置をイ→カとまわってから倉庫に２つおろしたいので，ア，ウ，オのいずれかからスタートして，イ→カ→ケ→ク→キ→ク→ケとまわればよい。このときかかる時間は，５＋9.8＋10＋５＋５＋７＋７＝48.8(秒)となる。よって，これも求める道順である。

解答例のように適切に式と文章で説明してあれば，いずれの道順でもよい。

〔問題２〕　まずはそれぞれの電球について，対応するスイッチを確定させていく。②の電球について，ヒント(あ)から，ＢとＣの一方が○でもう一方が×とわかる。よって，ヒント(い)から，Ｄは×で確定する。したがって，ヒント(う)から，Ｅは○で確定する。

ヒント(あ)	②の電球
Ａのスイッチ	○
Ｂのスイッチ	○
Ｃのスイッチ	×

または

ヒント(あ)	②の電球
Ａのスイッチ	○
Ｂのスイッチ	×
Ｃのスイッチ	○

ヒント(い)	②の電球
Ｂのスイッチ	○
Ｃのスイッチ	×
Ｄのスイッチ	×

または

ヒント(い)	②の電球
Ｂのスイッチ	×
Ｃのスイッチ	○
Ｄのスイッチ	×

ヒント(う)	②の電球
Ａのスイッチ	○
Ｄのスイッチ	×
Ｅのスイッチ	○

③の電球について，表４よりＢとＣはともに○か×だから，ヒント(い)から，Ｄは×で確定する。また，ヒント(う)から，Ｅは○で確定する。

④の電球について，ヒント(あ)から，ＢとＣはともに○か×だから，ヒント(い)から，Ｄは○で確定する。

また，ヒント(う)から，Ｅは×で確定する。

ヒント(あ)	④の電球
Ａのスイッチ	×
Ｂのスイッチ	○
Ｃのスイッチ	○

または

ヒント(あ)	④の電球
Ａのスイッチ	×
Ｂのスイッチ	×
Ｃのスイッチ	×

ヒント(い)	④の電球
Ｂのスイッチ	○
Ｃのスイッチ	○
Ｄのスイッチ	○

または

ヒント(い)	④の電球
Ｂのスイッチ	×
Ｃのスイッチ	×
Ｄのスイッチ	○

ヒント(う)	④の電球
Ａのスイッチ	×
Ｄのスイッチ	○
Ｅのスイッチ	×

以上より，ＤとＥはすべて確定するので，下の表のようになる。

<table>
<tr><th></th><th colspan="2">①の電球</th><th colspan="2">②の電球</th><th colspan="2">③の電球</th><th colspan="2">④の電球</th></tr>
<tr><td>Ａのスイッチ</td><td colspan="2">×</td><td colspan="2">○</td><td colspan="2">○</td><td colspan="2">×</td></tr>
<tr><td>Ｂのスイッチ</td><td>○</td><td>×</td><td>○</td><td>×</td><td>○</td><td>×</td><td>○</td><td>×</td></tr>
<tr><td>Ｃのスイッチ</td><td>×</td><td>○</td><td>×</td><td>○</td><td>○</td><td>×</td><td>○</td><td>×</td></tr>
<tr><td>Ｄのスイッチ</td><td colspan="2">×</td><td colspan="2">×</td><td colspan="2">×</td><td colspan="2">○</td></tr>
<tr><td>Ｅのスイッチ</td><td colspan="2">○</td><td colspan="2">○</td><td colspan="2">○</td><td colspan="2">×</td></tr>
</table>

よって，ＢかＣはどちらか一方が確定すればもう一方も確定する。したがって，例えばＡ，Ｂ，Ｄを押した後に明かりがついていたのは①と②の電球だとすると，Ｂを押したとき①から④の電球はそれぞれ○，×，○，○と確定し，これによってＣを押したとき①から④の電球はそれぞれ×，○，○，○と確定するので，Ａ，Ｂ，Ｄは解答の１つである。同様に，Ｂ，Ｃの中から１つ，Ａ，Ｄ，Ｅの中から２つを選んだ組み合わせであればどのような組み合わせでもよいが，組み合わせによってＢとＣに反応する電球は変化する。

2　〔問題１〕　第３次産業を選んだ場合，「就業者数は，1960 年と比べて 1990 年は増加し，1990 年と比べて 2020 年も増加している。就業者数の最も多い年齢層は，1960 年は 25～34 歳，1990 年は 35～44 歳，2020 年は 45～54 歳と変化している。」となる。1960 年の第３次産業人口は 453＋474＋319＋248＋130＋39＋６＝1669(万人)，1990 年の第３次産業人口は 533＋786＋945＋760＋451＋134＋33＝3642(万人)，2020 年の第３次産業人口は 321＋645＋813＋971＋766＋444＋108＝4068(万人)だから，確実に増えている。また，産業別の就業者数の最も多い年齢層は，徐々に上がっていることが読み取れ，どの産業においても，就業者の高齢化が進んでいることがわかる。

〔問題２〕　＜具体的な取り組み＞の利点をまとめてみよう。

	農家の人たちの立場	農家以外の人たちの立場
①	来客数が増加する。	新鮮な卵を使ったメニューが食べられる。
②	卵や肉などの売り上げが増える。	宿泊と地元の料理が楽しめる。
③	体験をする観光客が増える。	都会では味わえない体験ができる。
④	捨てていたしいたけを出荷できる。	新たなメニューを楽しめる。
⑤	観光客が増える。	工場見学ができる。
⑥	販売品目が増える。	新たな商品を購入できる。

例えば③と⑤を選べば，農家の人たちの立場から共通する利点は，「家族連れの観光客の数が増える。」，農家以外の人たちの立場から共通する利点は，「飼育体験や工場見学など都会ではできないような体験ができる。」などが考えられる。農家の人たちの立場からの利点は，「売り上げが増えるための工夫」を読み取ろう。農家以外の人たちの立場からの利点は，「商品や体験から得られる価値」を考えよう。

3 〔問題１〕　太郎さんと花子さんの会話より，水滴《すいてき》が転がりやすいかどうかを判断するときには，表２の結果だけに着目するのではなく，表１でそれぞれの葉の面積が異なることにも着目しなければならないことがわかる。表２の10枚の葉についたままの水の量を表１の葉の面積で割った値が小さいものほど，同じ面積についたままの水の量が少ない，つまり水滴が転がりやすいと考えればよい。よって，その値が約0.1のアとイとエは水滴が転がりにくい葉，約0.02のウとオは水滴が転がりやすい葉と判断できる。

〔問題２〕(1)　水を多く吸収できるということは，吸収した水をたくわえておくことができるすき間が多くあるということである。粒《つぶ》が小さいどろがたい積した層ではすき間がほとんどないため水を通しにくいのに対し，粒が大きい砂がたい積した層ではすき間が大きいため水を通しやすいことと同様に考えればよい。　(2)　カでは，箱とシャツの合計の重さが1648.3－1611＝37.3(ｇ)軽くなっているが，これがすべて蒸発した水の量ではない。Ｔシャツの重さに着目すると，189.8－177.4＝12.4(ｇ)重くなっている。つまり，Ｔシャツが吸収した37.3ｇのうち，12.4ｇはＴシャツに残っているから，蒸発した水の量は37.3－12.4＝24.9(ｇ)と求められる。キについても同様に考えると，Ｔシャツが吸収した水が45.9ｇ，Ｔシャツに残っている水が18.8ｇ，蒸発した水が45.9－18.8＝27.1(ｇ)である。また，クについては変化した23.1ｇが蒸発した水の量である。以上のことから，蒸発した水の量が多い順に，キ＞カ＞クとなる。よって，ポリエステルは木綿よりも水を吸収しやすく，かわきやすい素材だと考えられる。

《解答例》

1 〔問題1〕14.4　〔問題2〕ふりこ㉚／ふりこ㉞　〔問題3〕(3，4)

〔問題4〕(1)①　(2)7　(3)3　(4)4

2 〔問題1〕右図　〔問題2〕137

〔問題3〕回転の回数の合計が2回…ウ→ア

回転の回数の合計が4回…ウ→イ→イ→イ

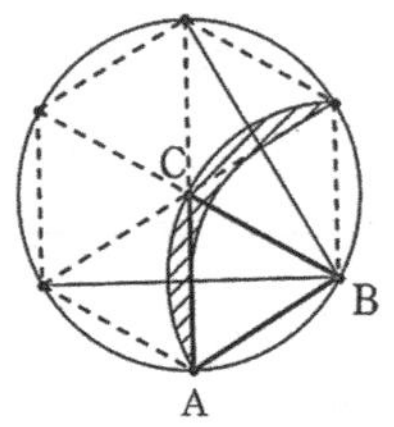

《解　説》

1 **〔問題1〕** 電車に乗っている時間は28分間，2人が歩いている時間は870÷60＝14.5(分間)だから，ナオさんが自転車に乗っている時間は50－(28＋14.5)＝7.5(分間)以内であればよい。7.5分＝$\frac{7.5}{60}$時間＝$\frac{1}{8}$時間だから，ナオさんの自宅からａ駅まで7.5分間で移動するときの速さは，1.8÷$\frac{1}{8}$＝14.4より，時速14.4kmである。よって，ナオさんの自転車は時速14.4km以上で進めばよい。

〔問題2〕 ふりこが右から右にもどってくるまでが1往復だから，右から左へ動くまでを0.5往復と表現する。1分間での往復回数を元に，15秒(1分の$\frac{1}{4}$)での往復回数を求め，その値が○.5になった場合，15秒後のふりこは左にあると考えればよい。よって，㉚は30÷4＝7.5，㉛は31÷4＝7.75，㉜は32÷4＝8，㉝は33÷4＝8.25，㉞は34÷4＝8.5，㉟は35÷4＝8.75となるから，㉚と㉞を選べばよい。

〔問題3〕 Dに対して，操作≪フ≫を合計4回行ったときに移動する位置を考えればよい。Dは(3，4)だから，1回目は「手順あ」より(4，3)，「手順い」と「手順う」より(④，3)に移動する。以降も同様に考えて，2回目は(③，④)，3回目は(4，③)，4回目は(3，4)に移動する。

なお，Dが1回移動した点をD_1のように表すと，DとD_1からD_4の位置は右図のようになり，操作≪フ≫を1回行うごとに90°ずつ反時計回りに回転移動し，操作≪フ≫を4回行うと，DとD_4が重なることがわかる。

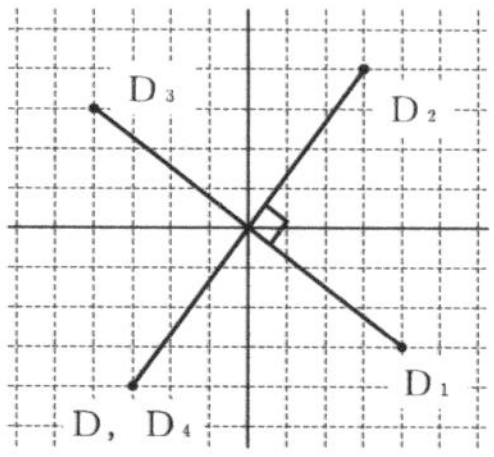

〔問題4〕 D(3，4)に操作≪ジ≫を1回行うと，「手順え」より(3，④)，「手順お」より3＃④＝①となり，「手順か」より3＃4＝7となるので，(①，7)に移動する。

次に，Dが移動した点が直線ＡＤ上にあるための条件を考える。直線ＡＤはＡから右上と左下に伸《の》びているので，(　，　)の左側と右側の記号が同じである必要がある。また，Ａから右側(左側)に3だけ動くと，上側(下側)に4だけ動くので，(　，　)の左側の数字と右側の数字の比が3：4になればよい。

以上の条件をふまえ，≪操作ジ≫をくり返し行い，8回目まで行った結果が右表である。

4回目と8回目はそれぞれ12：16＝3：4，48：64＝3：4となり，記号も同じだから条件にあう。よって，操作を1回行ってからさらに3回行ったときに初めて直線ＡＤ上にＤが移動し，そこから操作を4回行うと，再び直線ＡＤ上に移動する。

移動回数	点の位置
1回目	(①，7)
2回目	(⑧，6)
3回目	(⑭，②)
4回目	(⑫，⑯)
5回目	(4，㉘)
6回目	(32，㉔)
7回目	(56，8)
8回目	(48，64)

2 〔問題１〕　右図のように点を定める。ＡはＳからＯへ，ＣはＯからＵへそれぞれＴを中心とし，ＯＴを半径とする円の円周上を回転移動する。

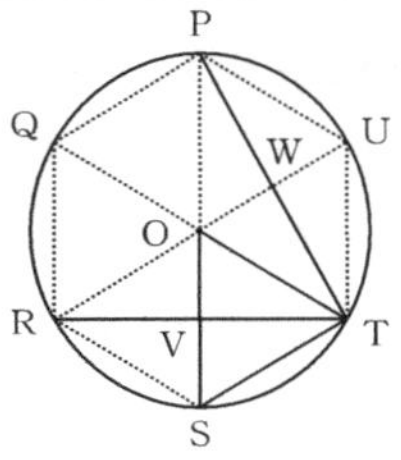

また，ＡＣの真ん中の点はＶからＷへＴを中心とし，ＴＶを半径とする円の円周上を回転移動する。回転移動を始めたとき，ＡＣはＯＳにぴったり重なっていて，そこから時計回りに回転し，ＯＵとぴったり重なるので，ＡＣはＶＳ，ＷＵよりＴ側には移動しないことに気をつける。

〔問題２〕　直方体を作るのに必要な立方体の数から，ＦとＪの形でくり抜く分の立方体の個数を引いて求める。Ｆ，Ｊの形はともに８個の立方体をくり抜くことで作れるから，それぞれ反対側が見通せるようにくり抜くと，Ｆは８×６＝48(個)，Ｊは８×５＝40(個)の立方体をくり抜くことになる。
これらのうち，共通してくり抜く立方体の個数を考える。ＦとＪの形がある面のうち，それぞれ１列ずつ同じ段にある立方体をくり抜くと，必ず１個だけ共通してくり抜く立方体ができる。よって，共通してくり抜く立方体の個数は，３×３＋１×１＋２×１＋１×２＋１×１＝15(個)である。また，直方体を作るのに必要な立方体の個数は６×５×７＝210(個)だから，求める立方体の個数は，210－(48＋40－15)＝137(個)である。

〔問題３〕　ボールを８つに分けたときの位置を，図ｉのように①から⑧の番号をふる。図８の状態から図７の状態にするには，⑧で上向きの「ふ」を②で上向きの「ふ」に移動させればよい。また，アからカの回転は 90° 回転だから，どの回転をしても１つとなりの番号に移動する。例えば，図８から回転ウにより，④へ移動し，図ⅱのようになる。さらに回転アにより，②へ移動し，図ⅲのようになる。これで図７の状態になるので，合計２回転の移動方法はウ→アとなる。これを利用すると，３回連続で同じ回転をすることで，もとの位置と１つとなりの位置へ移動する。図ｉの④から回転イを１回行うと⑧で下向きに，２回行うと⑥で下向きに，３回行うと②で上向きになる。
したがって，合計４回転の移動方法はウ→イ→イ→イとなる。
上記以外の方法であっても，位置と向きが正しければよい。

図ｉ

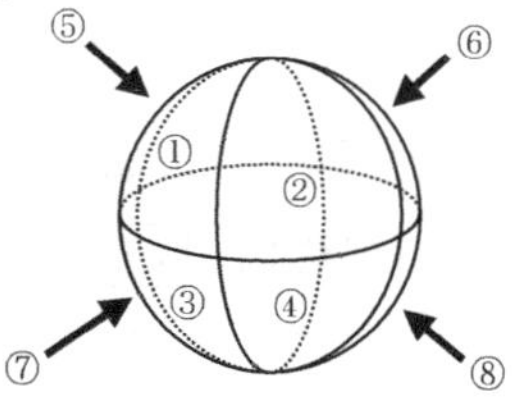

図ⅱ

図ⅲ

富士高等学校附属中学校　2022 令和4年度　適性検査Ⅰ

《解答例》

1 〔問題１〕思わぬ世界

〔問題２〕大人になる前に興味や関心をもったことを研究の対象にし、大人になってもなおぎ問をもち続け、問い直している点。

〔問題３〕（例文）

文章２の筆者は、三〇年前にカラスの鳴き方に興味を持ち、動物学者になった今でもカラスについて疑問を持ち続け、研究を続けています。また、文章の中で、「予断をもった判断をしてはいけない」「状況を説明しうる仮説を公平に捉え、自分に都合の良い結果さえも疑わなくてはならない」という、科学者としての姿勢を示しています。

文章２の筆者の研究や学問への向き合い方をふまえて、私は、これからの六年間をどのように過ごしたいか考えました。学校の理科の授業や、家庭生活の中で、直接自然にふれる体験を増やして、自然に興味や関心をもつことを今よりもっと大切にしたいです。それによって、自然の中で様々な疑問を見つけ、そのことについて、自分なりの見通しや目的をもって観察や実験を行い、結果を客観的に考察できるようにします。このような過程を通して、科学的な思考を身につけ、自然についての知識や理解を深めていきたいと考えます。

《解　説》

1 〔問題１〕 文章２の筆者は，少年時代にカラスが自分に対して返事をしたのだと解釈《かいしゃく》していたことについて，研究者になった後に「重大な錯誤《さくご》を含《ふく》んでいる可能性」があると気づき，「普段《ふだん》からカアカア鳴き続けている相手がたまたまその時も鳴いたからって，自分に返事したとなぜ言えるの？」という疑問を持つべきだったことに思い至り，「私の鳴き真似《まね》に返事をしたと考える積極的な根拠《こんきょ》はない」としていた。しかし，カラスの分布を調査していたときに，「鳴き真似の後，数分以内の音声が多い」「こちらの鳴き真似の特徴《とくちょう》と高い確率で一致《いっち》する」ということに気づき，「カラスはこちらの音声を認識した上で，その音声に反応している～私の鳴き真似に対して返事をしているのではないか」「カラスは人間に対して鳴き返してくることが確かにあるのだ，とは言えそうである」という見解に至った。筆者のこの経験は，「科学者は～公平に捉《とら》え～疑わなくてはならない。しかし，そうやって疑った先に，思いがけず心躍《こころおど》る景色が広がることもある」ということの例である。それは，文章１で言う，思わぬ「異世界《いせかい》への扉《とびら》」が開いたということにあたる。よって，「心躍る景色」は，「思わぬ世界」（文章１の９～10行目）と同じような意味だと言える。

〔問題２〕 文章１の筆者は，編集者のひとことをきっかけに「貝殻《かいがら》拾いにはまだ，あらたなおもしろさがあるかもしれない」と思って再開を決め，少年時代に拾ったときは注目せずに放置していた貝殻が，「縄文時代《じょうもんじだい》には館山《たてやま》近辺にも生息していた。そのころの貝殻が，地層《ちそう》から洗《あら》い出されて海岸に打ち上がっていた」ものだと分かったことがヒントとなり，「人間の影響《えいきょう》によって，地域《ちいき》で見られる貝が変わっていく。その移り変わりの歴史が，足元に転がる貝殻から見える」というあらたな視点で貝殻拾いをしている。そして，「少年時代の～コレクションに，ハマグリが含まれていない」こと（「なぜその貝がそこに落ちていないのか」ということ）の理由をさぐるというテーマを得ている。文章２の筆者は，少年時代にカラスが自分に対して返事をしたのだと思っていたことについて，研究者になって「重大な錯誤を含んでいる可能性」があると気づき，「普段からカアカア鳴き続けている～自分に返事したとなぜ言えるの？」という疑問を持つべきだったことに思い至った。そのような疑問を経て，調査中の結果から「カラスは人間に対して鳴き返してくることが確かにあるのだ，とは言えそうである」という見解に至った。両者に共通するのは，少年時代の興味関心と現在の研究がつながっていること，科学者としての視点で，かつての自分のとらえ方を問い直していることだと言える。

《解答例》

1　〔問題１〕⑴4.06　⑵直角三角形…20　正三角形…10　円…７

説明…１本のモールは，直角三角形を６個，正三角形を３個作るように切る。

１本のモールは，直角三角形を６個，正三角形を２個，円を１個作るように切る。

１本のモールは，直角三角形を６個，正三角形を１個，円を２個作るように切る。

１本のモールは，直角三角形を２個，正三角形を４個，円を４個作るように切る。

〔問題２〕⑴右図のうち１つ

⑵２，３，４

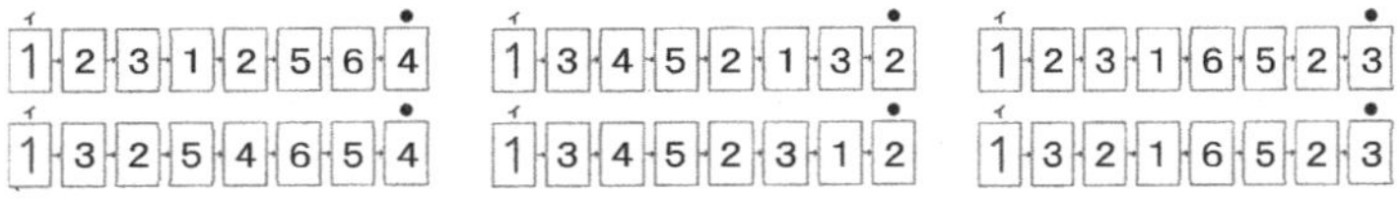

2　〔問題１〕サケのルイベ…サケのルイベに「雪にうめて，こおらせる」という保存方法が用いられているのは，小樽市の冬の平均気温が０度以下だから。　マアジのひもの…マアジのひものに「日光に当てて干す」という保存方法が用いられているのは，小田原市の冬の降水量が夏に比べて少なく，日光に当てることができたから。

ブリのかぶらずし…ブリのかぶらずしに「甘酒につけて，発酵をうながす」という保存方法が用いられているのは，金沢市の冬は降水量が多く，空気がしめっており，発酵が進む気温だから。

〔問題２〕（米と小麦の例文）米がとれる地域と小麦がとれる地域の年平均気温と年間降水量をそれぞれ比べると，米がとれる地域の年平均気温は高く，年間降水量は多いが，小麦がとれる地域の年平均気温は低く，年間降水量は少ない。

3　〔問題１〕⑴選んだもの…ウ　理由…実験１から，色がついているよごれを最もよく落とすのは，アとウであることが分かる。そして，実験２から，アとウを比べると，ウの方がより多くでんぷんのつぶを減少させることが分かるから。　⑵５分後のつぶの数をもとにした，減少したつぶの数のわり合は，水だけの場合よりも液体ウの場合の方が大きいから。

〔問題２〕⑴せんざいの量を28てきより多くしても，かんそうさせた後のふきんの重さは減少しないので，落とすことができる油の量は増加していないと分かるから。

⑵サラダ油が見えなくなるもの…Ａ，Ｂ，Ｃ，Ｄ　洗剤…４

《解　説》

1　**〔問題１〕⑴⑵**　図２の周りの長さは，直角三角形が３＋４＋５＝12(cm)，正三角形が３×３＝９(cm)，円が３×3.14＝9.42(cm)である。１ｍ＝100 cmだから，100÷12＝８余り４，100÷９＝11余り１より，すでに切ってある２本のモールからは，直角三角形が８個，正三角形が11個できる。また，２本のモールの余りの長さの合計は４＋１＝５(cm)である。

図３のカード１枚には，直角三角形が４個，正三角形が３個，円が１個あるので，図３のカードを１枚作るのに，モールは12×４＋９×３＋9.42＝84.42(cm)必要である。モールは全部で６ｍ＝600 cmあるから，無駄なく使うと考えると，600÷84.42＝７余り9.06より，図３のカードは最大で７枚できる。よって，モール６本で図２の直角三角形が４×７＝28(個)，正三角形が３×７＝21(個)，円が１×７＝７(個)できるかを考える。残り４本のモールで直角三角形が28－８＝20(個)，正三角形が21－11＝10(個)，円が７個できればよい。また，このときの６本

のモールの余りの長さの合計は9.06㎝だから，図３のカードが７枚できるのであれば，４本のモールの余りの長さの合計は9.06－５＝4.06(㎝)となる。

４本のモールについて，１本あたりの余りの長さが約１㎝になればよいので，これを基準に，余りの長さに注目して考える。また，必要な直角三角形と正三角形の個数の比は20：10＝２：１だから，この比となるようにできるだけ多く直角三角形と正三角形を１本のモールから作ろうとすると，直角三角形を６個，正三角形を３個作ることができ，このときの余りは100－12×６－９×３＝１(㎝)となる。ここから，正三角形を１個減らして円を１個増やすと，余りは9.42－９＝0.42(㎝)減るから，この操作を全部で２回できる。よって，３本のモールからそれぞれ，「直角三角形６個と正三角形３個」，「直角三角形６個と正三角形２個と円１個」，「直角三角形６個と正三角形１個と円２個」を作ることができるので，あと１本のモールから，直角三角形が20－６×３＝２(個)，正三角形が10－３－２－１＝４(個)，円が７－１－２＝４(個)できればよい。12×２＋９×４＋9.42×４＝97.68より，１本のモールから直角三角形が２個と正三角形が４個と円が４個できるので，解答例のような切り方が考えられ，カードは７枚作れる。

この考え方以外にも，モールの切り方は次のように考えることもできる。

４本のモールの余りは4.06㎝であり，モールの余りが小数になるのは円を作ったときだから，先に円を７個作ることを考える。１本のモールから円を７個作り，さらにできるだけ余りが少なくなるように直角三角形と正三角形を作ろうとすると，「直角三角形２個と正三角形１個と円７個」を作ることができ，このときの余りは100－12×２－９－9.42×７＝1.06(㎝)となる。残り３本のモールの余りの合計は4.06－1.06＝３(㎝)だから，「直角三角形６個と正三角形３個」を作る(余りは１㎝)ことを３回行うと，４本のモールの余りの合計が4.06㎝となり，直角三角形を20個，正三角形を10個，円を７個作ることができる。

モールの切り方は解答例やこの方法以外にもいくつかある。

〔問題２〕(1)(2)　図４の一番左の図で，上の頂点を□，下の頂点を■とする。□が動かないように立体を転がすと，机に接する面は「１，２，３」のいずれかになり，■が動かないように立体を転がすと，机に接する面は「４，５，６」のいずれかになる。また，□または■が動くように立体を転がすと，机に接する面は「１⇔６」「２⇔５」「３⇔４」のように変化する。このことに注意すると，■が最初に接するのは，図ｉのａ～ｅのいずれかとなる。最初にｃ，ｄで接する場合は７回の移動で●のマスまで移動できないので，ａ，ｂ，ｅについて考える。

ａのときの接する面の数字は図ⅱのようになり，●のマスは４で，７回の転がし方は「イ(１)→２→３→１→２→５→６→●(４)」「イ(１)→３→２→５→４→６→５→●(４)」の２通りある。

ｂのときの接する面の数字は図ⅲのようになり，●のマスは２で，７回の転がし方は「イ(１)→３→４→５→２→１→３→●(２)」「イ(１)→３→４→５→２→３→１→●(２)」の２通りある。

ｅのときの接する面の数字は図ⅳのようになり，●のマスは３で，７回の転がし方は「イ(１)→２→３→１→６→５→２→●(３)」「イ(１)→３→２→１→６→５→２→●(３)」の２通りある。

したがって，●のマスに接する面の数字は２，３，４である。

図ｉ

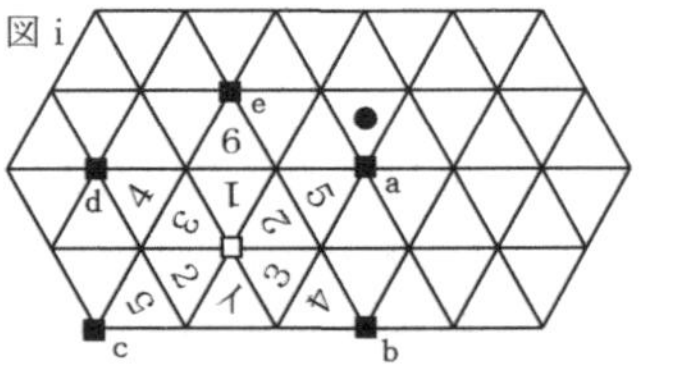

図ⅱ

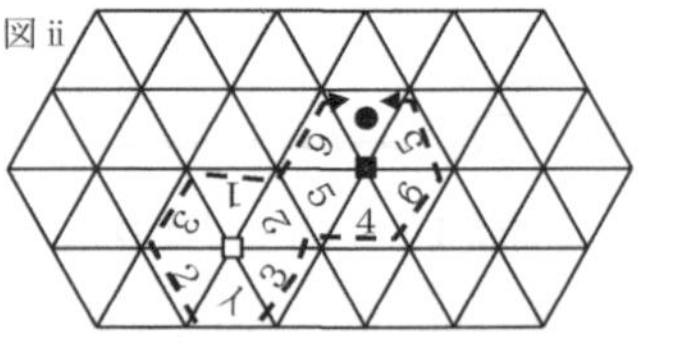

図ⅲ

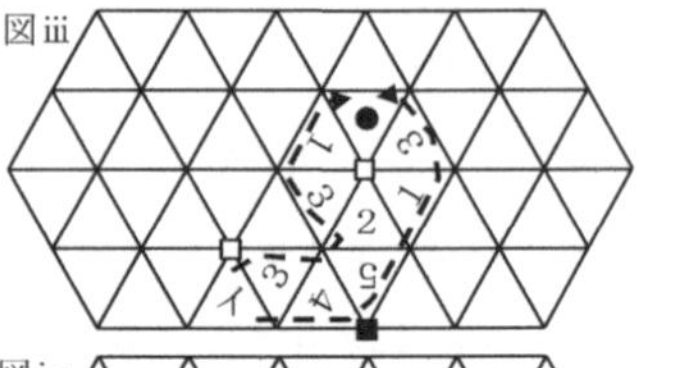

図ⅳ

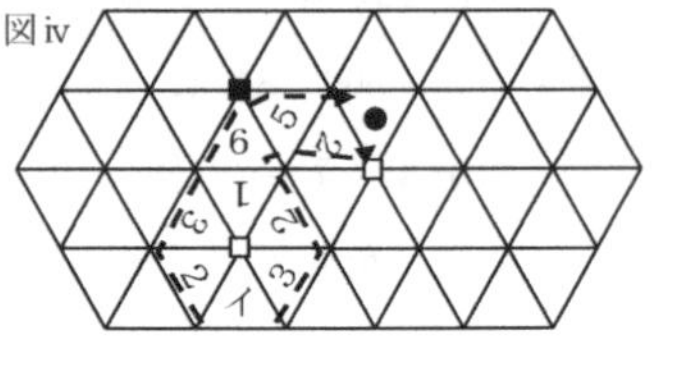

2 〔問題１〕　図１の保存方法から地域の気候の特徴を読み取り，図２の都市の冬(12 月１月)の降水量や気温と関連付ける。　〔サケのルイベ〕　図１で雪にうめてこおらせていることから，冬にまとまった雪が降ると考えられる。それを踏まえて図２を見ると，北海道小樽市の冬の気温がマイナスなので，寒さが厳しいことが読み取れる。

〔マアジのひもの〕　図１で空気がかわいた時期に天日干ししていることから，冬にかんそうした晴れの日が多いと考えられる。それを踏まえて図２を見ると，神奈川県小田原市の冬の降水量が 100 ㎜以下で少ないことが読み取れる。　〔ブリのかぶらずし〕　図１で空気がしめっている時期に発酵させていることから，冬の降水量が多いと考えられる。それを踏まえて図２を見ると，石川県金沢市の冬の降水量が 250～300 ㎜で多いことが読み取れる。

また，冬の気温が５度以上であることに着目すれば，発酵に適した温度だと導ける。

〔問題２〕　図４より，①と②は小麦，③と⑤はそば，④と⑥は米が材料である(右図参照)。解答例の他，「そばがとれる地域の年平均気温は低く，年間降水量は多い。」も考えられる。

図５　先生が示した図

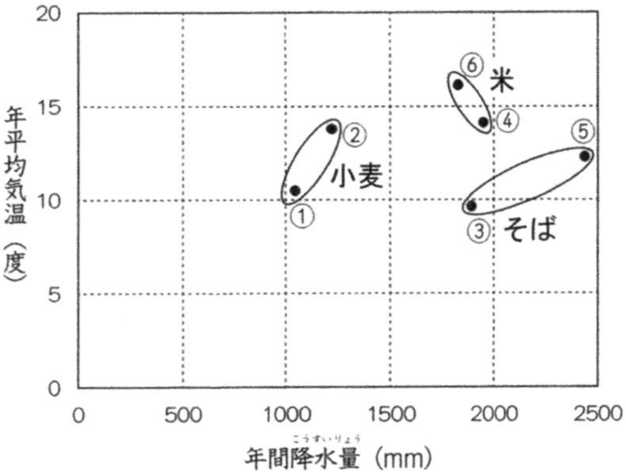

3 〔問題１〕(1)　ここでは５分間液体につけておくときのよごれの落ち方を考える必要があるので，表１と２では，５分後の結果に着目し，表１からは色がついているよごれの落ち方，表２からはでんぷんのよごれの落ち方を読み取る。５分間では，色のついているよごれはアとウで最も落ちやすく，でんぷんのよごれはウで最も落ちやすい。よって，どちらのよごれも落ちやすいウが適切である。　(2)　表２より，水だけのときの５分後の粒《つぶ》の数は804，60分後の粒の数は484だから，55分間で804－484＝320減っている。５分後の粒の数をもとにした，減少した粒の割合は320÷804×100＝39. 8…(%)である。ウについても同様にして求めると，(476－166)÷476×100＝65. 1…(%)となるから，ウの方がでんぷんのよごれの程度をより変化させたといえる。

〔問題２〕(1)　表３の乾燥《かんそう》させた後のふきんの重さから最初のふきんの重さ20. 6ｇを引いたものが，ふきんに残っているサラダ油の重さだと考えられる。24滴《てき》までは，洗剤《せんざい》の量を多くすると，残っている油の重さが軽くなっていくが，28滴のときには24滴のときよりも多くの油が残っていて，28滴より多くしても残っている油の重さが軽くならないから，太郎さんの予想は正しくないといえる。　(2)　サラダ油100滴の重さが2. 5ｇだから，サラダ油0. 4ｇは$100\times\frac{0.4}{2.5}=16$(滴)である。よって，表４で，加えたサラダ油の量が16滴より多いＡ～Ｄでは，液体の上部にサラダ油が見えなくなる。また，実験４から考えられる，サラダ油0. 4ｇを落とすことができる最低限の洗剤の重さは，サラダ油の量が17滴のときに上部にサラダ油が見えた(16滴のサラダ油は落とすことができる)Ｄに入っている洗剤の重さと同じである。入っている洗剤の重さは，Ａが１ｇの半分，ＢがＡの半分，ＣがＢの半分，ＤがＣの半分だから，Ｄに入っている洗剤の重さは$1\div\overset{A}{2}\div\overset{B}{2}\div\overset{C}{2}\div\overset{D}{2}=0.0625$(ｇ)である。よって，洗剤100滴の重さが２ｇだから，洗剤0. 0625ｇは$100\times\frac{0.0625}{2}=3.125$(滴)であり，最低４滴の洗剤が必要である。

《解答例》

1 〔問題1〕24.6

〔問題2〕厚さ３cmの本５さつ，厚さ４cmの本１さつ，

厚さ11 cmの本１さつ／厚さ３cmの本１さつ，

厚さ４cmの本４さつ，厚さ11 cmの本１さつ

〔問題3〕右図

2 〔問題1〕２／増加し　13／増加し　15／減少した

〔問題2〕前[２・７]：後[７・７]

〔問題3〕右図

	カウンター1	カウンター2	カウンター3
午前１０時から午前１０時半	A さん	C さん	E さん
午前１０時半から午前１１時	C さん	A さん	B さん
午前１１時から午前１１時半	D さん	E さん	B さん
午前１１時半から正午	D さん	C さん	E さん

1〔問題3〕の図

面積が３ｃｍ²の三角形　　面積が７ｃｍ²の三角形

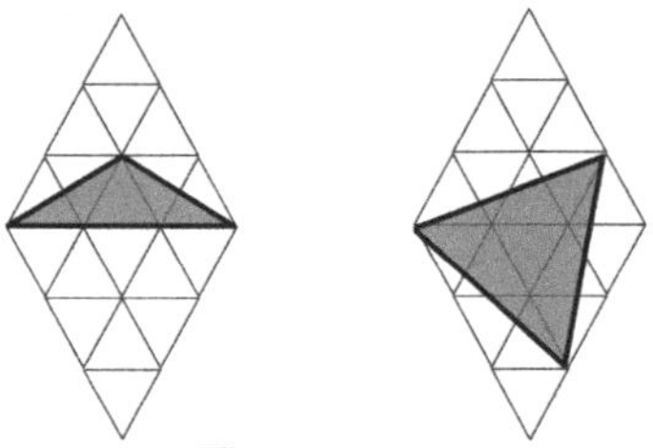

2〔問題3〕の図

《解　説》

1 **〔問題1〕**　全ての本の数は，578＋478＋342＋862＋1248＝3508(冊)だから，求める割合は，$\frac{862}{3508}\times100=24.57\cdots$より，24.6％である。

〔問題2〕　厚さ３cm，４cm，11 cmの本を１冊ずつ入れると，残りは30－(３＋４＋11)＝12(cm)となる。３×４＝４×３＝12より，残りのすき間には，厚さ３cmの本を４冊入れる場合と，厚さ４cmの本を３冊入れる場合がある。よって，厚さ３cmの本１＋４＝５(冊)，厚さ４cmの本１冊，厚さ11 cmの本１冊を入れる場合と，厚さ３cmの本１冊，厚さ４cmの本１＋３＝４(冊)，厚さ11 cmの本１冊を入れる場合の，２通りの入れ方がある。

〔問題3〕　午前10時，10時半，11時，11時半になったときにそれぞれのカウンターに４人ずつ利用者が来るのだから，利用者が来てから次に４人の利用者が来るまでの30分間で，カウンターに並んでいる利用者の数は，Aさんのときは４－２＝２(人)増え，Bさんのときは４－３＝１(人)増え，Cさんのときは変化せず，Dさんのときは最大で１人減り，Eさんのときは最大で２人減る。表ⅰより，解答例は条件に合っていることがわかる(かっこ内の数字は，担当の時間が終わるときにカウンターに並んでいる利用者の人数)。表ⅱのように条件に合う当番表は解答例以外でもいくつかある。

表ⅰ	カウンター1	カウンター2	カウンター3
午前１０時から午前１０時半	(2) A さん	(0) C さん	(0) E さん
午前１０時半から午前１１時	(2) C さん	(2) A さん	(1) B さん
午前１１時から午前１１時半	(1) D さん	(0) E さん	(2) B さん
午前１１時半から正午	(0) D さん	(0) C さん	(0) E さん

表ⅱ	カウンター1	カウンター2	カウンター3
午前１０時から午前１０時半	(2) A さん	(0) C さん	(0) E さん
午前１０時半から午前１１時	(4) A さん	(1) B さん	(0) C さん
午前１１時から午前１１時半	(2) E さん	(0) D さん	(1) B さん
午前１１時半から正午	(0) E さん	(0) C さん	(0) D さん

2 **〔問題1〕**　グラフは，10目もり進むと20％増加したことになるから，１目もりは20÷10＝２(％)分を表していることになる。②より，1965年の割合は，タンパク質がおよそ13％，脂質《ししつ》がおよそ15％，炭水化物がおよそ72％であり，③より，2017年の割合は，タンパク質がおよそ15％，脂質がおよそ28％，炭水化物がおよそ57％である。

よって，1965年をもとにして2017年を比較すると，タンパク質の割合が15－13＝２(ポイント)増加し，脂質の割合が28－15＝13(ポイント)増加し，炭水化物の割合が72－57＝15(ポイント)減少した。

〔問題２〕　図５について，ＡとＥ，ＣとＧはそれぞれ同じ位置にあるから，前から見た点はＥから右に２～８目盛り進んだ位置にあり，後ろから見た点はＧから右に７目盛り進んだ位置にあることがわかる。

図６について，ＥとＦは同じ位置にあるから，前から見た点はＥから上に１～７目盛り進んだ位置にあり，後ろから見た点はＧから上に７目盛り進んだ位置にあることがわかる。

よって，後ろから見た点は「後［７・７］」であり，前から見た点は「前［ａ・ｂ］」とすると，ａには２～８の整数，ｂには１～７の整数が入る。

〔問題３〕　図Ｉについて，三角形ａは正三角形４つ分の平行四辺形の半分だから面積は４÷２＝２(㎠)，三角形ｂは正三角形６つ分の平行四辺形の半分だから面積は６÷２＝３(㎠)となる。このように考えると，３㎠の三角形は，１つの正三角形と正三角形２つ分の平行四辺形の半分を２つ組み合わせれば，解答例のようにつくることができ，７㎠の三角形は，１つの正三角形と正三角形４つ分の平行四辺形の半分を３つ組み合わせれば，解答例のようにつくることができる。解答例以外にも，図Ⅱの太線部分のように面積が３㎠の三角形をつくることができる。また，全体のひし形の面積は18㎠だから，ひし形から18－７＝11(㎠)分の面積を取り除くことを考えると，解答例以外にも図Ⅲの太線部分のように面積が７㎠の三角形をつくることができる。

図Ｉ
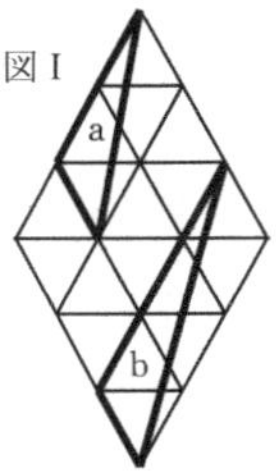

図Ⅱ
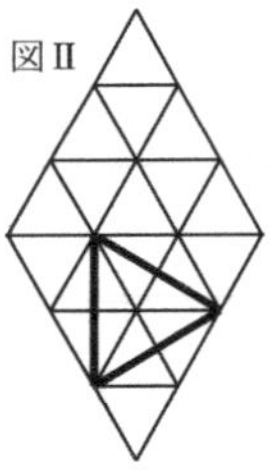

図Ⅲ
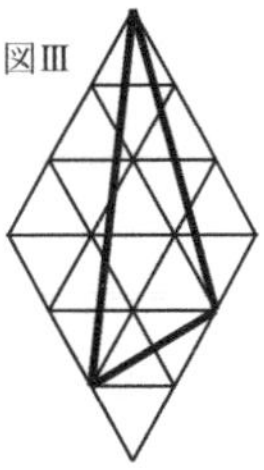

《解答例》

1 〔問題１〕自分らしい音　　〔問題２〕もっと鳴らそうと気負いすぎたから。

〔問題３〕(例文)

私は「好む」の段階まで表されていると考える。

文章２で、村田さんは、自分らしい音とはどんな音なのかと胸を高鳴らせたり、もっと大きく響かせたいと思ったりしていて、やる気や積極性が感じられる。文章１では、「好む」者は、「やる気」をもっているので、積極性があると説明されている。

村田さんは、この日初めて小鼓を触っているので、「知る」段階まで表されていると考えられるかもしれない。しかし、何度か小鼓を打った後はどんどん積極的になり、主体的にかかわっているので、「知る」段階は通りすぎたと考えられる。また、お稽古の場面の最後の方では、全身から力を抜いて素直で大きな音を鳴らすことができた。そのため、安らぎの理想像に達した「楽しむ」の段階まで表されているとも考えられる。しかし、その直後で、もっと鳴らそうと気負いすぎて変な音を出しているので、やはりまだ「好む」の段階にあると考えられる。

《解　説》

1 〔問題１〕　個性とは，ここではその人特有の性質のこと。文章２の「自分らしい音」は，先生の言う「村田さんらしい鼓《つづみ》の音」であり，村田さん特有の音である。

〔問題２〕　直前で鳴らした音は「とても素直《すなお》な音」だった。それは，「とにかく素直に，素直に，と自分に言い聞かせて，身体の全部を先生の言葉に任せるような感覚で，全身から力を抜《ぬ》いた」ことで出た音だった。それに対して，傍線部㋑で鳴らした音は，「もっと鳴らそうと思う」ことで出た音だった。この気持ちを文章１にある表現を使って表すと，「気負いすぎ」ということになる。

〔問題３〕　「知る」については，文章１で「確かに『知る』ことは大切だ。しかし，そのことに心を使いすぎると，それに疲《つか》れてしまったり，情報量の多さに押《お》し潰《つぶ》されてしまって，それに主体的にかかわっていく力がなくなってしまう」と書かれている。「好む」については，文章１で「『やる気』をもっているので，積極性がある」「下手《へた》をすると気負いすぎになる」と書かれている。「楽しむ」については，文章１で「客体の中に入ってあるいはそれと一体化して安住すること」「安らぎの理想像」「それ(＝『好む』)を超《こ》え，あくまで積極性を失ってはいないが安らぎがある」と書かれている。これらを手がかりに，どの段階《だんかい》まで表されているのかを考える。

《解答例》

1 〔問題１〕右図　説明…ＡとＣの和はＢの２倍になっていて，ＤとＦの和はＥの２倍になっている。
したがって，ＢとＥの和の３倍が，６個の数の和と同じになる。
135÷３＝45 なので，ＢとＥの和が 45 になる場所を見つければよい。

14	21	28
16	24	32

〔別解〕

16	20	24
20	25	30

〔問題２〕アの側面に書く４個の数…１，２，３，５　イの側面に書く４個の数…１，３，４，５
ウの側面に書く４個の数…１，２，３，７　エの側面に書く４個の数…１，３，４，７

〔アの展開図〕

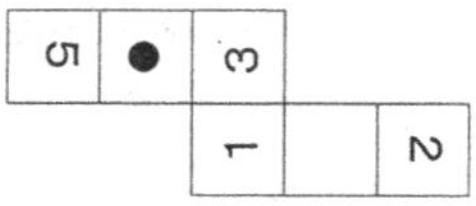

〔イの展開図〕

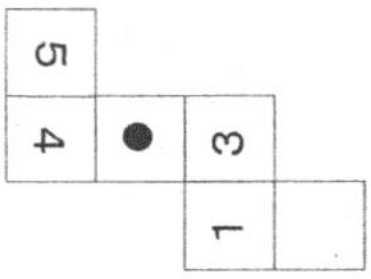

〔ウの展開図〕

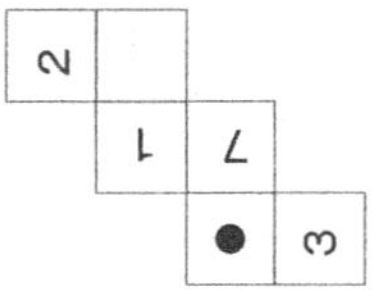

〔エの展開図〕

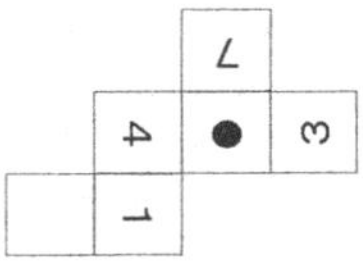

2 〔問題１〕図１より，主ばつに適した林齢は，50 年以上であることが分かる。図２の 2017 年の林齢構成をみると，主ばつに適した林齢 50 年を経過した人工林の面積は大きいが，林齢 30 年よりもわかい人工林の面積は小さい。1976 年，1995 年，2017 年の変化から，林齢 50 年以上の人工林が主ばつされると，しょう来，主ばつに適した人工林は少なくなっていくことが予想される。よって，利用することのできる木材の量が減ることが課題である。

〔問題２〕（図３と図４を選んだときの例文）図３のように商品を生産する立場の人たちが，間ばつ材を使った商品を開発したり，利用方法を考えたりすることで，さまざまな商品が生まれる。また，商品を買う立場の人たちも，図４のような間ばつ材を知ってもらう活動を通じて，間ばつや，間ばつ材を使った商品に関心をもつ。これらの活動から，商品を売ったり買ったりする機会が生まれ，間ばつ材の利用が促進される。

3 〔問題１〕⑴右図　⑵右図　理由…図６から，㋓は㋐に対して，つつの右側のじ石の極は変わらないが，左側のじ石の極は反対である。図７のイより，鉄板に置く４個のじ石のうち，右側の２個のじ石の上側の極は変えずに，左側の２個のじ石の上側をＮ極からＳ極に変えるとよいから。

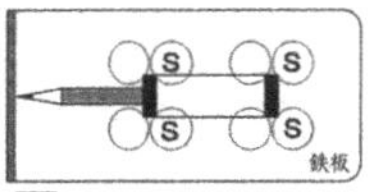

3〔問題１〕⑴の図

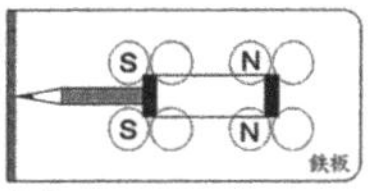

3〔問題１〕⑵の図

〔問題２〕⑴２　⑵大きい場合…②　理由…①はＡ方向がそろっていないので，Ｎ極とＳ極が引き合う部分と，Ｎ極どうしやＳ極どうしがしりぞけ合う部分がある。それに対して，②はＡ方向がそろっているので，ほとんどの部分でＮ極とＳ極が引き合う。そのため，①より②のほうが引き合う部分が大きいから。

《解　説》

1　〔問題１〕　表内のどこであっても，横に並んだ３つの数を見てみると，左の数と真ん中の数の差と，右の数と真ん中の数の差が等しいので，３つの数の和は真ん中の数の３倍に等しくなる。よって，解答例のように説明できる。

〔問題２〕　九九の表にある数は，すべて１～９までの２つの整数の積になるので，ア～エのうち２つの立方体の数の積で１～９までの整数をすべて表せるような組み合わせを作り，その組み合わせが２組あれば，九九の表にあるすべての数を表せる(例えば，８×９＝72 を表す場合は，２つ立方体の数の積で８，残り２つの立方体の数の積で９を表せばよい)。１から７までの数を書くから，１から９までの数を，１から７までの積で表すと，

１＝１×１，２＝１×２，３＝１×３，４＝１×４＝２×２，５＝１×５，６＝１×６＝２×３，７＝１×７，８＝２×４，９＝３×３となる。

１＝１×１，９＝３×３を表したいので，２つの立方体両方に１と３を書く。８＝２×４を表したいので，２つの立方体について，一方に２，もう一方に４を書く。５＝１×５，７＝１×７を表したいので，２つの立方体について，一方に５，もう一方に７を書く。よって，２つの立方体に書く数は，(１，２，３，５)と(１，３，４，７)になるか，(１，２，３，７)と(１，３，４，５)になる(この２つの立方体の数の積で，２，３，４，６も表せる)。このような組み合わせの立方体を２組書けばよい。解答例は，アとエ，イとウの積で，１から９までの整数を作ることができる。

また，ア～エについて，「●」の面の辺と重なる辺は，右図の太線部分になるから，この太線の辺が上の辺となるように４つの数字を書けばよい。

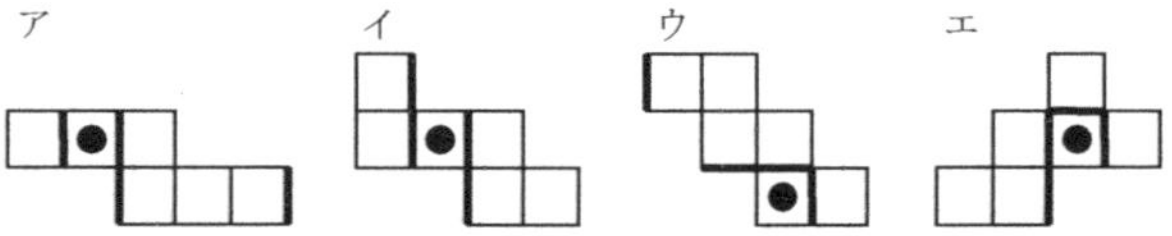

2　〔問題１〕　図１より，木材として利用するために林齢 50 年以上の木々を切っていること，図２より，人工林の高齢化が進んでおり，2017 年では林齢 50 年以下の人工林は若くなるほど面積が小さくなっていることが読み取れる。また，花子さんが「人工林の総面積は，1995 年から 2017 年にかけて少し減っています」，先生が「都市化が進んでいることなどから，これ以上，人工林の面積を増やすことは難しい」と言っていることから，今後，人工林の面積はさらに減っていき，主ばつして利用できる木材の量が不足してしまうことが予測できる。

〔問題２〕　図の取り組みについて，会話中の言葉を手がかりにしよう。図３について，花子さんが「間ばつ材も，重要な木材資源として活用することが，資源の限られた日本にとって大切なこと」と言っている。図４について，太郎さんが「間ばつ材マークは…間ばつ材利用の重要性などを広く知ってもらうためにも利用される」と言っている。図５を選択する場合は，「図５のように実際に林業にたずさわる人たちが，高性能の林業機械を使ってばっ採したり，大型トラックで大量に木材を運んだりすることで，効率的に作業できる。」を，図３の間ばつ材を使った商品の開発や利用に関連付けてまとめるとよい。

3　〔問題１〕(1)　(あ)のつつの磁石のＮ極の真下の鉄板には上側がＮ極の磁石を２個，Ｓ極の真下の鉄板には上側がＳ極の磁石を２個置く。解答例の他に，右図のように磁石を置いてもよい。　(2)　解答例の他に下図のように磁石を置いてもよい。

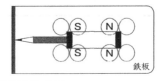

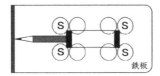

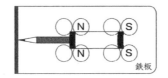

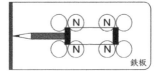

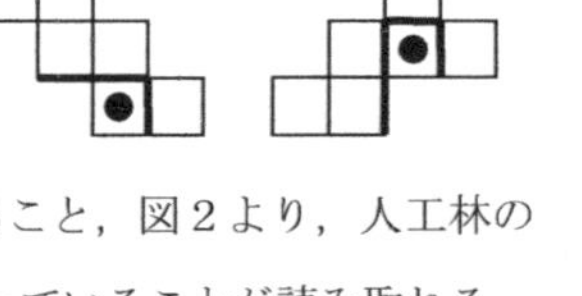

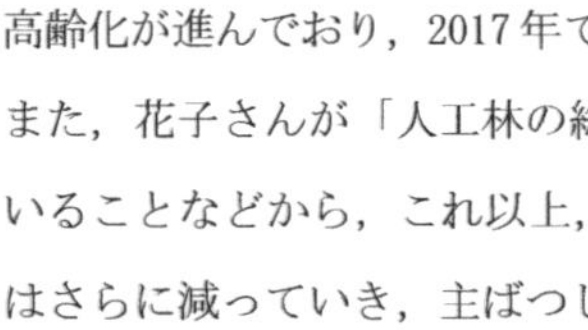

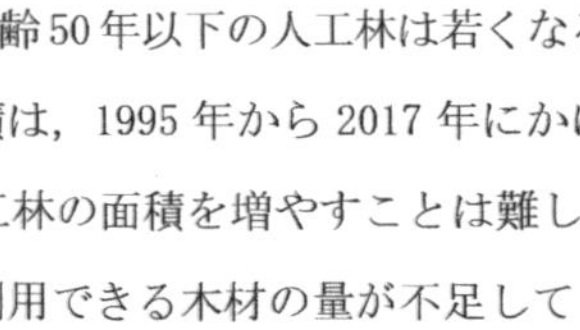

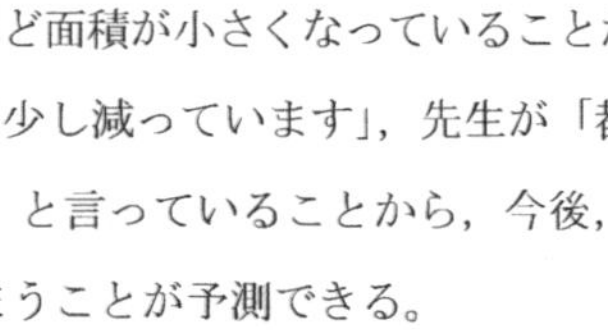

〔問題２〕(1)　表１のＡ方向が地面に平行なときの記録に着目する。１辺が１cm の正方形のシートの面積は１×１＝１(㎠)で，このときの記録は０個(０ｇ)，１辺が２cm の正方形のシートの面積は２×２＝４(㎠)で，このときの記録は２個(20ｇ)，１辺が３cm の正方形のシートの面積は３×３＝９(㎠)で，このときの記録は５個(50ｇ)である。１辺が３cm以下の正方形では，つりさげることができる最大の重さはシートの面積に比例するので，１辺が２cmの正方形のシートと比べると 20÷４＝５(ｇ)，１辺が３cm の正方形のシートと比べると 50÷９＝5.5…(ｇ)までつりさげることができる。したがって，１辺が１cm の正方形について，２ｇのおもりでの記録は２個と考えられる。

(2)　①(表２の１番下の記録)よりも②(表２の真ん中の記録)の方が記録が大きい。このように記録の大きさにちがいが出るのは，シートのＮ極とＳ極が図 10 のように並んでおり，２枚のシートのＡ方向がそろっていると，ほとんどの部分でＮ極とＳ極が引き合うが，２枚のシートのＡ方向がそろっていないと，引き合う部分としりぞけ合う部分ができるからである。なお，表２の１番上の記録よりも②の方が記録が大きいのは，②では，おもりをつけたシートが下にずれようとするとき，それぞれの極が，黒板に貼りつけたシートから上向きの引きつける力と上向きのしりぞける力を受けるためである。

富士高等学校附属中学校 2021 令和３年度 適性検査Ⅲ

《解答例》

1 〔問題１〕１組の入れた玉の個数…０　２組の入れた玉の個数…16　３組の入れた玉の個数…９

〔問題２〕文字の並びを作る紙に書き入れられた文字の並び…ゆしえ

かぎの紙１の○に書き入れられた数字…１　かぎの紙２の○に書き入れられた数字…２

かぎの紙３の○に書き入れられた数字…６

〔問題３〕文字の並びを作る紙に書き入れられた文字の並び…エイエ

まわす回数を書き入れる紙に書き入れられた数字…１

2 〔問題１〕[時計回りに60度回転／反時計回りに90度回転]…[１／２]，[１／６]，[４／４] のうち１つ

〔問題２〕１→５→２→４→７→３→６

〔問題３〕回転の合計が２回のもの…ア→イ〔別解〕ウ→ア

回転の合計が４回のもの…ア→イ→ウ→ウ〔別解〕ウ→ア→イ→イ

《解　説》

1 **〔問題１〕**　１組が３位になるから，１組の入れた玉の個数を０個とすると考えやすい。

このとき，玉入れ後の１組の得点は104点だから，玉入れで３組は104－96＝８(個)より多く入れたとわかる。

３組が９個入れた場合，２組は25－９＝16(個)入れたから，玉入れ後の２組の得点は100＋16＝116(点)，３組の得点は96＋９＝105(点)となり，１位が２組，２位が３組となるので，条件に合う。

他にも，条件に合う組み合わせはいくつかある。

〔問題２〕　解答例以外でも，かぎの紙１，２，３それぞれの○に書き入れられた数字の積が12であり，すべて１から９までの整数であれば，他の組み合わせでもよい。

文字の並びを作る紙に書き入れられた文字の並びは，次のように逆算するとよい。

例えば，解答例のようにかぎの紙１，２，３の○に書き入れられた数字がそれぞれ，１，２，６のときを考える。このとき，かぎの紙１，２，３を順に読み取ると，図２について，１つの文字は，左へ１，右へ２，左へ６，と順に移動するので，最初の位置から左へ１＋６－２＝５移動したことになる。このようにして移動した結果，「み」「き」「゛」となるのだから，この「み」「き」「゛」を右へ５移動した文字の並びが，文字の並びを作る紙に書き入れられた文字の並びとなる。

図２において，「み」「き」「゛」をそれぞれ右へ５移動させると，「ゆ」「し」「え」となる。

〔問題３〕　上段，中段，下段の数字がいくつであっても，それぞれ「ふ」「し」「゛」に対応できる文字があるので，まわす回数は何回でもよい。先に回す回数を決め，文字の並びを逆算して考える。

まわす回数は１～16のどれでもよいが，表２から，まわす回数が１～４の場合の各段の数字はわかるので，それを利用すると考えやすい。まわす回数を１とすると，上段，中段，下段の数字はそれぞれ，２，１，１となる。このとき，表３より，上段，中段，下段に対応する語がそれぞれ，「ふ」「し」「゛」となるのは，上段，中段，下段に対応する文字がそれぞれ，エ，イ，エとなるときである。

2 **〔問題１〕**　【Ａ，Ｂ，Ｃ】から反時計回りに120°回転させればよい。２人は少なくとも１回はコマを回転させたので，時計回りに60°回転を，１回行ったとする。ここから，反時計回りに120°＋60°＝180°回転させればよ

いのだから，反時計回りに 90° 回転を 180° ÷90° ＝２(回)行えばよい。これは２人がコマを回転させた回数の合計が８回以内となるので，正しい。条件に合う回数の組み合わせは他にもいくつかある。

〔問題２〕　机についた面の数と，次に机につくことができる面の数をまとめると，右表のようになる。この表を利用して，条件に合うように面に書かれていた数をかけばよい。解答例以外にも，数字の組み合わせはいくつかある。

机についた面の数	次に机につく面の数
１か７	２か３か４か５か６
２	１か４か５か７
３	１か５か６か７
４	１か２か６か７
５	１か２か３か７
６	１か３か４か７

〔問題３〕　回転「ア」は，裏返さずに時計回りに 90° 回転させている。
回転「イ」は，図ｉの破線を軸として裏返している。
回転「ウ」は，図ｉの太線を軸として裏返している。
図 10，11，12 について，それぞれ裏の記号を表すと，
図ⅱ，ⅲ，ⅳのようになる。

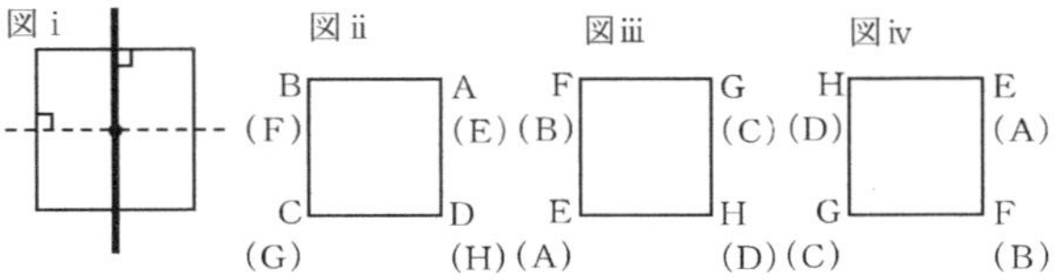

まずは回転の合計が２回のときを考える。
回転「ア」のあとは，回転「イ」をすることで図 13 のようになる。回転「イ」のあとは，どの回転をしても図 13 のようにならない。回転「ウ」のあとは，回転「ア」をすることで図 13 のようになる。
よって，「ア」→「イ」または「ウ」→「ア」と回転させればよい。
回転の合計が４回のときについては，回転「イ」または回転「ウ」を連続で２回だけ回転させると，回転させる前と，正面から見た図が同じになることを利用する。
「ア」→「イ」の順で回転させると図 13 のようになるから，「ア」の手前か，「ア」と「イ」の間か，「イ」の後に「ウ」を２回連続で回転させれば条件に合う。
「ウ」→「ア」の順で回転させると図 13 のようになるから，「ウ」の手前か，「ウ」と「ア」の間か，「ア」の後に「イ」を２回連続で回転させれば条件に合う。
上記の順番以外にも，条件に合う順番はいくつかある。

《解答例》

1 〔問題１〕藤丸は作者から見た言い方で、藤丸さんは本村さんから見た言い方だというちがいをはっきりさせるため。

〔問題２〕のびやかで、鋭い観察眼を持ち、相手をそのまま受け止めるような、おおらかで優しい

〔問題３〕(例文)

文章１では、「ちがい」に対して気味悪く感じることがあっても、よく観察・分析し、自分との共通点を見つけて相手を受け入れ、思いやることが必要だとしている。文章２では、自分とちがういきものに対して、なぜそういう格好や生き方をしているのかを追究し、それぞれのちがいに感動し、おもしろさを感じている。また、それによって広く深いものの見方ができるようになると考えている。

みなが全く同じになってしまったら、新しいアイデアや行動が生まれない。すると、何か困難な状きょうにおちいった時に、だれも対処できない、新たな発展が望めないといった問題が起こると思う。

学校のなかにはさまざまな考え方を持った人がいる。その考え方の「ちがい」を生かすために、文化祭や体育祭の計画を立てる時には、いろいろな人の意見を聞き、それをまとめる役をしようと考えた。人前で話すのが苦手な人は話し合いの場で意見を言えないことがあるので、必ずアンケートをとり、はば広く意見をくみ上げるようにしたい。

《解　説》

1 **〔問題１〕**　傍線部《ぼうせんぶ》㋑のある段落全体を見てみよう。「それにしても，藤丸《ふじまる》さんはすごい。と本村《もとむら》は思った」で始まり，その後も本村が思ったこと(本村の心の中の言葉)が語られている。それらは，本村のせりふとして「カッコ」をつけて解釈《かいしゃく》することができる。つまり，本村にとっての呼び方を表すときに「藤丸さん」と書かれているのだ。それ以外の地の文では「藤丸」と表現している。

〔問題２〕　傍線部㋒の直後で「そうすることで，不思議に広く深く，静かなものの見方ができるようになるだろう」と述べている。この「広く深く，静かなものの見方」にあたる内容を，文章１からさがす。それは，藤丸のものの見方である。よって，本村が藤丸について「なんてのびやかで，でも鋭《するど》い観察眼なんだろう」「いろいろ考えて，最終的には相手をそのまま受け止めるのだろう。おおらかで優《やさ》しいひとだから」と思っている部分(傍線部㋑のある段落)を用いてまとめよう。

〔問題３〕　文章１では，「ちがい」に対する向き合い方として，「自分の理解が及《およ》ばないもの，自分とは異《こと》なる部分があるものを，すぐに『気味が悪い』『なんだかこわい』と締《し》めだし遠ざけようとしてしまう」ことを「悪いところ」だとし，「ちがいを認《みと》めあうためには，相手を思いやる感情が不可欠だ」と述べている。そのためには，本村が「同じ地球上で進化してきた生き物だから，当然ながら共通する点も多々《たた》あるのだ」と思ったように，共感できる部分を見つけることも第一歩となる。そのように，「感情と思考」によって，また，「理性と知性」によって，自分とはちがう人のことを理解しようとするのである。文章２では，「ちがい」に対する向き合い方として，「あらゆるいきものにはそれぞれに生きる理由がある」ということを知る，具体的には「こんな生き方もできるんだなあ，そのためにはこういう仕組みがあって，こういう苦労があるのか～それでやっと生きていられるのか」などを理解することを取り上げている。すると，「感激《かんげき》」したり「感心」したりして，「生物多様性」の大切さがわかるように

なるのである。つまり，文章２の筆者のように「いきものは全部，いろいろあるんだな，あっていいんだな」「それぞれに，それぞれの生き方があるのだ」というとらえ方になる。これらの内容をふまえると，「『ちがい』がなく，みなが全く同じ」になってしまったら，相手の気持ちを察することができなくなったり，一つのあり方しか認めないせまい心になったり，いろいろな視点でものを考えることができなくなったりするのだろうと想像できる。それらが引き起こす問題を第二段落で取り上げよう。第三段落では，「『ちがい』を生かして活動していく」際に，どのように「ちがい」を生かせばより良い活動になるのか，そのために自分はどうするべきかを考える。文章１，文章２で読み取った「ちがい」に対する姿勢を参考にしながら，学校生活の具体的な場面を思いうかべてみよう。

《解答例》

1 〔問題1〕①25　②10　③15　④10　　〔問題2〕必要なパネルの台数…4　説明…横向きの画用紙は，パネル1面に最大で8枚はることができるので，1面に8枚ずつはると，4面で 32 枚はることができる。残りの6枚は，1面ではれるので，合わせて5面使う。縦向きの画用紙は，パネル1面に最大で9枚はることができるので，1面に9枚ずつはると，2面で 18 枚はることができる。残りの3枚は，1面ではれるので，合わせて3面使う。したがって，すべての画用紙をはるのに8面使うから，パネルは4台必要である。

〔問題3〕アに入る数…4　イに入る数…2　ウに入る数…3　エに入る数…2　オに入る数…4〔別解〕2

2 〔問題1〕選んだ図…図2　あなたの考え…2001 年度に国の制度が改められたことで，新しくバスの営業を開始しやすくなり，2000 年度ごろまでにみられた減少が止まり，2001 年度から 2015 年度にかけて実際に走行したきょりは，大きく減少することなく増加している。　〔問題2〕設計の工夫…出入口の高さ／固定ベルトの設置

期待されている役割…ベビーカーを利用する人にとって，出入口の高さが低くつくられていることと，車内に固定ベルトが設置されていることにより，乗りおりのときや乗車中に，ベビーカーを安全に利用できる。

〔問題3〕課題…バス以外の自動車で混み合う道路がうまれる可能性がある。　あなたの考え…時こく表に対するバスの運行状きょうが向上していることをせん伝して，バス以外の自動車を使う人にバスを利用してもらい，混み合う道路が少なくなるように働きかける。

3 〔問題1〕選んだプロペラ…A　示す値のちがい…13.3　　〔問題2〕(1)モーター…ウ　プロペラ…H

(2)選んだ予想…①　予想が正しくなる場合…ありません　理由…E，F，G，Hのどのプロペラのときでも，アとイのモーターの結果を比べると，アのモーターの方が軽いのに，かかった時間が長くなっているから。

〔問題3〕(1)×　(2)車が前に動く条件は，(あ)が 50° から 80° までのときで，さらに，(あ)と(い)の和が 100° か 110° のときである。

《解　説》

1 **〔問題1〕**　パネルの横の長さは 1.4m＝140 cm，画用紙の横の長さが 40 cmだから，140÷40＝3余り 20 より，横にはれる枚数は最大で3枚である。また，パネルの縦の長さは2ｍ＝200 cm，画用紙の縦の長さが 50 cmだから，200÷50＝4より，長さ③と④が0cmのとき，縦に4枚はれるが，長さ③と④はそれぞれ5cm以上だから，縦にはれる枚数は最大で3枚である。したがって，6＝2×3より，画用紙のはり方は右図Ⅰ，Ⅱの2通り考えられる。

図Ⅰ

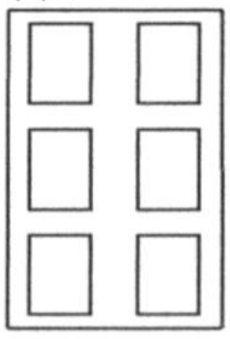

図Ⅱ

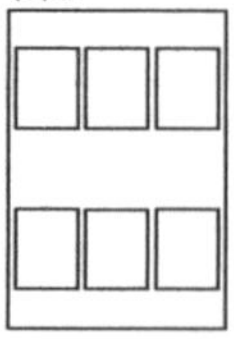

図Ⅰの場合について考える。横にならぶ画用紙の横の長さの和は，40×2＝80(cm)だから，長さ①と②の和は，140－80＝60(cm)である。例えば，長さ②を 10 cmとすると，長さ①は(60－10)÷2＝25(cm)となる。縦にならぶ画用紙の縦の長さの和は，50×3＝150(cm)だから，長さ③と④の和は，200－150＝50(cm)である。例えば，長さ④を 10 cmとすると，長さ③は(50－10×2)÷2＝15(cm)となる。また，他の長さ①と②，長さ③と④の組み合わせは右表のようになる。

同様に図Ⅱの場合も求めると，右表のような組み合わせが見つかる。

図Ⅰの場合

長さ①	長さ②
5	50
10	40
15	30
20	20
25	10

長さ③	長さ④
5	20
10	15
15	10
20	5

（単位：cm）

図Ⅱの場合

長さ①	長さ②
5	5

長さ③	長さ④
5	90
10	80
15	70
20	60
25	50
30	40
35	30
40	20
45	10

（単位：cm）

ただし，作品の見やすさを考えると，長さ①よりも長さ②の方がかなり長い，または，長さ③よりも長さ④の方がかなり長いはり方は，しない方がよいであろう。

〔問題２〕 横向きの画用紙は，140÷50＝２余り 40 より，横に２枚はって，長さ①と②の和が 40 ㎝となればよい。このとき長さ②は１か所だから，長さ①＝10 ㎝，長さ②＝20 ㎝などが考えられる。したがって，横には最大で２枚はれる。また，横向きの画用紙は，200÷40＝５より，縦に４枚はって，長さ③と④の和が 40 ㎝となればよい。このとき長さ③は３か所だから，長さ③＝10 ㎝，長さ④＝５㎝とできる。したがって，縦には最大で４枚はれる。よって，パネルの１面に横向きの画用紙は，最大で４×２＝８(枚)はれる。38÷８＝４余り６より，横向きの画用紙を全部はるのに，４＋１＝５(面)必要となる。

縦向きの画用紙は，〔問題１〕の解説より，パネルの１面に最大で３×３＝９(枚)はれるとわかる。21÷９＝２余り３より，縦向きの画用紙を全部はるのに，２＋１＝３(面)必要となる。

パネル１台に２面ずつあるから，求める必要なパネルの台数は，(５＋３)÷２＝４(台)である。

〔問題３〕 〔ルール〕の(3)について，サイコロで出た目の数に 20 を足して，その数を４で割ったときの余りの数を求めるが，20 は４の倍数だから，サイコロの目に 20 を足して４で割っても，サイコロの目の数を４で割っても余りの数は同じになる。

先生のサイコロの目は，１，２，５，１だから，進んだ竹ひごの数は，５÷４＝１余り１より，１，２，１，１である。したがって，**あ→え→う→い→う**となり，**い**でゲームが終わる。よって，先生の得点は，１＋２＋１＝ア<u>４</u>(点)となる。

サイコロを４回ふってゲームが終わるのは，４回目に**か**に着くか，４回目に一度通った玉にもどる目が出たときである。このことから，１回目に**い**，**う**，**え**，**お**のいずれかに進んだあとは，**い**，**う**，**え**，**お**のならびを時計周りか反時計回りに２つ進んだあとに，**か**に進むかまたは一度通った玉にもどる目が出たとわかる。したがって，１回目に進む玉で場合を分けて調べていき，３回目に進んだときの得点を求め，それが７点ならば，そこから一度通った玉にもどる目が出ることで条件に合う進み方になり，７点ではなくても，そこから**か**に進むことで７点になれば，条件に合う進み方になる。

例えば，１回目に**い**に進んだ場合，３回目までは**あ→い→う→え**の３＋１＋２＝６(点)か**あ→い→お→え**の３＋０＋３＝６(点)となるが，ここから**か**に進んでも６＋０＝６(点)にしかならない。このため，この場合は条件に合わないとわかる。

このように１つ１つ調べていってもよいが，得点が７点であることから，１回進むごとに２点か３点ずつ増えたのではないかと，あたりをつけることもできる。このように考えると，１回目は**い**か**お**に進んだと推測できる。**い**はすでに条件に合わないことがわかったので，**お**に進んだ場合を調べると，**あ→お→え→う**で得点が２＋３＋２＝７(点)になるとわかる。このあと，**あ**か**え**にもどる目が出ればよいので，サイコロの目はイ<u>２</u>，ウ<u>３</u>，エ<u>２</u>，オ<u>４</u>(オは２でもよい)となればよい。

なお，サイコロの目の数が６のときも，４で割った余りの数は２だから，２は６でもよい。

2 **〔問題１〕** 解答例の「新しくバスの営業を開始しやすくなり」は「新たな路線を開設しやすくなり」でも良い。図２より，実際に走行したきょりは，2001 年度が約 292500 万km，2015 年度が約 314000 万kmだから，20000 万km以上増加していることがわかる。そのことを，表１の 2001 年度の「バスの営業を新たに開始したり，新たな路線を開設したりしやすくするなど，国の制度が改められた」と関連付ける。また，図１を選んだ場合は，解答例の「実際に走行したきょり」を「合計台数」に変えれば良い。

〔問題２〕　解答例のほか，設計の工夫に「手すりの素材」「ゆかの素材」を選び，共通する役割に「足腰の弱った高齢者にとって，手すりやゆかがすべりにくい素材となっていることにより，乗りおりのときや車内を移動するときに，スムーズに歩くことができる。」としたり，設計の工夫に「車いすスペースの設置」「降車ボタンの位置」を選び，共通する役割に「車いすを利用する人にとって，車内に車いすスペースが設置されていることと，降車ボタンが低くつくられていることにより，乗車中やおりるときに，車いすでも利用しやすくなる。」としたりすることもできる。

〔問題３〕　課題について，先生が「乗合バスが接近してきたときには，(一般の自動車が)『バス優先』と書かれた車線から出て，道をゆずらなければいけない」と言っていることから，バス以外の自動車による交通渋滞が発生する恐れがあると導ける。解決について，図６で，運用１か月後の平均運行時間が運用前よりも２分近く短縮されたこと，図７で，運用１か月後の所要時間短縮の成功率が運用前よりも 30%近く高くなったことを読み取り，このような運行状況の向上を宣伝することで，交通手段としてバスを選ぶ人を増やし，渋滞を回避するといった方法を導く。

3　〔問題１〕　A．$123.5-(54.1+48.6+7.5)=13.3$(g)　B．$123.2-(54.1+48.6+2.7)=17.8$(g)
C．$120.9-(54.1+48.6+3.3)=14.9$(g)　D．$111.8-(54.1+48.6+4.2)=4.9$(g)

〔問題２〕(1)　表５で，５ｍ地点から 10ｍ地点まで(同じきょりを)走りぬけるのにかかった時間が短いときほど車の模型が速く走ったと考えればよい。　(2)　①…モーターはアが最も軽いが，プロペラがＥとＦのときにはイ，プロペラがＧのときにはイとウ，プロペラがＨのときにはウが最も速く走ったので，予想が正しくなる場合はない。②…プロペラの中心から羽根のはしまでの長さは長い順にＨ，Ｇ，Ｆ，Ｅで，これはモーターがウのときの速く走った順と同じだから，予想が正しくなる場合がある。

〔問題３〕(1)　(あ)が 60°で，(あ)と(い)の和が 70°になるのは，(い)が 70－60＝10(°)のときである。したがって，表６で，(あ)が 60°，(い)が 10°のときの結果に着目すると，×が当てはまる。　(2)　(1)のように考えて表７に記号を当てはめると，右表のようになる。車が前に動くのは記号が○のときだけだから，○になるときの条件をまとめればよい。

		(あ)と(い)の和					
		60°	70°	80°	90°	100°	110°
(あ)	20°	×	×	×	×		
	30°	×	×	×	×	×	
	40°	×	×	×	△	△	△
	50°	×	×	×	△	○	○
	60°		×	×	△	○	○
	70°			×	△	○	○
	80°				△	○	○

《解答例》

1 〔問題1〕ア．25〔別解〕32　イ．333　〔問題2〕○…8　△…5〔別解〕○…10　△…6　〔問題3〕下表

アのカードから始まる手順

計算の順番	使うカード	○	△	□
最初		6	4	1
1枚め	△⇒□	6	4	4
2枚め	○⇒△	6	6	4
3枚め	□⇒○	4	6	4

アのカードから始まる手順

計算の順番	使うカード	○	△	□
最初		6	4	1
1枚め	○⇒□	6	4	6
2枚め	△⇒○	4	4	6
3枚め	□⇒△	4	6	6

〔別解〕

ウのカードから始まる手順

計算の順番	使うカード	○	△	□
最初		6	4	1
1枚め	約(○・△)⇒□	6	4	2
2枚め	△⇒○	4	4	2
3枚め	○＋□⇒△	4	6	2

2 〔問題1〕歯の数…12

計算した理由…歯車の回転数と歯の数の逆数は比例関係にあるため，$2:3=\frac{1}{18}:\frac{1}{12}$より，12とわかる。

〔問題2〕動力の歯車…歯車ア

タイヤの歯車…歯車イ

動力の歯車の回転数…18回転

〔問題3〕右表

	正面の数字	回転のさせ方
「答え方の例」	3	(右90度)→(上90度)→(右90度)
からだ	3	(左90度)→(A90度)→(A90度)
右うで	1	(上90度)→(B90度)
左うで	2	(上90度)→(B90度)
右足	4	(A90度)
左足	5	(左90度)

《解　説》

1 **〔問題1〕** わくの中の数を素数の積で表すと，25＝5×5，32＝2×2×2×2×2，333＝3×3×37，640＝2×2×2×2×2×2×2×5となる。割る数が2か5ならば必ずその割り算は割り切れるので，割り切れない数になるためには割る数が333でなければならないとわかる。したがって，イは333であり，アはそれより小さい25か32である。実際に計算してみると，25÷333＝0.075075…，32÷333＝0.096096…となるから，アは25でも32でもどちらでもよい。

〔問題2〕 問題文には特に書かれていないが，○，△，□，☆には異なる数字を入れた方がよいであろう。

○より△の方が大きいと，(1)の計算で○÷△の余りが○となり，○と□が同じになってしまうので，○は△より大きい数字と考える。その場合，○÷△の余りの最大の値《あたい》は，10÷6，9÷5のときの4なので，□に入る数字は4以下である。

△÷□についても△は□より大きいと考えると，□が4以下で，△÷□の余りが2となる(△，□)は，(5，3)，(8，3)，(6，4)，(10，4)の4通りである。

(△，□)＝(５，３)のとき，○÷５の余りが３となるのは，○＝８のときである。このとき，○，△，□，☆はすべて異なる数字となる。

(△，□)＝(８，３)のとき，○÷８の余りが３となる10以下の○はない。

(△，□)＝(６，４)のとき，○÷６の余りが４となるのは，○＝10のときである。このとき，○，△，□，☆はすべて異なる数字となる。

(△，□)＝(10，４)のとき，○÷10の余りが４となる10以下の○はない。

よって，(○，△)は，(８，５)または(10，６)である。

〔問題３〕　１枚のカードを使って変わる記号は１種類なので，２枚めのカードを使った後に，○＝４か△＝６になっていなければならないことに気をつける。また，アのカードを使って○＝４か△＝６と書きかえたいので，最初からある６と４をなるべくそのままにし，□＝１を書きかえるように考えるとよい。

アのカードから始める場合，１枚めのカードを使った後の数字は１，４，６以外の数字になることはないので，２枚めのカードがイやウの場合，○＝４または△＝６にはならない。よって，３回ともアのカードを使って○＝４，△＝６にすることがわかる。したがって，４，６の数字を残しながら書きかえることを考えると，解答例のような２通りが考えられる。

ウのカードから始める場合，１と６，１と４，４と６の最大公約数はそれぞれ，１，１，２なので，１枚めのカードで，○か△か□の数字が１か２に書きかえられる。２があるとイのカードを使って４＋２＝６を作れるから，２を作るために，１枚めのカードを，「約(○・△)⇒□」とする。あとは，６は４＋２で作れるから，２枚めのカードで○＝４になるようにすると，解答例のようになる。他に条件に合う手順はない。

２　**〔問題１〕**　解答例の理由以外に，次のような求め方もある。

歯車①と歯車②について，歯の数の比は６：18＝１：３，回転数の比は３：１である。

よって，歯の数の比は回転数の比の逆比に等しいことがわかり，歯車②と歯車③の回転数の比は２：３だから，歯の数の比はこの逆比である３：２となる。したがって，歯車③の歯の数は，$18\times\frac{2}{3}=12$である。

〔問題２〕　3.6ｍ＝360㎝進みたいので，タイヤの歯車が360÷10＝36(回転)すればよい。

間の歯車の回転数は，動力の歯車とタイヤの歯車の回転数の比に影響《えいきょう》しない。例えば，動力の歯車をア，タイヤの歯車をイとすると，回転数の比が１：２となるから，動力の歯車の回転数は，$36\times\frac{1}{2}=18$(回転)となる。

よって，動力の歯車とタイヤの歯車の回転数の比を□：○とすると，動力の歯車の回転数は$36\times\frac{□}{○}$(回)である。

１，２，３，４，６は36の約数なので，タイヤの歯車がオ以外であれば，解答例以外でも，動力の歯車の回転数が整数となる組み合わせになる。

〔問題３〕　各部品に書かれている数は，どの数でも４回までの回転で，正面から見たときに数字が線を下にして書かれているようにすることができるので，まずは，書かれた数を足して15になる組み合わせを探すとよい。

各部品に書かれている数字は，「からだ」が２，３，４，５，「右うで」が１，３，５，７，「左うで」が２，４，６，８，「右足」が１，２，３，４，「左足」が５，６，７，８である。

このことから，各部品に書かれている数字がすべてちがい，合計が15となるものを探すと，例えば，(からだ，右うで，左うで，右足，左足)の数字が(３，１，２，４，５)のときが見つかる。

「からだ」の数字について，正面の数字を５から３にするので，まずは左90度の回転を行う。すると，正面から見たときに３の上に線が書かれているようになっているので，A90度の回転を２回行う(B90度を２回でもよい)。

このように他の部品についても考えていくと，解答例のようになる。回転のさせ方は他にも色々考えられる。

また，正面の数字は，それぞれ異なる数字で合計が15ならば，解答例以外でもよい。

《解答例》

1 〔問題１〕本を読み通すだけでなく、積極的に調べたり、ちがう本を読んだりする

〔問題２〕本の内容が二十年後にも通用するという見通しをもって書くようにする

〔問題３〕（例文）

「子ども向けの本としてはつまらない本になってしまう」という点が誤解だと思います。

かこさんは、「まず原理原則を子どもさんにわかるようにしてもらおうと考えました。」、「順を追ってゆっくりと記述しながら、だんだんと遠い宇宙へ一緒に旅をするということを心がけました。」と述べています。また、科学の本の軸にしたいこととして、「おもしろさ」と「総合性」と「発展性」の三つを挙げる中で、「私は内容がよければよいほど、おもしろさというものが必要だと考えています。」と述べています。これらの考えをもとに書かれるから、つまらない本にはならず、わかりやすくておもしろい本になるはずです。

本を読んでおもしろいと感じ、関心や興味を持ったら、さらに他の本を読んだり、自分で考えを深めたりします。その際に、かこさんが挙げた「総合性」と「発展性」が大事になると考えました。だから私は、これから本を読むときに、本質や全体像をつかもうとする姿勢と、未来につなげて考える視点を持つことを心がけようと思います。

《解　説》

1 **〔問題１〕**　まず、傍線部《ぼうせんぶ》㋐の直後の「『もうやめなさい』とこちらが言いたくなるぐらいに熱中して、突《つ》き進《すす》んじゃう」ということになる。これにあたる内容を文章２の中から探《さが》す。子どもがおもしろさを感じるとどうなるかを述べているのは第２段落《だんらく》。「おもしろいというのは、一冊《さつ》の本をよみ通し、よく理解してゆく原動力になるだけでなく、もっとよく調べたり、もっと違《ちが》うものをよんだりするというように、積極的な行動にかりたてる」という部分からまとめる。

〔問題２〕　かこさんが本を書くとき、子どもたちの将来《しょうらい》を考えて、どのようなことを心がけているか。もっとも明確に述べているのが、文章１の、かこさんの最初の発言。「子どもさんが成人したときに、『なんだ、昔読んだ本と内容がちょっと違うじゃないか』なんてことになったら、大変問題になります」と、子どもたちの将来を考えている。そして「ですから、二〇年後にも通用するという見通しを持って書かなければいかん」とあるのが、そのためのかこさんの態度。よって、下線部を用いてまとめる。

〔問題３〕　まず、ひかるさんが「それは誤解《ごかい》のような気がします」と言った、「それ」の指す内容を読み取る。それは、直前で友だちが言った「それだと（＝むずかしそうな専門知識《せんもんちしき》を調べた上で本を作っていると）、私《わたし》たち子ども向けの本としてはつまらない本になってしまう」ということ。この内容を第一段落に書く。次に、なぜそれが誤解なのか、実際はどうなのか、ということを、文章１と文章２の内容を用いて説明する。かこさんは、科学絵本を書くときに、たくさんの論文《ろんぶん》を読《よ》み込《こ》んで書く。しかし、そのことが絵本をむずかしくしているわけではなく、むしろ「まず原理原則を子どもさんにわかるようにしてもらおう」「順を追ってゆっくりと記述しながら」と、わかりやすく導く工夫がされている。そして、子どもたちが「真っ当な面白《おもしろ》さ」にであえるように、「興味を持ってもらえればと思って」書いているのである。さらに、科学の本の軸《じく》にしたいという「おもしろさ」「総合性」「発《はっ》

展性《てんせい》」のうち、「おもしろさ」について、「私は内容がよければよいほど、おもしろさというものが必要だと考えています」と述べている。つまり、かこさんは、わかりやすくおもしろい本にすることを心がけて書いているのである。ここから、「つまらない本になってしまう」とは言えないことを説明しよう。ここまでの内容をふまえて、本を読むときに何を心がけるべきか。ひかるさんは「かこさんの考えを知って、本を読むときに心がけたいこともできました」と言っているから、かこさんが本を書くときに大切にしていることを、自分が本を読むときに重ねて考えてみよう。

富士高等学校附属中学校　2019 平成31年度　適性検査Ⅱ

《解答例》

1 〔問題１〕 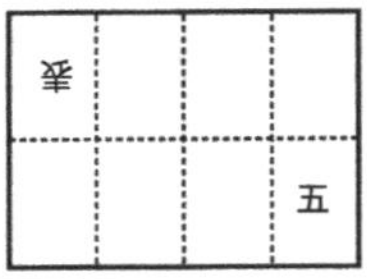

〔別解〕 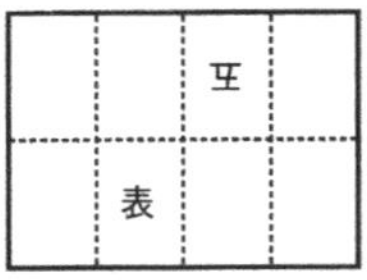

〔問題２〕約束２で表現したときの漢字と数字の合計の個数…44　漢字と数字の合計の個数が少ない約束…１

理由…このも様では、文字と数字でも様を表現するとき、列よりも行で表現したほうが、同じ色がより多く連続するため。

〔問題３〕「★」の位置に置くおもちゃの向き… 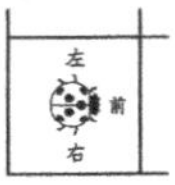

カードの並べ方…①②⑤④①②⑤①③①

〔別解〕「★」の位置に置くおもちゃの向き… 

カードの並べ方…①③①②⑤①④②⑤①

2 〔問題１〕(あ)日本人の出国者数も、外国人の入国者数も大きな変化がない　(い)２　(う)日本人の出国者数は大きな変化がないが、外国人の入国者数は増加した　(え)３

〔問題２〕選んだ地域…松本市　あなたの考え…多言語対応が不十分で外国人旅行者がこまっているので、多言語表記などのかん境整備をしているから。

〔問題３〕役割１…外国人旅行者にとって、日本語が分からなくても、どこに何があるかが分かるようなほ助となっている。　役割２…その場で案内用図記号を見て地図と照らし合わせることで、自分がどこにいるかが分かるようなほ助となっている。

3 〔問題１〕比べたい紙…プリント用の紙　基準にするもの…紙の面積　和紙は水を何倍吸うか…2.3

〔問題２〕選んだ紙…新聞紙　せんいの向き…Ｂ　理由…実験２の結果ではどちらの方向にも曲がっていないのでせんいの向きは判断できないが、実験３の結果より短ざくＢの方のたれ下がり方が小さいから、せんいの向きはＢ方向だと考えられる。

〔問題３〕⑴Ａ　⑵４回めのおもりの数が３回めより少ないので、なるべく紙がはがれにくくなるのりを作るために加える水の重さが、３回めの70ｇと４回めの100ｇの間にあると予想できるから。

《解　説》

1 **〔問題１〕**　図２のしおりの作り方より，しおりにする前の紙の真ん中の横の点線がしおりの上になるとすると，文字の向きは右図ｉのようになるとわかる。

右図ⅱの矢印で示したページを表紙とすると，１ページ目から，ＡＥＦＧＨＤＣＢとなるとわかるから，５ページ目はＨのページである。また，Ｆのページを表紙とすると，５ページ目はＣのページとなる。他に表紙にできるページはＨとＣのページがあり，それぞれ解答例の図を上下逆にしたものと同じになる。

図ｉ
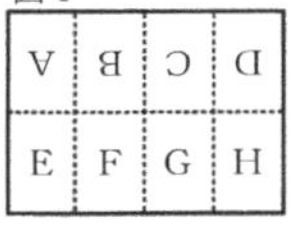

図ⅱ
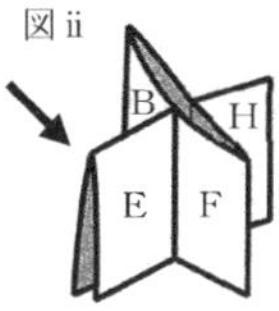

〔問題２〕　図９で表現された模様を図10に書きこむと，右図iiiのようになる。したがって，約束２で表現すると，右図ⅳのようになるから，漢字と数字の合計の個数は，

５＋９＋７＋５＋５＋５＋５＋３＝44(個)である。

図９より，約束１で表現すると，漢字と数字の合計の個数は，

２＋３＋３＋４＋４＋４＋３＋２＝25(個)だから，約束１を使ったほうが表現する漢字と数字の合計の個数は少なくなる。

図iii

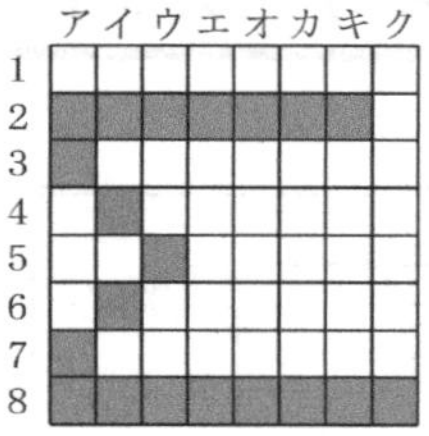

図ⅳ

白	白	白	白	白	白	白	白
1	1	1	1	1	1	1	7
2	1	1	1	1	1	1	1
3	1	2	5	5	5	5	
2	1	1	1	1	1	1	
	1	2					
	1	1					
	1						
	1						

〔問題３〕　「え」を通り「お」まで行くときの最短の行き方は，それぞれ右表のようになる。

このときのカードの並べ方を考えると表のようになり，それぞれ10枚で行けるとわかる。

最初のおもちゃの向き	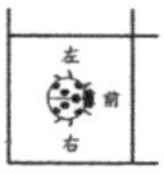	
最短の行き方	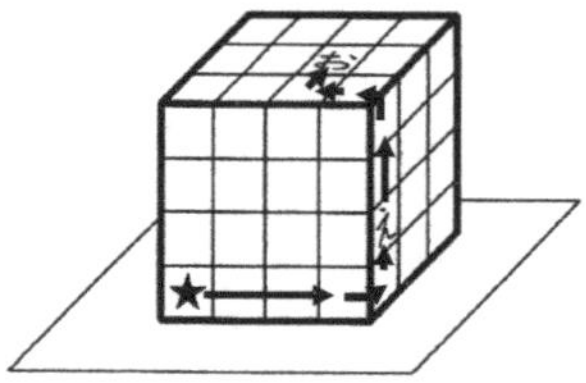	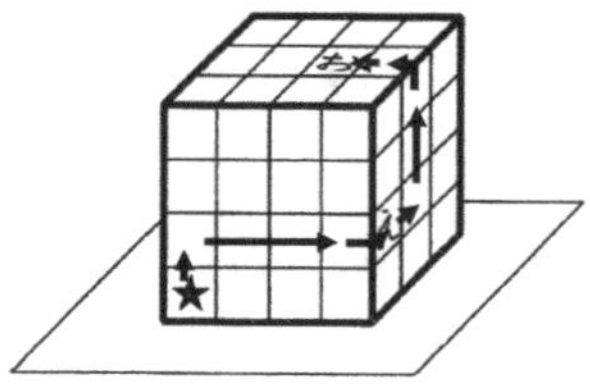
カードの並べ方	①②⑤④①②⑤①③①	①③①②⑤①④②⑤①

なお，①②が連続して並んでいるところは，②①の順番でもよい。

２　〔問題１〕(あ)　2006年から2012年までの間，日本人の出国者数は1600～1800万人前後，外国人の入国者数は700～900万人前後と大きな変化がない。　(い)　2012年は，日本人の出国者数が約1800万人，外国人の入国者数が約900万人なので，日本人の出国者数は外国人の入国者数の1800÷900＝２(倍)となる。　(う)(え)　2012年から2017年までの間，日本人の出国者数は1600～1800万人前後と大きな変化がない。一方で，外国人の入国者数は2012年が約900万人，2017年が約2700万人なので，2017年は2012年の2700÷900＝３(倍)増加している。

〔問題２〕　表３より，訪日外国人旅行者の受け入れ環境として不十分である点を読み取り，表２より，それぞれの地域ではその課題解決に向けてどんな取り組みをしているかを読み取る。解答例のほか，「高山市」を選んで，「コミュニケーションがとれなくて外国人旅行者がこまっているので，通訳案内士を養成しているから。」や，「白浜町」を選んで，「情報通信かん境が不十分で外国人旅行者がこまっているので，観光情報サイトをじゅう実させているから。」なども良い。

〔問題３〕　図７のマーク(ピクトグラム)が，日本を訪れる外国人に向けて，言葉が書かれていなくても絵で意味することがわかるようになっていることに着目しよう。ピクトグラムは，日本語のわからない人でもひと目見て何を表現しているのかわかるため，年齢や国の違いを越えた情報手段として活用されている。解答例のほか，「外国人旅行者にとって，日本語が分からなくても，撮影禁止や立入禁止などのルールが分かるようなほ助となっている。」なども良い。

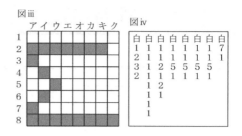

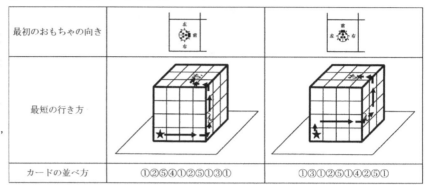

3 〔問題１〕 解答例のように，プリント用の紙で，紙の面積を基準にしたときは，面積１㎠あたりで吸う水の重さを比べればよい。和紙では $0.8 \div 40 = \frac{0.8}{40}$（g），プリント用の紙では $0.7 \div 80 = \frac{0.7}{80}$（g）だから，和紙はプリント用の紙より水を $\frac{0.8}{40} \div \frac{0.7}{80} = 2.28\cdots \rightarrow 2.3$ 倍吸うと考えられる。また，プリント用の紙で，紙の重さを基準にしたときには，重さ１ｇあたりで吸う水の重さを比べればよい。和紙では0.8÷0.2＝４（g），プリント用の紙では0.7÷0.5＝1.4（g）だから，和紙はプリント用の紙より水を４÷1.4＝2.85…→2.9 倍吸うと考えられる。同様に考えると，新聞紙では，面積を基準にしたときには 1.9 倍，重さを基準にしたときには 1.5 倍となり，工作用紙では，面積を基準にしたときには0.5倍，重さを基準にしたときには3.2倍となる。

〔問題２〕 紙には，せんいの向きに沿って長く切られた短冊の方が垂れ下がりにくくなる性質があるから，図５で，短冊Ｂの方が垂れ下がりにくいことがわかる新聞紙のせんいの向きはＢ方向である。同様に考えれば，プリント用の紙のせんいの向きはＡ方向である。また，水にぬらしたときに曲がらない方向がせんいの向きだから，図３より，せんいの向きは，プリント用の紙はＡ方向，工作用紙はＢ方向である。どの紙について答えるときも，実験２の結果と実験３の結果のそれぞれについてふれなければいけないことに注意しよう。

〔問題３〕 表２では，加える水の重さが重いほどおもりの数が多くなっているので，４回めに加える水の重さを100ｇにしたとき，おもりの数が 53 個より多くなるのか少なくなるのかを調べ，多くなるようであれば５回めに加える水の重さを 100ｇより重くし，少なくなるようであれば５回目に加える水の重さを 70ｇと 100ｇの間にして実験を行えばよい。したがって，⑴はＡかＤのどちらかを選び，Ｄを選んだときには，⑵の理由を「４回めのおもりの数が３回目より多いので，なるべく紙がはがれにくくなるのりを作るために加える水の重さが４回めの 100ｇより重いと予想できるから。」などとすればよい。

《解答例》

1　〔問題1〕　103

〔問題2〕　エ，ア，イ，ウ，オ

〔問題3〕

作業をした結果の数字の並《なら》び方							
12	30	18	42	36	6	48	24
6	24	12	30	18	㊱	48	42
12	18	6	㉔	30	㊱	48	42
6	⑫	18	㉔	30	㊱	48	42
6	⑫	18	㉔	30	㊱	㊷	48

2　〔問題1〕　正三角形…

24
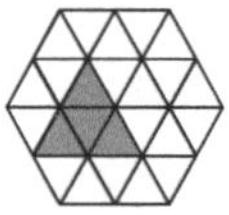
12
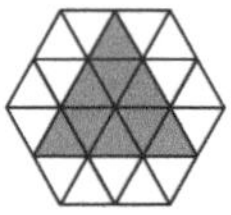
2　のうち1つ

正六角形…

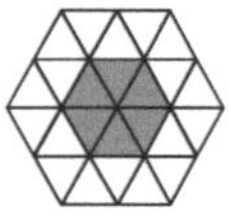
7
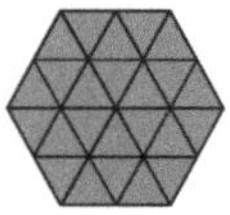
1　のうち1つ

〔問題2〕　正三角柱…2，4，3　正四角柱…2，3，8，4

〔問題3〕

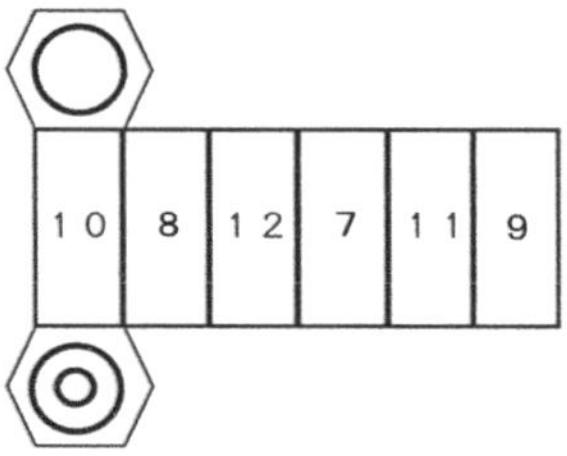

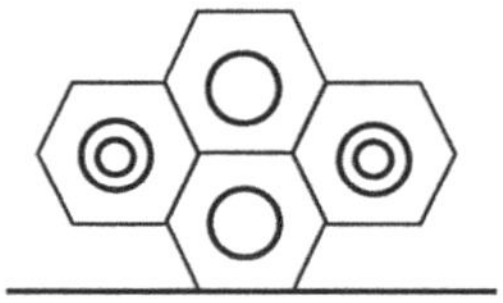

左から見えた側面の数字	右から見えた側面の数字
12	10
7	9
12	10
5	1

《解　説》

1　**〔問題1〕**　重さを軽い方から順番に並べ2個ずつに分けると，46，75｜99，100｜103，110｜127，320，となる。よって，真ん中の2つのグループの平均の重さは，(99＋100＋103＋110)÷4＝103(g)

〔問題2〕　1周で1つの数字は1つしか左に動かないので，2つ動いて本来の位置にくるように最初の位置を考えればよい。解答例の重さの並びは，46，100，110，75，127であり，2番目に小さい75が左に2つ動かないと本来の位置にならない。解答例は他にもたくさん考えられる。

〔問題3〕　気をつける点は，並んでいた順番通りに移動させるということと，以前の作業で○をつけた数字をまたいで移動させないということである(右図参照)。どの数字から○をつけて作業を始めても，最後には左から小さい順に並ぶことになるので，ミスをしないようにていねいに書いていけばよい。

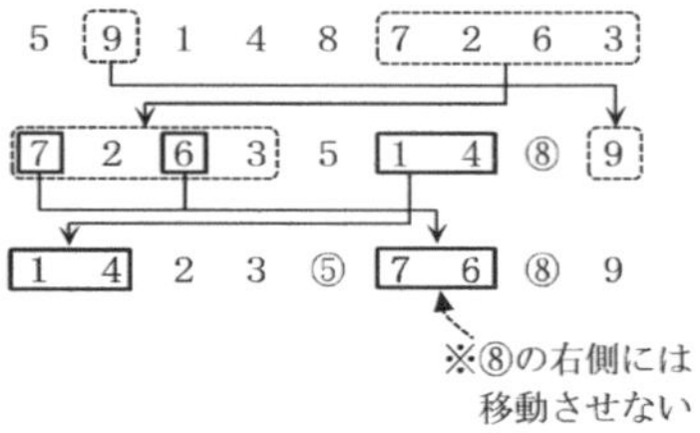

2 〔問題１〕 正三角形は最も小さい正三角形を，正六角形は最も大きい正六角形を選ぶと，個数が数えやすい。

〔問題２〕 正三角柱には側面が３つあるので，正三角柱を転がすと，ますにふれた数字は３つの数字がくり返される。したがって，右図Ⅰのように区切ることができるので，㋐には▲と同じ数字が，㋑には☆と同じ数字がふれるとわかる。よって，正三角柱の解答らんに入る数字として考えられるのは，解答例以外に，「１，３，４」「３，５，２」「４，６，１」がある。

図Ⅰ

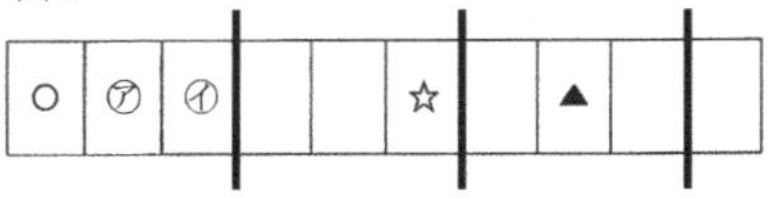

図Ⅱ

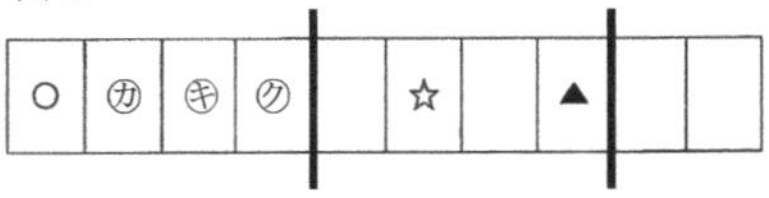

正四角柱についても同様に考えると，図Ⅱより，㋕には☆と同じ数字が，㋗には▲と同じ数字がふれるとわかる。㋖に入る数字は他の３つの面と異なる数字ならば何でもよい。㋖以外の数字の組み合わせは解答例以外に，「１，４，㋖，３」「３，２，㋖，５」「４，１，㋖，６」がある。

〔問題３〕 まず「消しゴム あ」の側面の数字を確認すると，右図Ⅰのようになるとわかる。接着面の数字の合計が偶数《ぐうすう》になるということは，接着面の数字が奇数《きすう》どうしか偶数どうしであるということである。あとは右側の上から３番目を10にすることと，正面から見えるマークが○と◎が２つずつになることに気をつけながら，数字の配置を決めていくとよい。条件がそれほど厳しくないので，たくさんの答えが考えられる。
解答例の場合の側面の数字を図で表すと，図Ⅱのようになる。

図Ⅰ

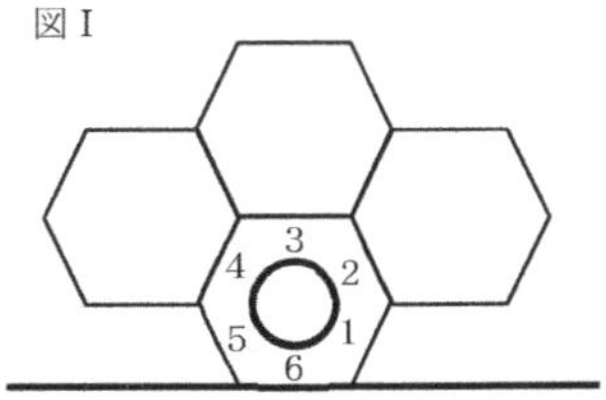

図Ⅱ

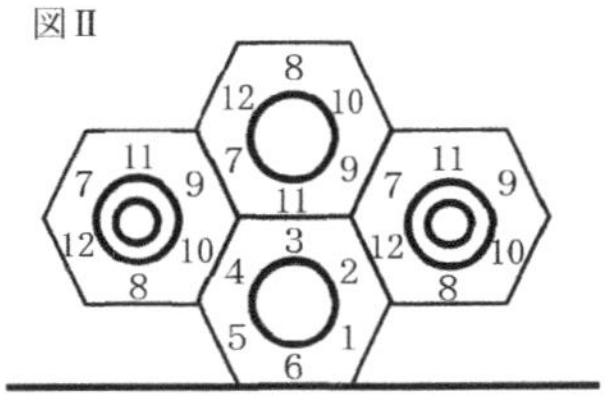

■ ご使用にあたってのお願い・ご注意

（1）問題文等の非掲載

著作権上の都合により，問題文や図表などの一部を掲載できない場合があります。

誠に申し訳ございませんが，ご了承くださいますようお願いいたします。

（2）過去問における時事性

過去問題集は，学習指導要領の改訂や社会状況の変化，新たな発見などにより，現在とは異なる表記や解説になっている場合があります。過去問の特性上，出題当時のままで出版していますので，あらかじめご了承ください。

（3）配点

学校等から配点が公表されている場合は，記載しています。公表されていない場合は，記載していません。

独自の予想配点は，出題者の意図と異なる場合があり，お客様が学習するうえで誤った判断をしてしまう恐れがあるため記載していません。

（4）無断複製等の禁止

購入された個人のお客様が，ご家庭でご自身またはご家族の学習のためにコピーをすることは可能ですが，それ以外の目的でコピー，スキャン，転載（ブログ，ＳＮＳなどでの公開を含みます）などをすることは法律により禁止されています。学校や学習塾などで，児童生徒のためにコピーをして使用することも法律により禁止されています。

ご不明な点や，違法な疑いのある行為を確認された場合は，弊社までご連絡ください。

（5）けがに注意

この問題集は針を外して使用します。針を外すときは，けがをしないように注意してください。また，表紙カバーや問題用紙の端で手指を傷つけないように十分注意してください。

（6）正誤

制作には万全を期しておりますが，万が一誤りなどがございましたら，弊社までご連絡ください。

なお，誤りが判明した場合は，弊社ウェブサイトの「ご購入者様のページ」に掲載しておりますので，そちらもご確認ください。

■ お問い合わせ

解答例，解説，印刷，製本など，問題集発行におけるすべての責任は弊社にあります。

ご不明な点がございましたら，弊社ウェブサイトの「お問い合わせ」フォームよりご連絡ください。迅速に対応いたしますが，営業日の都合で回答に数日を要する場合があります。

ご入力いただいたメールアドレス宛に自動返信メールをお送りしています。自動返信メールが届かない場合は，「よくある質問」の「メールの問い合わせに対し返信がありません。」の項目をご確認ください。

また弊社営業日（平日）は，午前９時から午後５時まで，電話でのお問い合わせも受け付けています。

2025 春

株式会社教英出版

〒422-8054　静岡県静岡市駿河区南安倍３丁目 12-28

TEL　054-288-2131　　FAX　054-288-2133

URL　https://kyoei-syuppan.net/

MAIL siteform@kyoei-syuppan.net

教英出版の中学受験対策

中学受験面接の基本がここに！
知っておくべき面接試問の要領

面接試験に，落ち着いて自信をもってのぞむためには，あらかじめ十分な準備をしておく必要があります。面接の心得や，受験生と保護者それぞれへの試問例など，面接対策に必要な知識を１冊にまとめました。

- 面接の形式や評価のポイント，マナー，当日までの準備など，面接の基本をていねいに指南「面接はこわくない！」
- 書き込み式なので，質問例に対する自分の答えを整理して本番直前まで使える
- ウェブサイトで質問音声による面接のシミュレーションができる

定価：770円（本体700円+税）

入試テクニックシリーズ

必修編

基本をおさえて実力アップ！
1冊で入試の全範囲を学べる！
基礎力養成に最適！

こんな受験生には必修編がおすすめ！
- 入試レベルの問題を解きたい
- 学校の勉強とのちがいを知りたい
- 入試問題を解く基礎力を固めたい

定価：1,100円（本体1,000+税）

発展編

応用力強化で合格をつかむ！
有名私立中の問題で
最適な解き方を学べる！

こんな受験生には発展編がおすすめ！
- もっと難しい問題を解きたい
- 難関中学校をめざしている
- 子どもに難問の解法を教えたい

定価：1,760円（本体1,600+税）

絶賛販売中！

詳しくは教英出版で検索
教英出版　検索
URL https://kyoei-syuppan.net/

教英出版の親子で取りくむシリーズ

公立中高一貫校とは？適性検査とは？受検を考えはじめた親子のための最初の１冊！

「概要編」では公立中高一貫校の仕組みや適性検査の特徴をわかりやすく説明し，「例題編」では実際の適性検査の中から，よく出題されるパターンの問題を厳選して紹介しています。実際の問題紙面も掲載しているので受検を身近に感じることができます。

- 公立中高一貫校を知ろう！
- 適性検査を知ろう！
- 教科的な問題〈適性検査ってこんな感じ〉
- 実技的な問題〈さらにはこんな問題も！〉
- おさえておきたいキーワード

定価：1,078円（本体980+税）

適性検査の作文問題にも対応！「書けない」を「書けた！」に導く合格レッスン

「実力養成レッスン」では，作文の技術や素材の見つけ方，書き方や教え方を対話形式でわかりやすく解説。実際の入試作文をもとに，とり外して使える解答用紙に書き込んでレッスンをします。赤ペンの添削例や，「添削チェックシート」を参考にすれば，お子さんが書いた作文をていねいに添削することができます。

- レッスン１　作文の基本と，書くための準備
- レッスン２　さまざまなテーマの入試作文
- レッスン３　長文の内容をふまえて書く入試作文
- 実力だめし！入試作文
- 別冊「添削チェックシート・解答用紙」付き

定価：1,155円（本体1,050+税）

絶賛販売中！

詳しくは教英出版で検索
教英出版　検索
URL https://kyoei-syuppan.net/

教英出版　2025年春受験用　中学入試問題集

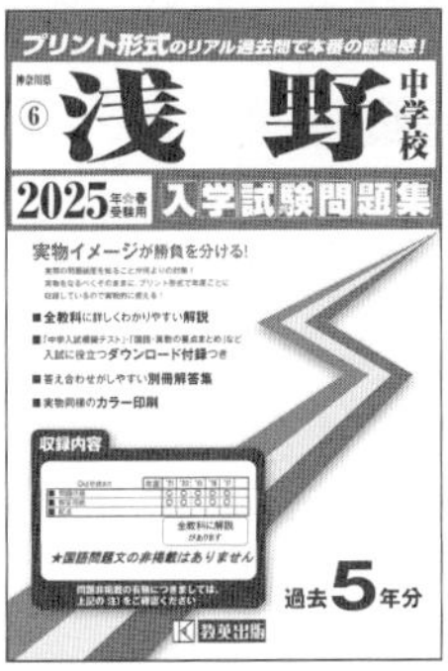

学校別問題集

✿はカラー問題対応

北海道

①［市立］札幌開成中等教育学校
②藤女子中学校
③北嶺中学校
④北星学園女子中学校
⑤札幌大谷中学校
⑥札幌光星中学校
⑦立命館慶祥中学校
⑧函館ラ・サール中学校

青森県

①［県立］三本木高等学校附属中学校

岩手県

①［県立］一関第一高等学校附属中学校

宮城県

①［県立］宮城県古川黎明中学校
②［県立］宮城県仙台二華中学校
③［市立］仙台青陵中等教育学校
④東北学院中学校
⑤仙台白百合学園中学校
⑥聖ウルスラ学院英智中学校
⑦宮城学院中学校
⑧秀光中学校
⑨古川学園中学校

秋田県

①［県立］
- 大館国際情報学院中学校
- 秋田南高等学校中等部
- 横手清陵学院中学校

山形県

①［県立］
- 東桜学館中学校
- 致道館中学校

福島県

①［県立］
- 会津学鳳中学校
- ふたば未来学園中学校

茨城県

①［県立］
- 日立第一高等学校附属中学校
- 太田第一高等学校附属中学校
- 水戸第一高等学校附属中学校
- 鉾田第一高等学校附属中学校
- 鹿島高等学校附属中学校
- 土浦第一高等学校附属中学校
- 竜ヶ崎第一高等学校附属中学校
- 下館第一高等学校附属中学校
- 下妻第一高等学校附属中学校
- 水海道第一高等学校附属中学校
- 勝田中等教育学校
- 並木中等教育学校
- 古河中等教育学校

栃木県

①［県立］
- 宇都宮東高等学校附属中学校
- 佐野高等学校附属中学校
- 矢板東高等学校附属中学校

群馬県

①
- ［県立］中央中等教育学校
- ［市立］四ツ葉学園中等教育学校
- ［市立］太田中学校

埼玉県

①［県立］伊奈学園中学校
②［市立］浦和中学校
③［市立］大宮国際中等教育学校
④［市立］川口市立高等学校附属中学校

千葉県

①［県立］
- 千葉中学校
- 東葛飾中学校

②［市立］稲毛国際中等教育学校

東京都

①［国立］筑波大学附属駒場中学校
②［都立］白鷗高等学校附属中学校
③［都立］桜修館中等教育学校
④［都立］小石川中等教育学校
⑤［都立］両国高等学校附属中学校
⑥［都立］立川国際中等教育学校
⑦［都立］武蔵高等学校附属中学校
⑧［都立］大泉高等学校附属中学校
⑨［都立］富士高等学校附属中学校
⑩［都立］三鷹中等教育学校
⑪［都立］南多摩中等教育学校
⑫［区立］九段中等教育学校
⑬開成中学校
⑭麻布中学校
⑮桜蔭中学校
⑯女子学院中学校
✿⑰豊島岡女子学園中学校
⑱東京都市大学等々力中学校
⑲世田谷学園中学校
✿⑳広尾学園中学校（第2回）
✿㉑広尾学園中学校（医進・サイエンス回）
㉒渋谷教育学園渋谷中学校（第1回）
㉓渋谷教育学園渋谷中学校（第2回）
㉔東京農業大学第一高等学校中等部（2月1日 午後）
㉕東京農業大学第一高等学校中等部（2月2日 午後）

神奈川県

①［県立］相模原中等教育学校
　　　　平塚中等教育学校
②［市立］南高等学校附属中学校
③［市立］横浜サイエンスフロンティア高等学校附属中学校
④［市立］川崎高等学校附属中学校
✿⑤聖光学院中学校
✿⑥浅野中学校
⑦洗足学園中学校
⑧法政大学第二中学校
⑨逗子開成中学校（1次）
⑩逗子開成中学校（2·3次）
⑪神奈川大学附属中学校（第1回）
⑫神奈川大学附属中学校（第2·3回）
⑬栄光学園中学校
⑭フェリス女学院中学校

新潟県

①［県立］村上中等教育学校
　　　　柏崎翔洋中等教育学校
　　　　燕中等教育学校
　　　　津南中等教育学校
　　　　直江津中等教育学校
　　　　佐渡中等教育学校
②［市立］高志中等教育学校
③新潟第一中学校
④新潟明訓中学校

石川県

①［県立］金沢錦丘中学校
②星稜中学校

福井県

①［県立］高志中学校

山梨県

①山梨英和中学校
②山梨学院中学校
③駿台甲府中学校

長野県

①［県立］屋代高等学校附属中学校
　　　　諏訪清陵高等学校附属中学校
②［市立］長野中学校

岐阜県

①岐阜東中学校
②鶯谷中学校
③岐阜聖徳学園大学附属中学校

静岡県

①［国立］静岡大学教育学部附属中学校
　　　　（静岡·島田·浜松）
②［県立］清水南高等学校中等部
　［県立］浜松西高等学校中等部
　［市立］沼津高等学校中等部
③不二聖心女子学院中学校
④日本大学三島中学校
⑤加藤学園暁秀中学校
⑥星陵中学校
⑦東海大学付属静岡翔洋高等学校中等部
⑧静岡サレジオ中学校
⑨静岡英和女学院中学校
⑩静岡雙葉中学校
⑪静岡聖光学院中学校
⑫静岡学園中学校
⑬静岡大成中学校
⑭城南静岡中学校
⑮静岡北中学校
⑯常葉大学附属常葉中学校
　常葉大学附属橘中学校
　常葉大学附属菊川中学校
⑰藤枝明誠中学校
⑱浜松開誠館中学校
⑲静岡県西遠女子学園中学校
⑳浜松日体中学校
㉑浜松学芸中学校

愛知県

①［国立］愛知教育大学附属名古屋中学校
②愛知淑徳中学校
③名古屋経済大学市邨中学校
　名古屋経済大学高蔵中学校
④金城学院中学校
⑤椙山女学園中学校
⑥東海中学校
⑦南山中学校男子部
⑧南山中学校女子部
⑨聖霊中学校
⑩滝中学校
⑪名古屋中学校
⑫大成中学校
⑬愛知中学校
⑭星城中学校
⑮名古屋葵大学中学校
　（名古屋女子大学中学校）
⑯愛知工業大学名電中学校
⑰海陽中等教育学校（特別給費生）
⑱海陽中等教育学校（I·II）
⑲中部大学春日丘中学校
新刊⑳名古屋国際中学校

三重県

①［国立］三重大学教育学部附属中学校
②暁中学校
③海星中学校
④四日市メリノール学院中学校
⑤高田中学校
⑥セントヨゼフ女子学園中学校
⑦三重中学校
⑧皇學館中学校
⑨鈴鹿中等教育学校
⑩津田学園中学校

滋賀県

①［国立］滋賀大学教育学部附属中学校
②［県立］河瀬中学校
　　　　守山中学校
　　　　水口東中学校

京都府

①［国立］京都教育大学附属桃山中学校
②［府立］洛北高等学校附属中学校
③［府立］園部高等学校附属中学校
④［府立］福知山高等学校附属中学校
⑤［府立］南陽高等学校附属中学校
⑥［市立］西京高等学校附属中学校
⑦同志社中学校
⑧洛星中学校
⑨洛南高等学校附属中学校
⑩立命館中学校
⑪同志社国際中学校
⑫同志社女子中学校（前期日程）
⑬同志社女子中学校（後期日程）

大阪府

①［国立］大阪教育大学附属天王寺中学校
②［国立］大阪教育大学附属平野中学校
③［国立］大阪教育大学附属池田中学校

④[府立]富田林中学校
⑤[府立]咲くやこの花中学校
⑥[府立]水都国際中学校
⑦清風中学校
⑧高槻中学校（A日程）
⑨高槻中学校（B日程）
⑩明星中学校
⑪大阪女学院中学校
⑫大谷中学校
⑬四天王寺中学校
⑭帝塚山学院中学校
⑮大阪国際中学校
⑯大阪桐蔭中学校
⑰開明中学校
⑱関西大学第一中学校
⑲近畿大学附属中学校
⑳金蘭千里中学校
㉑金光八尾中学校
㉒清風南海中学校
㉓帝塚山学院泉ヶ丘中学校
㉔同志社香里中学校
㉕初芝立命館中学校
㉖関西大学中等部
㉗大阪星光学院中学校

兵庫県

①[国立]神戸大学附属中等教育学校
②[県立]兵庫県立大学附属中学校
③雲雀丘学園中学校
④関西学院中学部
⑤神戸女学院中学部
⑥甲陽学院中学校
⑦甲南中学校
⑧甲南女子中学校
⑨灘中学校
⑩親和中学校
⑪神戸海星女子学院中学校
⑫滝川中学校
⑬啓明学院中学校
⑭三田学園中学校
⑮淳心学院中学校
⑯仁川学院中学校
⑰六甲学院中学校
⑱須磨学園中学校（第1回入試）
⑲須磨学園中学校（第2回入試）
⑳須磨学園中学校（第3回入試）
㉑白陵中学校
㉒夙川中学校

奈良県

①[国立]奈良女子大学附属中等教育学校
②[国立]奈良教育大学附属中学校
③[県立] 国際中学校
青翔中学校
④[市立]一条高等学校附属中学校
⑤帝塚山中学校
⑥東大寺学園中学校
⑦奈良学園中学校
⑧西大和学園中学校

和歌山県

①[県立] 古佐田丘中学校
向陽中学校
桐蔭中学校
日高高等学校附属中学校
田辺中学校
②智辯学園和歌山中学校
③近畿大学附属和歌山中学校
④開智中学校

岡山県

①[県立]岡山操山中学校
②[県立]倉敷天城中学校
③[県立]岡山大安寺中等教育学校
④[県立]津山中学校
⑤岡山中学校
⑥清心中学校
⑦岡山白陵中学校
⑧金光学園中学校
⑨就実中学校
⑩岡山理科大学附属中学校
⑪山陽学園中学校

広島県

①[国立]広島大学附属中学校
②[国立]広島大学附属福山中学校
③[県立]広島中学校
④[県立]三次中学校
⑤[県立]広島叡智学園中学校
⑥[市立]広島中等教育学校
⑦[市立]福山中学校
⑧広島学院中学校
⑨広島女学院中学校
⑩修道中学校
⑪崇徳中学校
⑫比治山女子中学校
⑬福山暁の星女子中学校
⑭安田女子中学校
⑮広島なぎさ中学校
⑯広島城北中学校
⑰近畿大学附属広島中学校福山校
⑱盈進中学校
⑲如水館中学校
⑳ノートルダム清心中学校
㉑銀河学院中学校
㉒近畿大学附属広島中学校東広島校
㉓AICJ中学校
㉔広島国際学院中学校
㉕広島修道大学ひろしま協創中学校

山口県

①[県立] 下関中等教育学校
高森みどり中学校
②野田学園中学校

徳島県

①[県立] 富岡東中学校
川島中学校
城ノ内中等教育学校
②徳島文理中学校

香川県

①大手前丸亀中学校
②香川誠陵中学校

愛媛県

①[県立] 今治東中等教育学校
松山西中等教育学校
②愛光中学校
③済美平成中等教育学校
④新田青雲中等教育学校

高知県

①[県立] 安芸中学校
高知国際中学校
中村中学校

福岡県

①[国立]福岡教育大学附属中学校（福岡・小倉・久留米）

②[県立]
- 育徳館中学校
- 門司学園中学校
- 宗像中学校
- 嘉穂高等学校附属中学校
- 輝翔館中等教育学校

③西南学院中学校
④上智福岡中学校
⑤福岡女学院中学校
⑥福岡雙葉中学校
⑦照曜館中学校
⑧筑紫女学園中学校
⑨敬愛中学校
⑩久留米大学附設中学校
⑪飯塚日新館中学校
⑫明治学園中学校
⑬小倉日新館中学校
⑭久留米信愛中学校
⑮中村学園女子中学校
⑯福岡大学附属大濠中学校
⑰筑陽学園中学校
⑱九州国際大学付属中学校
⑲博多女子中学校
⑳東福岡自彊館中学校
㉑八女学院中学校

佐賀県

①[県立]
- 香楠中学校
- 致遠館中学校
- 唐津東中学校
- 武雄青陵中学校

②弘学館中学校
③東明館中学校
④佐賀清和中学校
⑤成穎中学校
⑥早稲田佐賀中学校

長崎県

①[県立]
- 長崎東中学校
- 佐世保北中学校
- 諫早高等学校附属中学校

②青雲中学校
③長崎南山中学校
④長崎日本大学中学校
⑤海星中学校

熊本県

①[県立]
- 玉名高等学校附属中学校
- 宇土中学校
- 八代中学校

②真和中学校
③九州学院中学校
④ルーテル学院中学校
⑤熊本信愛女学院中学校
⑥熊本マリスト学園中学校
⑦熊本学園大学付属中学校

大分県

①[県立]大分豊府中学校
②岩田中学校

宮崎県

①[県立]五ヶ瀬中等教育学校

②[県立]
- 宮崎西高等学校附属中学校
- 都城泉ヶ丘高等学校附属中学校

③宮崎日本大学中学校
④日向学院中学校
⑤宮崎第一中学校

鹿児島県

①[県立]楠隼中学校
②[市立]鹿児島玉龍中学校
③鹿児島修学館中学校
④ラ・サール中学校
⑤志學館中等部

沖縄県

①[県立]
- 与勝緑が丘中学校
- 開邦中学校
- 球陽中学校
- 名護高等学校附属桜中学校

もっと過去問シリーズ

北海道

北嶺中学校
7年分（算数・理科・社会）

静岡県

静岡大学教育学部附属中学校
（静岡・島田・浜松）
10年分（算数）

愛知県

愛知淑徳中学校
7年分（算数・理科・社会）
東海中学校
7年分（算数・理科・社会）
南山中学校男子部
7年分（算数・理科・社会）
南山中学校女子部
7年分（算数・理科・社会）
滝中学校
7年分（算数・理科・社会）
名古屋中学校
7年分（算数・理科・社会）

岡山県

岡山白陵中学校
7年分（算数・理科）

広島県

広島大学附属中学校
7年分（算数・理科・社会）
広島大学附属福山中学校
7年分（算数・理科・社会）
広島学院中学校
7年分（算数・理科・社会）
広島女学院中学校
7年分（算数・理科・社会）
修道中学校
7年分（算数・理科・社会）
ノートルダム清心中学校
7年分（算数・理科・社会）

愛媛県

愛光中学校
7年分（算数・理科・社会）

福岡県

福岡教育大学附属中学校
（福岡・小倉・久留米）
7年分（算数・理科・社会）
西南学院中学校
7年分（算数・理科・社会）
久留米大学附設中学校
7年分（算数・理科・社会）
福岡大学附属大濠中学校
7年分（算数・理科・社会）

佐賀県

早稲田佐賀中学校
7年分（算数・理科・社会）

長崎県

青雲中学校
7年分（算数・理科・社会）

鹿児島県

ラ・サール中学校
7年分（算数・理科・社会）

※もっと過去問シリーズは
国語の収録はありません。

教英出版
〒422-8054
静岡県静岡市駿河区南安倍3丁目12−28
TEL 054-288-2131
FAX 054-288-2133
詳しくは教英出版で検索
教英出版　検索
URL https://kyoei-syuppan.net/

⑥

適性検査Ⅰ

注意

1 問題は **1** のみで、**5ページ**にわたって印刷してあります。
2 検査時間は**四十五分**で、終わりは**午前九時四十五分**です。
3 声を出して読んではいけません。
4 答えは全て解答用紙に明確に記入し、**解答用紙だけを提出しなさい。**
5 答えを直すときは、きれいに消してから、新しい答えを書きなさい。
6 **受検番号**を解答用紙の決められたらんに記入しなさい。

東京都立富士高等学校附属中学校

問題は次のページからです。

1　次の **文章1** と **文章2** を読んで、あとの問題に答えなさい。
（*印の付いている言葉には、本文のあとに〔注〕があります。）

文章1

桜の咲《さ》く時期になると、必ず思い出す*歌がいくつかある。ソメイヨシノの並木《なみき》の花がいっせいに満開になって、咲いてるなあ、と首を空に向けながら思い出すのは、次の歌である。

桜ばないのち一ぱいに*咲くからに生命《いのち》をかけて*わが眺《なが》めたり
*岡本《おかもと》かの子《こ》

そして桜満開の夜となれば、この歌。

*清水《きよみず》へ*祇園《ぎおん》をよぎる 桜月夜《さくらづきよ》*こよひ《（こよい）》逢ふ《（あう）》人みなうつくしき
*与謝野晶子《よさのあきこ》

桜の咲くころの祇園を訪《たず》ねたことはないのだが、脳内《のうない》には*花灯《はなあか》りの下を、浮《う》かれたような、*ほろ酔《よ》いのような表情を浮《う》かべて道を歩く人々《ひとびと》の、うつくしい顔がくっきりと浮かぶ。夜桜見物を一度だけしたことがあるが、結構寒くて、じっと座《すわ》ってるとガタガタ震《ふる》えてくるし鼻水は出るし、思うほどロマンチックではない。けれども人をうつくしいと思う気持ちは、この歌を胸《むね》に抱《いだ》いていたため失わずにすんだ。

先ほどのかの子の歌が桜の花と自分を同一化させて自分を主人公として短歌の額縁《がくぶち》の真中におさめたのに対し、この晶子の歌は、あくまでも自分はレンズとしての存在《そんざい》で、きれいな夜桜のある風景をまるごと*愛《め》でている。きれいな花が咲いたらそれだけを見るのではなく、そこにある気配までも感知する晶子の懐《ふところ》の深さに感じいる。

「こよひ逢ふ人みなうつくしき」は、桜の咲いている時期以外でも、いろいろな場所にあてはめることができる。気後《きおく》れしがちなパーティーなどでも「こよひ逢ふ人みなうつくしき」の言葉を唱えながら現地に向かえば、自《おの》ずと前向きになり、好意的に人と会える気持ちになれて勇気がわくのである。

自分の気に入った詩の言葉を心の中でつぶやく行為《こうい》は、願いをかなえるために呪文《じゅもん》を唱えることにとても似ている。短歌を知る、覚えていくということは、自分の気持ちを保つための言葉を確保していくことでもあるのだと思う。

てのひらをくぼめて待てば青空の見えぬ傷《きず》より花こぼれ来る
*大西民子《おおにしたみこ》

この短歌を胸に抱いてつくづく思うのは、さびしいのは自分だけではない、ということ。桜のはなびらがはらはらと散っていく様子を見ると、なんともいえず切ない気持ちになる。この歌ではそれが「青空の見えぬ傷」よりこぼれてきたものだというのである。あのきれいな青い空にも傷がある。自分の中の見えない場所にあるもののように。そんなことを考えている孤独《こどく》な一人の女性を思うと、桜も青空もそれを受け止めようとしている人も、それを遠くで思う人（読者）も、すべてが無限の切なさに覆《おお》われているように感じられてくる。こんなにおおらかに「傷」を言葉にできるとは。ほんとうにさびしいときに、この歌を唱えつづけると、いつの間にかうれしい気持ちに変わっていくような気がする。

（東《ひがし》　直子《なおこ》「生きていくための呪文《じゅもん》」による）

〔注〕

歌――短歌。

咲《さ》くからに――咲いているから。

わが眺《なが》めたり――私《わたし》は（その桜の花を）ながめるのだ。

岡本《おかもと》かの子《こ》――大正、昭和時代の小説家、歌人。

清水《きよみず》――京都《きょうと》の清水寺《きよみずでら》。

祇園《ぎおん》――京都の祇園神社《ぎおんじんじゃ》。

こよひ《（こよい）》――今夜。

与謝野《よさの》晶子《あきこ》――明治、大正時代の歌人。

花灯《はなあか》り――桜の花が満開で、その辺りのやみがほのかに明るく感じられること。

ほろ酔《よ》いのような表情を浮《う》かべて――うっとりした顔つきで。

愛《め》でている――味わい楽しんでいる。

大西《おおにし》民子《たみこ》――昭和時代の歌人。

文章2

次の文章は、江戸《えど》時代に俳諧《はいかい》と呼《よ》ばれていた俳句について、当時活やくしていた松尾芭蕉《まつおばしょう》が述べた言葉を説明したものです。

謂応《いいおお》せて何か有《ある》。

江戸の*其角《きかく》が、「下臥《したぶし》につかみ分《わけ》ばやいとざくら」という*巴風《はふう》（其角の門人）の句を知らせてきたが、「どうおもうかね」と芭蕉がたずねられた。*去来《きょらい》は、「枝垂桜《しだれざくら》（糸桜）のようすをうまく言い表しているではありませんか」と応じました。一句は、みごとに咲《さ》いた糸桜の下に臥《ふ》せって、花の枝をつかんでたぐってみたい、といった意味です。そこで言った芭蕉の返答がこれです。物のすがたを表現し尽《つ》くしたからといって（「いいおおせて」）、それがどうしたのだという批判《ひはん》です。ことばの裏側《うらがわ》に、㋐「余韻《よいん》」とか「想像力」といった考えを置いてはどうでしょう。俳句にかぎらず、詩という文芸は、表面的な理解だけでわかった気になってはつまりません。

舌頭《ぜっとう》に千転《せんてん》せよ。

これは去来の苦い経験に発することばのようです。「*有明《ありあけ》の花に乗《の》り込《こ》む」とはじめの五・七をよんで、最後をどうするか悩《なや》んだことがありました。馬をよみ込みたかったものの、「*月毛馬《つきげうま》」「葦毛馬《あしげうま》」と置いたり、あいだに「の」を入れたりしてみても、どうもうまくいかない。ところが友人許六《きょりく》（前に登場した、芭蕉の画の師になった弟子《でし》）の、「*卯《う》の花《はな》に月毛の馬のよ明《あけ》かな」を目にして、なるほどとうなった、この手があったのか、と。許六は中の七文字に馬を置いて、すらりとよんだところ、去来はこだわって五・七を動かそうとせず、どうしてもうまくいかなかったのです。常々《つねづね》芭蕉が、「口のなかで千回でも唱えてみよ」とおっしゃっていたのはこのことだったのだ。ほんのわずかの工夫《くふう》でうまくいく。そこに気づくまで、「千転せよ」というわけです。去来の句は結局完成しなかったのでしょう。

不易流行《ふえきりゅうこう》。

たいへん有名なことばですが、はたして芭蕉がそのまま口にしたかどうか、よくわかりません。でも、一門のあいだではいろいろと議論《ぎろん》があったと、去来は言っています。「不易」とは永久に変わらないこと、「流行」とはつねに変化すること、「不易流行」というのは、まったく正反対のことを一語にまとめたことになります。*諸説紛々《しょせつふんぷん》だといいつつ、去来は、「不易流行の教えは、俳諧不変の本質と、状況《じょうきょう》ごとの変化という二面性を有するものだ」というのです。一貫性《いっかんせい》と流動性の同居、これが俳諧というものだということでしょうか。

『三冊子《さんぞうし》』でも、「不易流行」に言及《げんきゅう》しています。そこでは、「*師の風雅《ふうが》に、万代不易《ばんだいふえき》あり、一時の変化あり。この二つに究《きわま》り、その本一《もといつ》なり」と、根本は同一だと説いています。そこで、つぎに土芳《どほう》の『三冊子』をみてみましょう。

土芳は、*伊賀上野《いがうえの》*藩士《はんし》、一六五七年生まれ、一七三〇年没《ぼっ》。姓《せい》は服部《はっとり》氏。若《わか》いころから芭蕉を慕《した》い、伊賀の俳諧を盛《も》り上《あ》げた人物です。『三冊子』は、芭蕉晩年《ばんねん》の教えを書きとどめた書で、出版はずっと遅《おく》れるものの、多くのひとに筆写されて早くから広まりました。「白双紙《しろぞうし》」「赤双紙《あかぞうし》」「わすれ水」の三部をまとめて、『三冊子』として知られています。

　　高く心を悟《さと》りて、俗《ぞく》に帰るべし。

俳句をよむ精神は目標を高くもって、同時に日々《ひび》の生活にいつも目を向けるように心がけなさい、という教えです。むかしのひとの作品や精神をしっかり学ぶとともに、生活する人びとの気持ちになってこそ、すばらしい俳句が生まれるのだというのです。困難《こんなん》な事柄《ことがら》にひるまず勉強するうちに、いつか高尚《こうしょう》なこころを得ることができる。かといって、学問をひけらかしては嫌《いや》みなだけ。何気《なにげ》ない、ふつうに送る日常生活のなかから、俳句のおもしろさを発見することがだいじなのです。芭蕉俳諧の*真髄《しんずい》は、この境地にこそあります。

（藤田真一《ふじたしんいち》「俳句《はいく》のきた道　芭蕉《ばしょう》・蕪村《ぶそん》・一茶《いっさ》」
岩波ジュニア新書（一部改変）による）

〈注〉

其角《きかく》――――芭蕉《ばしょう》の弟子《でし》。

巴風《はふう》――――其角の弟子。

去来《きょらい》――――芭蕉の弟子。

「有明《ありあけ》の花に乗《の》り込《こ》む」――夜明けに花の下で乗り込む。

「月毛馬《つきげうま》」「葦毛馬《あしげうま》」――どちらも白みがかった毛色の馬。

「卯《う》の花《はな》に月毛の馬のよ明《あけ》かな」
――白く咲《さ》き乱《みだ》れる卯の花の中、月毛の馬に乗って旅立つ、さわやかな初夏の明け方だなあ。

諸説紛々《しょせつふんぷん》――いろいろな意見やうわさが入り乱れているさま。

「師の風雅《ふうが》に、……この二つに究《きわま》り、その本一《もといつ》なり」
――芭蕉先生の風流についての教えには、ずっと変わらないことと常に変化することの二つがある。この二つをつきつめると、その根本は一つである。

伊賀上野《いがうえの》――――いまの三重県伊賀市《みえけんいがし》。

藩士《はんし》――――大名に仕える武士。

真髄《しんずい》――――ものごとの本質。

〈問題1〉　短歌や俳句《はいく》をくり返し唱えたり、思いうかべたりすることには、どのような効果があると述べられているでしょうか。**文章1**・**文章2**で挙げられている例を一つずつ探《さが》し、解答らんに合うように書きなさい。

〈問題2〉　㋐「余韻《よいん》」とか「想像力」といった考えとありますが、**文章1**の筆者は、短歌を読んでどのような情景を想像しているでしょうか。連続する二文を探《さが》しなさい。ただし、一文めの最初の四字と、二文めの終わりの四字をそれぞれ書くこと。

〈問題3〉　あなたは、これからの学校生活で仲間と過ごしていく上で、言葉をどのように使っていきたいですか。今のあなたの考えを四百字以上四百四十字以内で書きなさい。ただし、次の条件と下の〈**きまり**〉にしたがうこと。

条件　① **文章1**・**文章2**の筆者の、短歌・俳句《はいく》に対する考え方のいずれかにふれること。
　　　② 適切に段落《だんらく》分けをして書くこと。

〈**きまり**〉
○題名は書きません。
○最初の行から書き始めます。
○各段落《だんらく》の最初の字は一字下げて書きます。
○行をかえるのは、段落をかえるときだけとします。
○、や。や」などもそれぞれ字数に数えます。これらの記号が行の先頭に来るときには、前の行の最後の字と同じますに書きます（ますの下に書いてもかまいません）。
○。と」が続く場合は、同じますに書いてもかまいません。この場合、。」で一字と数えます。
○段落をかえたときの残りのますは、字数として数えます。
○最後の段落の残りのますは、字数として数えません。

適性検査Ⅱ

注　意

1　問題は 1 から 3 までで、１２ページにわたって印刷してあります。

2　検査時間は**４５分**で、終わりは**午前１１時００分**です。

3　声を出して読んではいけません。

4　計算が必要なときは、この問題用紙の余白を利用しなさい。

5　答えは全て解答用紙に明確に記入し、**解答用紙だけを提出しなさい。**

6　答えを直すときは、きれいに消してから、新しい答えを書きなさい。

7　**受検番号**を解答用紙の決められたらんに記入しなさい。

東京都立富士高等学校附属中学校

問題は次のページからです。

1　運動会の得点係の**花子**さんと**太郎《たろう》**さんは、係活動の時間に得点板の準備をしています。

花　子：今年は新しい得点板を作ろうよ。
太　郎：私《わたし》もそう思っていたので用意してきたよ。ボード（**図１**）に棒状《ぼうじょう》のマグネット（**図２**）をつけて、数字を表すんだ。
花　子：ボードが３枚《まい》あれば、３けたまでの得点を表すことができるんだね。赤組と白組があるから、６枚のボードが必要だね。

図１　ボード

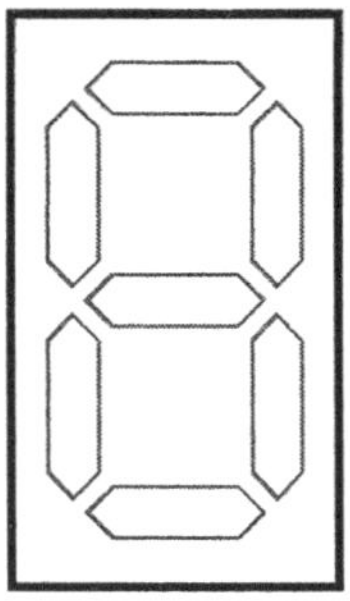

図２　棒状《ぼうじょう》のマグネット

太　郎：６枚のとう明でないボードは用意してあるから、ボードにつける棒状のマグネットを作ろうよ。
花　子：どのような作業が必要かな。
太　郎：マグネットシートに棒状のマグネットの型を「かく」作業と、かいたものを型どおりに「切る」作業の、２種類の作業が必要だよ。
花　子：先に「かく」作業から始めないといけないね。マグネットシート１枚から、棒状のマグネットは何個作れるのかな。
太　郎：１枚のマグネットシートからは、６個の棒状のマグネットが作れるんだよ。だから、マグネットシートを７枚用意したよ。
花　子：作業には、それぞれどのくらいの時間がかかるのかな。
太　郎：以前に試《ため》してみたことがあるけれど、私はマグネットシート１枚当たり「かく」作業に１０分、「切る」作業に５分かかったよ。
花　子：私は「かく」作業と「切る」作業に、それぞれどのくらいの時間がかかるかな。
太　郎：試してみようよ。どのくらいの時間がかかるのか、計ってあげるよ。

花子さんは１枚のマグネットシートから、６個の棒状のマグネットを作りました。

太　郎：**花子**さんは、「かく」作業も「切る」作業も、マグネットシート１枚当たりそれぞれ７分かかったよ。これで、二人の作業にかかる時間が分かったね。

花　子：二人で力を合わせて、棒状のマグネットを作ろうよ。作業をするときに注意することはあるかな。

太　郎：作業中のシートが混ざらないようにしたいね。

花　子：では、「かく」作業をするときも、「切る」作業をするときも、マグネットシート１枚分の作業を終わらせてから、次の作業をするようにしよう。

太　郎：それがいいね。でも、どちらかの人が「かく」作業を終えた１枚分のマグネットシートを、もう一方の人が「切る」作業をすることはいいことにしよう。

花　子：マグネットシートが残っている間は、休まずにやろう。

太　郎：マグネットシートは、あと６枚残っているよ。

花　子：６枚のマグネットシートを全て切り終えると、私の試した分と合わせて棒状のマグネットが４２個になるね。

太　郎：それだけあれば、十分だよね。次の係活動の時間に、６枚のマグネットシートを全て切り終えよう。

花　子：それまでに、作業の順番を考えておこうか。

太　郎：分担《ぶんたん》の仕方を工夫《くふう》して、できるだけ早く作業を終わらせたいよね。

花　子：係活動の時間が４５分間なので、時間内に終わるようにしたいね。

〔問題１〕　二人で6枚のマグネットシートを切り終えるのが４５分未満になるような作業の分担《ぶんたん》の仕方を考え、答え方の例のように、「かく」、「切る」、「→」を使って、解答らんに**太郎**《たろう》さんと**花子**さんの作業の順番をそれぞれ書きなさい。また、6枚のマグネットシートを切り終えるのにかかる時間を答えなさい。

　ただし、最初の作業は同時に始め、二人が行う「かく」または「切る」作業は連続して行うものとし、間は空けないものとします。二人が同時に作業を終えなくてもよく、それぞれが作業にかかる時間は常に一定であるものとします。

行った作業	答え方の例
１枚のマグネットシートに「かく」作業をした後に、型がかかれているマグネットシートを「切る」作業をする場合。	かく　→　切る
１枚のマグネットシートに「かく」作業をした後に、他の１枚のマグネットシートを「かく」作業をする場合。	かく　→　かく

太郎さんと**花子**さんは、次の係活動の時間で棒状のマグネットを作りました。そして、運動会の前日に、得点係の打ち合わせをしています。

太　郎：このマグネットで、０から９の数字を表すことができるよ。（**図３**）

図３　マグネットをつけて表す数字

花　子：マグネットは、つけたり取ったりすることができるから便利だね。１枚のボードを１８０度回して、別の数字を表すこともできそうだね。

太　郎：そうだよ。6のボードを１８０度回すと9になるんだ。ただし、マグネットをつけるボードはとう明ではないから、ボードを裏返《うらがえ》すと数字は見えなくなるよ。

花　子：そうなんだ。

太　郎：２枚のボードを入れかえて、違《ちが》う数字を表すこともできるよ。例えば、123の1と3のボードを入れかえて、321にすることだよ。（**図４**）

花　子：工夫をすると、短い時間で変えられそうだね。

太　郎：操作《そうさ》にかかる時間を計ってみようか。全部で操作は４種類あるから、操作に番号をつけるよ。

図４　ボードを入れかえる前と後

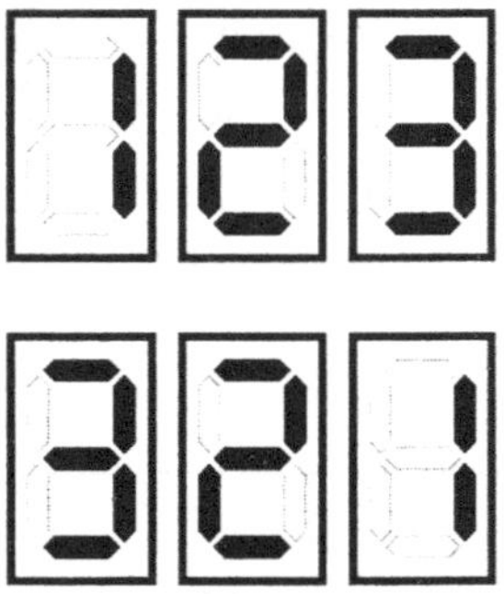

得点板の操作を一人で行ったときにかかる時間

操作１	１個のマグネットをつける	２秒
操作２	１個のマグネットを取る	２秒
操作３	１枚のボードを１８０度回す	３秒
操作４	２枚のボードを入れかえる	３秒

花　子：得点は、３けたまで必要だよね。短い時間で変えられるような、工夫の仕方を考えよう。

太　郎：では、私一人で得点板の数字を456から987にしてみるよ。何秒で、できるかな。

教英出版

〔問題２〕 得点板の数字を４５６から９８７にする場合、最短で何秒かかるのか答えなさい。
また、答え方の例を参考にして、解答らんに元の数字と変えた数字をそれぞれ一つずつ書き、文章で説明しなさい。ただし、解答らんの全ての段《だん》を使用しなくても構いません。

操作《そうさ》 （かかる時間）	答え方の例
００１を００８にする場合 （１０秒）	〔　１　〕→〔　８　〕　１にマグネットを５個つける。
００８を００９にする場合 （２秒）	〔　８　〕→〔　９　〕　８からマグネットを１個取る。
００４を００５にする場合 （６秒）	〔　４　〕→〔　５　〕　４にマグネットを２個つけて１個取る。
０１６を０１９にする場合 （３秒）	〔　６　〕→〔　９　〕　６のボードを１８０度回す。
１２３を３２１にする場合 （３秒）	〔　１　〕→〔　３　〕　一の位と百の位のボードを入れかえる。 〔　３　〕→〔　１　〕 ※どちらの書き方でもよい。

2　**花子**さんと**太郎**《たろう》さんは、休み時間に**先生**と交通手段《しゅだん》の選び方について話をしています。

花　子：家族と祖父母の家に行く計画を立てているときに、いくつか交通手段があることに気がつきました。

太　郎：主な交通手段といえば、鉄道やバス、航空機などがありますね。私《わたし》たちは、目的地までのきょりに応じて交通手段を選んでいると思います。

花　子：交通手段を選ぶ判断材料は、目的地までのきょりだけなのでしょうか。ほかにも、交通手段には、さまざまな選び方があるかもしれません。

先　生：よいところに気がつきましたね。実は、**太郎**さんが言ってくれた目的地までのきょりに加えて、乗りかえのしやすさなども、交通手段を選ぶときに参考にされています。

太　郎：人々《ひとびと》は、さまざまな要素から判断して交通手段を選んでいるのですね。

花　子：実際に移動するときに、人々がどのような交通手段を選んでいるのか気になります。同じ地域《ちいき》へ行くときに、異《こと》なる交通手段が選ばれている例はあるのでしょうか。

先　生：それでは例として、都道府県庁《とどうふけんちょう》のあるA、B、C、Dという地域について取り上げてみましょう。**図1**を見てください。これは、AからB、C、Dへの公共交通機関の利用割合《わりあい》を示したものです。

図1　AからB、C、Dへの公共交通機関の利用割合《わりあい》

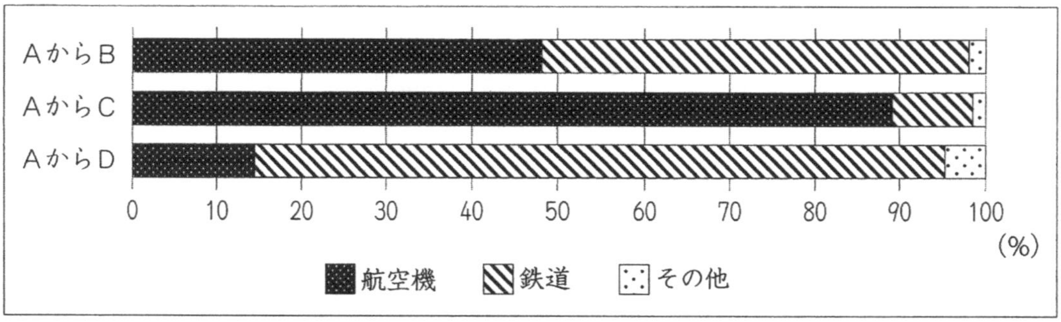

（第6回（２０１５年度）全国幹線旅客純流動調査《ぜんこくかんせんりょかくじゅんりゅうどうちょうさ》より作成）

太　郎：**図1**を見ると、AからB、AからC、AからDのいずれも、公共交通機関の利用割合は、ほとんどが航空機と鉄道で占《し》められていますね。目的地によって、航空機と鉄道の利用割合が異なることは分かりますが、なぜこれほどはっきりとしたちがいが出るのでしょうか。

先　生：それには、交通手段ごとの所要時間が関係するかもしれませんね。航空機は、出発前に荷物の検査など、さまざまな手続きが必要なため、待ち時間が必要です。鉄道は、主に新幹線を使うと考えられます。新幹線は、荷物の検査など、さまざまな手続きが必要ないため、出発前の待ち時間がほとんど必要ありません。

花　子：そうなのですね。ほかにも、移動のために支はらう料金も交通手段を選ぶ際の判断材料になると思います。

太　郎：**図1**のＡからＢ、Ｃ、Ｄへの移動について、具体的に調べてみたいですね。
花　子：それでは、出発地と到着地《とうちゃくち》をそれぞれの都道府県庁に設定して、Ａにある都道府県庁からＢ、Ｃ、Ｄにある都道府県庁まで、主に航空機と鉄道をそれぞれ使って移動した場合の所要時間と料金を調べてみましょう。
先　生：空港や鉄道の駅は、都道府県庁から最も近い空港や鉄道の駅を調べるとよいですよ。

花子さんと**太郎**さんは、インターネットを用いて、Ａにある都道府県庁からＢ、Ｃ、Ｄにある都道府県庁まで、主に航空機と鉄道をそれぞれ使って移動した場合の所要時間と料金を調べ、**表1**にまとめました。

表1　Ａにある都道府県庁《とどうふけんちょう》からＢ、Ｃ、Ｄにある都道府県庁まで、主に航空機と鉄道をそれぞれ使って移動した場合の所要時間と料金

	主な交通手段《こうつうしゅだん》	*所要時間	料金
ＡにあるA都道府県庁から Ｂにある都道府県庁	航空機	２時間５８分 （１時間１５分）	２８６００円
	鉄道	４時間２６分 （３時間１２分）	１８７４０円
Ａにある都道府県庁から Ｃにある都道府県庁	航空機	３時間７分 （１時間３５分）	２４０７０円
	鉄道	６時間１分 （４時間２８分）	２２９００円
Ａにある都道府県庁から Ｄにある都道府県庁	航空機	３時間１分 （１時間５分）	２４４６０円
	鉄道	３時間４４分 （２時間２１分）	１５７００円

*待ち時間をふくめたそれぞれの都道府県庁《とどうふけんちょう》間の移動にかかる所要時間。かっこ内は、「主な交通手段《こうつうしゅだん》」を利用している時間。

（第６回（２０１５年度）全国幹線旅客純流動調査《ぜんこくかんせんりょかくじゅんりゅうどうちょうさ》などより作成）

花　子：私たちは、交通手段の所要時間や料金といった判断材料を用いて、利用する交通手段を選んでいるのですね。

〔問題１〕　**花子**さんは「私たちは、交通手段の所要時間や料金といった判断材料を用いて、利用する交通手段を選んでいるのですね。」と言っています。**図1**中のＡからＣ、またはＡからＤのどちらかを選び、その選んだ公共交通機関の利用割合とＡからＢの公共交通機関の利用割合を比べ、選んだ公共交通機関の利用割合がなぜ**図1**のようになると考えられるかを**表1**と会話文を参考にして答えなさい。なお、解答用紙の決められた場所にどちらを選んだか分かるように○で囲みなさい。

太　郎：目的地までの所要時間や料金などから交通手段を選んでいることが分かりました。

花　子：そうですね。しかし、地域によっては、自由に交通手段を選ぶことが難《むずか》しい場合もあるのではないでしょうか。

先　生：どうしてそのように考えたのですか。

花　子：私の祖父母が暮《く》らしているＥ町では、路線バスの運行本数が減少しているという話を聞きました。

太　郎：なぜ生活に必要な路線バスの運行本数が減少してしまうのでしょうか。Ｅ町に関係がありそうな資料について調べてみましょう。

太郎さんと**花子**さんは、**先生**といっしょにインターネットを用いて、Ｅ町の路線バスの運行本数や人口推移《すいい》について調べ、**表２**、**図２**にまとめました。

表２　Ｅ町における路線バスの平日一日あたりの運行本数の推移《すいい》

年度	2011	2012	2013	2014	2015	2016	2017	2018	2019	2020	2021
運行本数	４８	４８	４８	４８	４８	４８	３４	３４	３２	３２	３２

（令和２年地域《ちいき》公共《こうきょう》交通《こうつう》網《もう》形成《けいせい》計画《けいかく》などより作成）

図２　Ｅ町の人口推移《すいい》

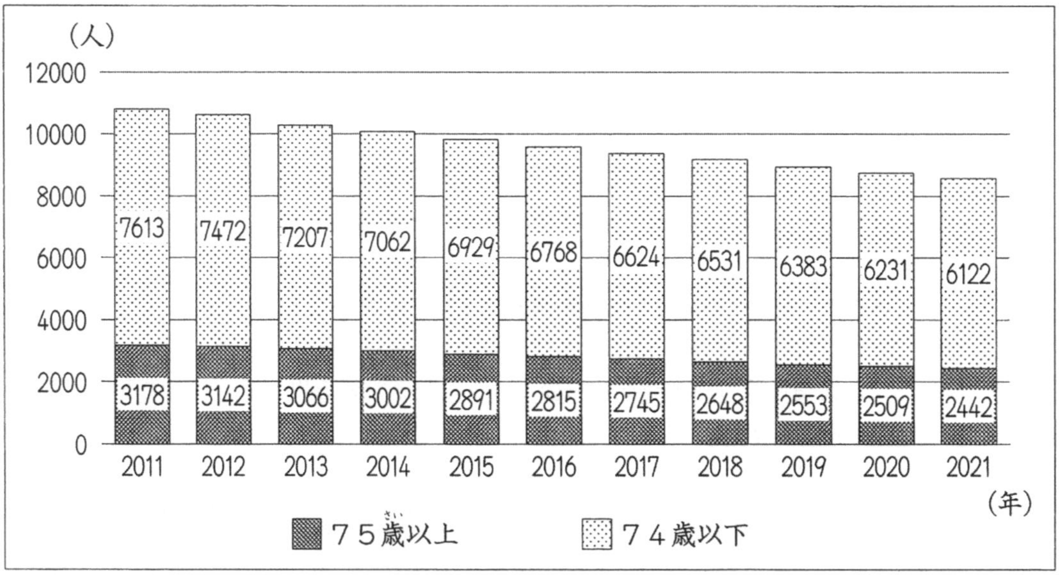

（住民基本台帳より作成）

花　子：**表２**、**図２**を読み取ると、Ｅ町の路線バスの運行本数や人口に変化があることが分かりますね。調べる中で、Ｅ町は「ふれあいタクシー」の取り組みを行っていることが分かりました。この取り組みについて、さらにくわしく調べてみましょう。

花子さんと**太郎**さんは、インターネットを用いて、E町の「ふれあいタクシー」の取り組みについて調べ、**図3**、**表3**にまとめました。

図3　E町の「ふれあいタクシー」の取り組みについてまとめた情報

補助《ほじょ》対象者・利用者	① ７５歳《さい》以上の人 ② ７５歳未満で運転免許証《うんてんめんきょしょう》を自主的に返納《へんのう》した人 ③ 妊婦《にんぷ》などの特別に町長が認《みと》めた人　　　など
「ふれあいタクシー」の説明	自宅《じたく》から町内の目的地まで運んでくれる交通手段《しゅだん》であり、E町では２０１７年から導入された。利用するためには、利用者証の申請《しんせい》が必要である。２０２３年現在、町民一人あたり１か月に２０回以内の利用が可能で、一定額をこえたタクシー運賃《うんちん》を町が負担《ふたん》する。

（令和２年地域公共交通網形成計画《ちいきこうきょうこうつうもうけいせいけいかく》などより作成）

表3　E町の「ふれあいタクシー」利用者証新規交付数・*累計《るいけい》交付数の推移《すいい》

年度	２０１７	２０１８	２０１９	２０２０	２０２１
利用者証新規交付数	８７２	８６３	２１０	２８５	９５
利用者証累計交付数	８７２	１７３５	１９４５	２２３０	２３２５

*累計《るいけい》：一つ一つ積み重ねた数の合計。

（令和２年地域公共交通網形成計画《ちいきこうきょうこうつうもうけいせいけいかく》などより作成）

先　生：興味深いですね。調べてみて、ほかに分かったことはありますか。

太　郎：はい。２０２１年においては、「ふれあいタクシー」の利用者証を持っている人のうち、９０％近くが７５歳《さい》以上の人で、全体の利用者も、９０％近くが７５歳以上です。利用者の主な目的は、病院や買い物に行くことです。また、利用者の９０％近くが「ふれあいタクシー」に満足しているという調査結果が公表されています。

花　子：「ふれあいタクシー」は、E町にとって重要な交通手段の一つになったのですね。

太　郎：そうですね。<u>E町の「ふれあいタクシー」導入の効果について考えてみたいですね。</u>

〔問題２〕　**太郎**さんは「<u>E町の「ふれあいタクシー」導入の効果について考えてみたいですね。</u>」と言っています。E町で「ふれあいタクシー」の取り組みが必要になった理由と、「ふれあいタクシー」導入の効果について、**表2**、**図2**、**図3**、**表3**、会話文から考えられることを説明しなさい。

3 **花子**さんと**太郎**《たろう》さんがまさつについて話をしています。

花　子：生活のなかで、すべりにくくする工夫《くふう》がされているものがあるね。

太　郎：**図1**のように、ペットボトルのキャップの表面に縦《たて》にみぞがついているものがあるよ。手でキャップを回すときにすべりにくくするためなのかな。

花　子：プラスチックの板を使って調べてみよう。

図1　ペットボトル

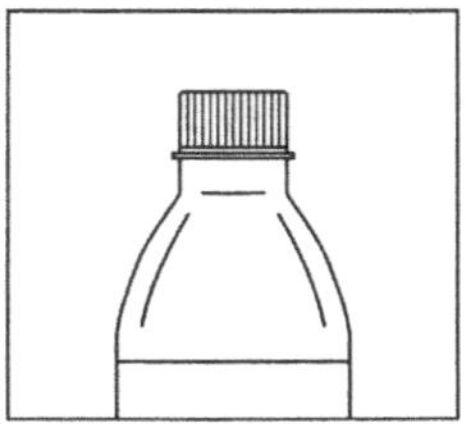

二人は、次のような**実験1**を行いました。

実験1

手順1　1辺が7ｃｍの正方形の平らなプラスチックの板を何枚《まい》か用意し、**図2**のようにそれぞれ糸をつける。

図2　手順1の板

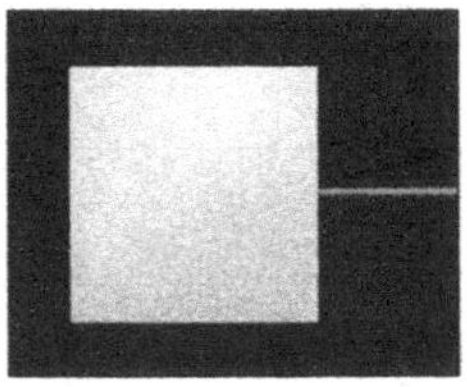

手順2　机《つくえ》の上にフェルトの布を固定し、その上に正方形のプラスチックの板を置く。

手順3　プラスチックの板の上に７５０ｇの金属をのせる。

手順4　同じ重さのおもりをいくつか用意する。**図3**のように、糸の引く方向を変えるために机に表面がなめらかな金属の丸い棒《ぼう》を固定し、プラスチックの板につけた糸を棒の上に通して、糸のはしにおもりをぶら下げる。おもりの数を増やしていき、初めてプラスチックの板が動いたときのおもりの数を記録する。

図3　手順4の様子

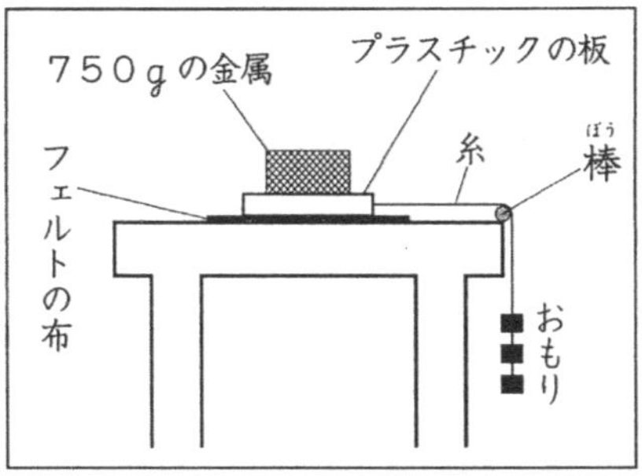

手順5　手順3の金属を１０００ｇの金属にかえて、手順4を行う。

手順6　**図4**のように、手順1で用意したプラスチックの板に、みぞをつける。みぞは、糸に対して垂直《すいちょく》な方向に０．５ｃｍごとにつけることとする。

図4　手順6の板

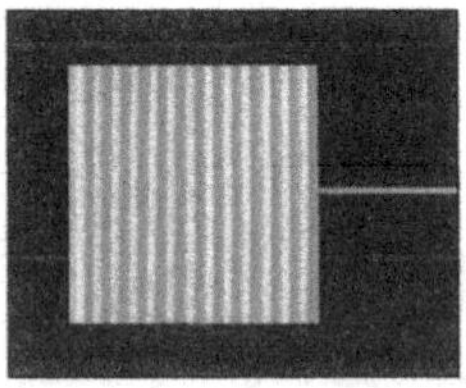

手順7　手順6で作ったプラスチックの板を、みぞをつけた面を下にして手順2～手順5を行い、記録する。

手順8　**図5**のように、手順1で用意したプラスチックの板に、みぞをつける。みぞは、糸に対して平行な方向に０．５ｃｍごとにつけることとする。

図5　手順8の板

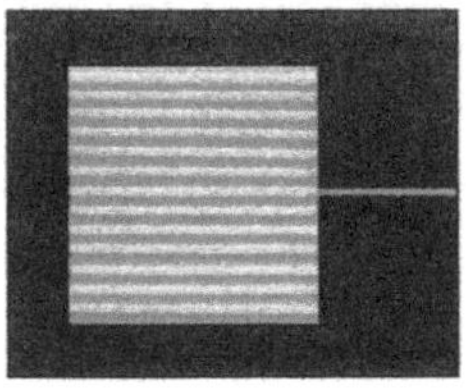

手順9　手順8で作ったプラスチックの板を、みぞをつけた面を下にして手順2～手順5を行い、記録する。

実験1の結果は、**表1**のようになりました。

表1　実験1の結果

	手順１の板	手順６の板	手順８の板
７５０ｇの金属をのせて調べたときのおもりの数（個）	１４	１９	１３
１０００ｇの金属をのせて調べたときのおもりの数（個）	１８	２５	１７

太　郎：手でペットボトルのキャップを回すときの様子を調べるために、机の上にフェルトの布を固定して実験したのだね。

花　子：ペットボトルのキャップを回すとき、手はキャップをつかみながら回しているよ。

〔問題１〕　手でつかむ力が大きいときでも小さいときでも、**図1**のように、表面のみぞの方向が回す方向に対して垂直《すいちょく》であるペットボトルのキャップは、すべりにくくなると考えられます。そう考えられる理由を、**実験1**の結果を使って説明しなさい。

太　郎：そりで同じ角度のしゃ面をすべり下りるとき、どのようなそりだと速くすべり下りることができるのかな。

花　子：しゃ面に接する面積が広いそりの方が速くすべり下りると思うよ。

太　郎：そうなのかな。重いそりの方が速くすべり下りると思うよ。

花　子：しゃ面に接する素材によっても速さがちがうと思うよ。

太　郎：ここにプラスチックの板と金属の板と工作用紙の板があるから、まず面積を同じにして調べてみよう。

二人は、次のような**実験２**を行いました。

実験２

手順１　**図６**のような長さが約１００ｃｍで上側が平らなアルミニウムでできたしゃ面を用意し、水平な机《つくえ》の上でしゃ面の最も高いところが机から約４０ｃｍの高さとなるように置く。

図６　しゃ面

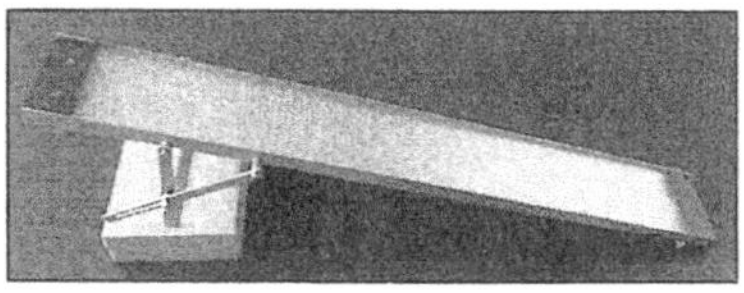

手順２　**図７**のような１辺が１０ｃｍの正方形のア～ウを用意し、重さをはかる。そして、それぞれしゃ面の最も高いところに置いてから静かに手をはなし、しゃ面の最も低いところまですべり下りる時間をはかる。ただし、工作用紙の板は、ますがかかれている面を上にする。

図７　ア～ウ

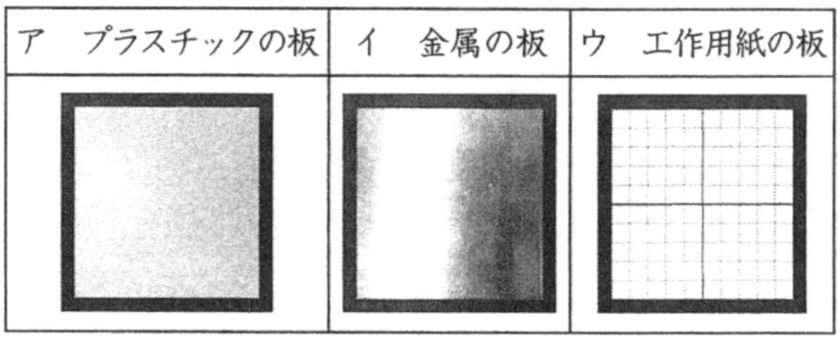

実験２の結果は、**表２**のようになりました。

表２　**実験２**の結果

	ア　プラスチックの板	イ　金属の板	ウ　工作用紙の板
面積（cm^2）	１００	１００	１００
重さ（ｇ）	５.２	２６.７	３.７
すべり下りる時間（秒）	１.４	０.９	１.８

太　郎：速くすべり下りるには、重ければ重いほどよいね。

花　子：本当にそうなのかな。プラスチックの板と金属の板と工作用紙の板をそれぞれ１枚《まい》ずつ積み重ねて調べてみよう。

二人は、次のような**実験3**を行いました。

実験3

手順1　**実験2**の手順1と同じしゃ面を用意する。

手順2　**実験2**の手順2で用いたプラスチックの板と金属の板と工作用紙の板を、それぞれ6枚ずつ用意する。それらの中からちがう種類の板、合計3枚を**図8**のように積み重ねて、板の間を接着ざいで接着したものを作り、1号と名前をつける。さらに、3種類の板を1枚ずつ順番をかえて積み重ねて、1号を作ったときに使用した接着ざいと同じ重さの接着ざいで接着したものを五つ作り、それぞれ2号～6号と名前をつける。ただし、積み重ねるとき、工作用紙の板は、ますがかかれている面が上になるようにする。

図8　板を積み重ねた様子

ア	プラスチックの板
イ	金属の板
ウ	工作用紙の板

手順3　1号～6号を、積み重ねた順番のまま、それぞれしゃ面の最も高いところに置いてから静かに手をはなし、しゃ面の最も低いところまですべり下りる時間をはかる。

実験3の結果は、**表3**のようになりました。ただし、アはプラスチックの板、イは金属の板、ウは工作用紙の板を表します。また、A、B、Cには、すべり下りる時間（秒）の値《あたい》が入ります。

表3　**実験3**の結果

	1号	2号	3号	4号	5号	6号
積み重ねたときの一番上の板	ア	ア	イ	イ	ウ	ウ
積み重ねたときのまん中の板	イ	ウ	ア	ウ	ア	イ
積み重ねたときの一番下の板	ウ	イ	ウ	ア	イ	ア
すべり下りる時間（秒）	1.8	A	1.8	B	C	1.4

〔問題2〕　**実験3**において、1号～6号の中で、すべり下りる時間が同じになると考えられる組み合わせがいくつかあります。1号と3号の組み合わせ以外に、すべり下りる時間が同じになると考えられる組み合わせを一つ書きなさい。また、すべり下りる時間が同じになると考えた理由を、**実験2**では同じでなかった条件のうち**実験3**では同じにした条件は何であるかを示して、説明しなさい。

適性検査Ⅲ

注　　意

1　問題は 1 から 2 までで、**１２**ページにわたって印刷してあります。

2　検査時間は**４５分**で、終わりは**午後０時１５分**です。

3　声を出して読んではいけません。

4　計算が必要なときは、この問題用紙の余白を利用しなさい。

5　答えは全て解答用紙に明確に記入し、**解答用紙だけを提出しなさい。**

6　答えを直すときは、きれいに消してから、新しい答えを書きなさい。

7　**受検番号**を解答用紙の決められたらんに記入しなさい。

東京都立富士高等学校附属中学校

問題は次のページからです。

1 **ジュン**さんと**ナオ**さんは富士中小学校の６年生です。二人と**先生**は校庭にある桜について、教室で話をしています。

ジュン：桜の開花日は、その年初めて桜がさいたと認《みと》められる日のことだよ。東京都の平年の桜の開花日は３月２４日だけれど、２０２３年は少し早かったね。

ナ　オ：毎年、春が近づいてくると桜の開花予想をテレビ番組等でやっていますが、どうやって予想しているのですか。

先　生：桜の花の芽は、冬の間はねむっているような状態だけれど、ある程度の寒さを経験することで目を覚ます状態になるんだ。これを「休みん打破」というよ。その日から毎日の平均気温を足していって、一定の値《あたい》をこえると開花するという予想の仕方があるよ。

ジュン：休みん打破は何月何日なのでしょうか。

先　生：一ぱん的には２月１日が「休みん打破の日」と設定されているよ。２月１日をふくめ、そこから毎日の平均気温の合計が一定の値をこえると開花するというのが分かりやすい計算方法だね。気象庁《ちょう》のホームページを参考に作成した資料である**表１**の日付と東京都の平年の平均気温を見てみよう。

表１　日付と東京都の平年の平均気温

日付	2/1	2/2	2/3	2/4	2/5	2/6	2/7	2/8	2/9	2/10	10日間合計
平均気温（℃）	5.4	5.4	5.5	5.5	5.5	5.6	5.6	5.6	5.7	5.7	55.5
日付	2/11	2/12	2/13	2/14	2/15	2/16	2/17	2/18	2/19	2/20	10日間合計
平均気温（℃）	5.8	5.9	5.9	6.0	6.1	6.1	6.2	6.3	6.4	6.4	61.1
日付	2/21	2/22	2/23	2/24	2/25	2/26	2/27	2/28	3/1	3/2	10日間合計
平均気温（℃）	6.5	6.6	6.7	6.9	7.0	7.1	7.2	7.3	7.4	7.5	70.2
日付	3/3	3/4	3/5	3/6	3/7	3/8	3/9	3/10	3/11	3/12	10日間合計
平均気温（℃）	7.7	7.8	7.9	8.0	8.1	8.2	8.4	8.5	8.7	8.8	82.1
日付	3/13	3/14	3/15	3/16	3/17	3/18	3/19	3/20	3/21	3/22	10日間合計
平均気温（℃）	9.0	9.1	9.3	9.5	9.6	9.7	9.9	10.0	10.1	10.2	96.4
日付	3/23	3/24	3/25	3/26	3/27	3/28	3/29	3/30	3/31		9日間合計
平均気温（℃）	10.3	10.4	10.5	10.6	10.8	11.0	11.1	11.3	11.5		97.5

（参考：気象庁《ちょう》ホームページ）

ナ　オ：さっき**ジュン**さんが東京都の平年の桜の開花日は３月２４日と言っていたから、２月１日からそこまでの平均気温を全部足せば、開花に必要な一定の値が分かるよね。

ジュン：気象庁のホームページを参考に、**表２**の日付と東京都の２０２３年の平均気温の資料を**先生**に作ってもらったから、これを使って２０２３年の東京都の桜の開花日と考えられる日を計算してみよう。

表２　日付と東京都の２０２３年の平均気温

日付	2/1	2/2	2/3	2/4	2/5	2/6	2/7	2/8	2/9	2/10	10日間合計
平均気温（℃）	6.8	6.4	4.8	6.5	6.8	7.8	10.5	8.7	6.2	1.9	66.4
日付	2/11	2/12	2/13	2/14	2/15	2/16	2/17	2/18	2/19	2/20	10日間合計
平均気温（℃）	8.7	11.0	7.7	5.6	3.5	4.1	5.7	8.9	11.8	9.7	76.7
日付	2/21	2/22	2/23	2/24	2/25	2/26	2/27	2/28	3/1	3/2	10日間合計
平均気温（℃）	4.7	5.5	8.5	8.9	7.5	6.0	8.7	11.6	13.8	12.8	88
日付	3/3	3/4	3/5	3/6	3/7	3/8	3/9	3/10	3/11	3/12	10日間合計
平均気温（℃）	7.8	10.5	9.5	9.9	12.1	14.0	15.9	17.3	14.7	14.5	126.2
日付	3/13	3/14	3/15	3/16	3/17	3/18	3/19	3/20	3/21	3/22	10日間合計
平均気温（℃）	13.9	10.0	12.3	14.5	12.5	8.1	10.0	13.1	14.7	17.2	126.3
日付	3/23	3/24	3/25	3/26	3/27	3/28	3/29	3/30	3/31		9日間合計
平均気温（℃）	16.5	18.1	11.0	11.4	13.4	10.2	12.6	14.1	15.0		122.3

（参考：気象庁ホームページ）

〔問題１〕 **表１**、**表２**のデータを利用して、２０２３年の東京都の桜の開花日と考えられる日を計算して、一つ答えなさい。ただし、東京都の平年の桜の開花日は３月２４日とします。（計算結果は、２０２３年の東京都の実際の桜の開花日と必ずしも同じになるとは限りません。）

ナオさんと**ジュン**さんは、月末にあるお楽しみ会に向けて、みんなで楽しめるゲームを考えています。授業時間の中で大勢が楽しめるようなゲームにするため、ボードゲームを作ることにしました。下の**図１**は**ナオ**さんが作ったボードゲームです。

図１　**ナオ**さんが作ったボードゲーム

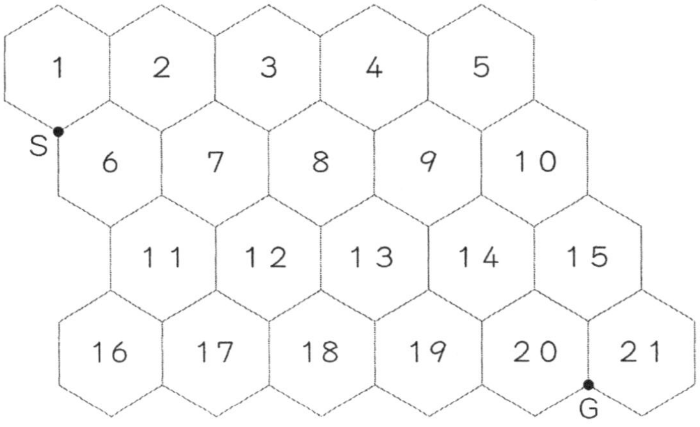

ナ　オ：みんなでボードゲームをしよう。となり合う二つの六角形で共有している辺だけを通って、スタートの頂点《ちょうてん》ＳからゴールのＧまで進むよ。

ジュン：ボードゲームにしては、少し簡単《かんたん》過ぎないかな。ゴールまでの道順も何通りもありそうだね。なにかルールを加えて、ゲームをおもしろくした方がいいね。

ナ　オ：ルールはいくつか考えてあるよ。通った道順によってそれぞれの点数が得られて、ゴールするまでに得られた点数の合計で競《きそ》うんだ。ルールは次のとおりだよ。

ルール

○通れるのは、となり合う二つの六角形が共有している辺のみである。全ての道は一方通行で、右上・右下・下の三方向にしか進めない。

○辺を通ったとき、辺を共有する二つの六角形に書かれている数字を合計し、以下のとおりに点数が得られる。

① 数字の合計が２の倍数の際、２点を得る。

② 数字の合計が３の倍数の際、３点を得る。

③ 数字の合計が５の倍数の際、５点を得る。

④ 数字の合計が、その合計の数と１以外の約数をもたないとき、数字の合計と同じ点数を得る。

⑤ ①から④までの条件を二つ以上満たした場合は、それら全ての点数を得る。

ジュン：なるほど、つまり数字の合計が９だったら３点、合計が６だと５点、合計が１１だったら１１点が得られるんだね。

ナ　オ：このルールどおりに頂点Ｓから出発して頂点Ｇを目指し、得られた点数の合計が高かった人が勝ち、というゲームをしてみようよ。

ジュン：なかなか楽しそうだね。ためしにやってみたら、１５７点だったよ。もっと高い点数は得られるのかな。

〔問題２〕　二人が作ったゲームを行います。**図１**の頂点Ｓを出発して頂点Ｇを目指します。ルールのとおりに頂点Ｇまで行った場合、得られる点数の合計が**ジュン**さんの１５７点をこえて、１５８点以上となるように解答らんの道順の辺をなぞり、得られる点数の合計を記入しなさい。

ジュンさんと**ナオ**さんはお楽しみ会に参加しています。二人は他のグループが用意した、富士プログラムというゲームで遊んでいます。いくつかの種類が用意された**図2**のようなブロックに特定の数字を入れると、ルールに従《したが》って別の数字が出力されます。そして、ブロックを組み合わせて出力される数字を変えるゲームです。

図2　富士プログラムで使用するブロック

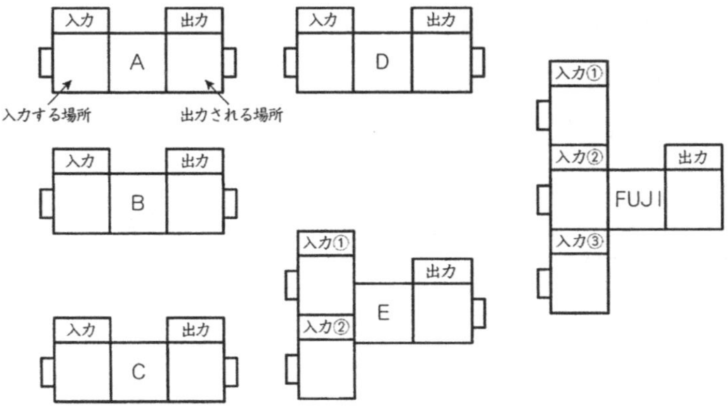

（入力する場所、出力される場所についてはAブロックと同様とする。）

ジュン：A、B、C、D、E、FUJIの、全部で6種類のブロックが一つずつ用意されているね。入力する場所に数字を入れると、ブロックごとに決められたルールに従って出力される場所に数字が表示されるみたいだ。

ナ　オ：出力される場所の右側にあるでっぱりから、導線をつないで次のブロックの入力する場所の左側にあるでっぱりにつなぐことができるんだね。そうすると、最初のブロックの出力される場所に表示された数字が次のブロックの入力する場所に自動的に入るんだね。出力される場所にどのような数字が表示されるかのルールはブロックごとにちがうんだ。

ジュン：FUJIブロックは最後に使うんだね。A、B、C、Dのブロックは数字を入力する場所が一つで、出力される場所も一つ。Eのブロックには数字を入力する場所が二つあるけれど、出力される場所は一つだけみたいだ。

ナ　オ：FUJIブロックには数字を入力する場所が三つあるよ。でも、これも出力される場所は一つだけだね。

ジュン：A、B、C、D、Eのブロックを1個ずつ使って、FUJIブロックの三つの入力する場所の左側にあるでっぱりに導線をつなぐんだね。

解答用紙　適性検査Ⅰ

1

〔問題1〕 20点

文章1
という効果。

文章2
という効果。

〔問題2〕 20点

～

〔問題3〕 60点

20

100

※100点満点

受検番号

得点
※

※　※　※　※　※

※のらんには、記入しないこと。

解 答 用 紙　適 性 検 査 Ⅱ

※100点満点

受　検　番　号	得　　　点
	※

※のらんには、記入しないこと

1

〔問題１〕20点

〔太郎《たろう》さんの作業〕

〔花子さんの作業〕

〔６枚《まい》のマグネットシートを切り終えるのにかかる時間〕　（　　　　）分

※

〔問題２〕20点

〔得点板の数字を４５６から９８７にするのにかかる最短の時間〕（　　　　）秒

〔　　　　〕→〔　　　　〕

〔　　　　〕→〔　　　　〕

〔　　　　〕→〔　　　　〕

〔　　　　〕→〔　　　　〕

〔　　　　〕→〔　　　　〕

※

2

〔問題１〕15点

→　→

※

〔問題２〕20点

平行四辺形の合計

個

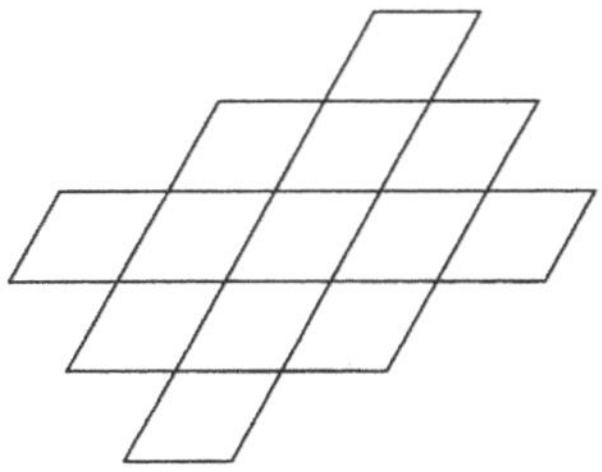

※

〔問題３〕15点

立方体の回転

回転

ノリコさんが行った移動の組み合わせ

移動　→移動

※

※100点満点

受　検　番　号	得　点
	※

※のらんには、記入しないこと

解 答 用 紙　適 性 検 査 Ⅲ

1

〔問題１〕15点

月	日

※

〔問題２〕15点

得られる点数の合計が１５８点以上となる道順

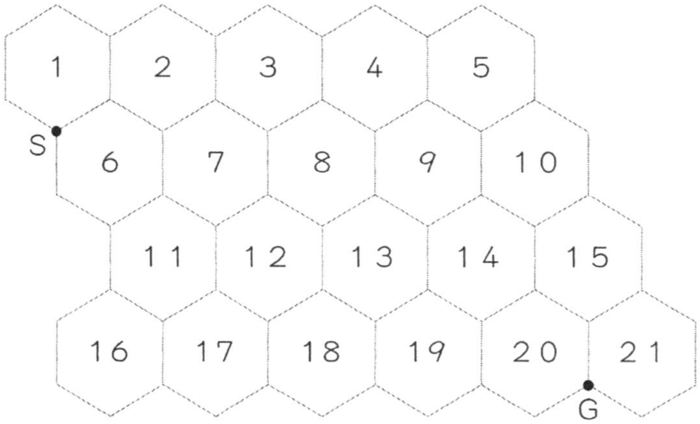

得られる点数の合計　　　点

※

〔問題３〕20点

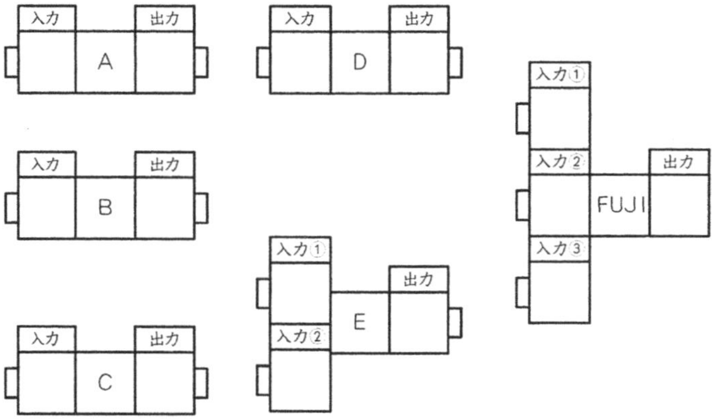

※

2

〔問題１〕15点

(選んだ一つを○で囲みなさい。) ＡからＣ　　　ＡからＤ

※

〔問題２〕15点

〔「ふれあいタクシー」の取り組みが必要になった理由〕
〔「ふれあいタクシー」導入の効果〕

※

3

〔問題１〕12点

※

〔問題２〕18点

〔組み合わせ〕

〔理由〕

※

（6　富士）

440　400　300　200

※

【解答

ナ　オ：それぞれのブロックごとのルールは、以下のとおりになっているよ。

【各ブロックのルール】

<table>
<tr><td rowspan="3">Aブロック</td><th>入力</th><th>出力</th><td rowspan="3">Cブロック</td><th>入力</th><th>出力</th></tr>
<tr><td>ぐう数</td><td>0</td><td>0</td><td>2</td></tr>
<tr><td>き数</td><td>1</td><td>1</td><td>3</td></tr>
<tr><td rowspan="4">Bブロック</td><th>入力</th><th>出力</th><td rowspan="4">Dブロック</td><th>入力</th><th>出力</th></tr>
<tr><td>3で割《わ》り切れる数</td><td>0</td><td>0</td><td>3</td></tr>
<tr><td>3で割ると1余る数</td><td>1</td><td>1</td><td>4</td></tr>
<tr><td>3で割ると2余る数</td><td>2</td><td>2</td><td>5</td></tr>
</table>

Eブロック	入力①	入力②	出力
	0から9までの整数	0から9までの整数	入力①＋入力②

<table>
<tr><td rowspan="5">FUJIブロック</td><th>入力①</th><th>入力②</th><th>入力③</th><th>出力</th></tr>
<tr><td>0</td><td>0</td><td>0</td><td>0</td></tr>
<tr><td colspan="3">0が二つ、1が一つ</td><td>1</td></tr>
<tr><td colspan="3">0が一つ、1が二つ</td><td>1</td></tr>
<tr><td>1</td><td>1</td><td>1</td><td>0</td></tr>
</table>

ジュン：Aブロック、Bブロック、Eブロックの入力する場所には条件を満たす好きな数字を入れられるけれど、CブロックとFUJIブロックには0か1以外の数字、Dブロックには0か1か2以外の数字を入れると、エラーが起きて数字が出力される場所に表示されなくなってしまうよ。エラーが起きないように数字を入れよう。

ナ　オ：ブロックをつないでから、最初のブロックの入力する場所に数字を入れるんだね。例えば、Aブロック、Eブロック、Dブロックの順番につないで、Aブロックの入力する場所に1を入れると、Aブロックの出力される場所には1が表示されて、その1がEブロックの入力する場所に入るんだ。Eブロックにはもう一つ入力する場所があるから、そこには0を入れてみよう。すると、Eブロックの出力される場所には1が表示されて、その1がDブロックの入力する場所に入るからDブロックの出力される場所には4が表示されるんだね。図で表すと、次の**図3**のようになるよ。

図3　Aブロック、Eブロック、Dブロックの順番につないで、Aブロックの入力する場所に1、Eブロックの入力②の入力する場所に0を入れた場合

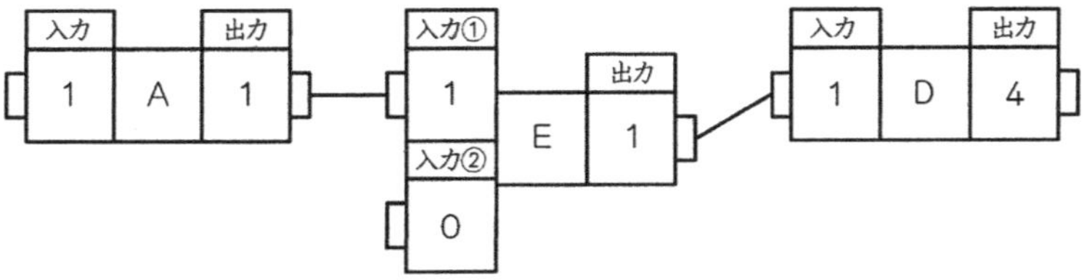

〔問題3〕 **図2**にある、Aブロック、Bブロック、Cブロック、Dブロック、Eブロックの合計5つのブロックを全て1個ずつ使ってFUJIブロックの入力①から入力③までにつないだ結果、FUJIブロックの出力される場所には1が表示されました。ブロックはどのようにつながれているか、どの数字を入れたか、解答らんにそれぞれ記入しなさい。ただし、以下のルール（あ）から（え）までを全て満たすように答えること。

（あ）つながれたブロックの入力する場所には、一つ前のブロックの出力される場所に表示された数字がそのまま入るものとします。

（い）**図4**のBブロック、Dブロック、Eブロックのようにつながれた左はしのブロックの入力する場所に入れることができる数字は0か1のみとします。

（う）FUJIブロックの入力①から入力③までには、AブロックからEブロックまでのいずれかが必ずつながっていることとします。

（え）解答らんの各ブロックをつなげる際は、**図4**のように各導線がおたがいに交わらないようにすること。ただし、**図4**はつなぎ方の例なので、正答ではありません。

図4　問題3のブロックのつなぎ方の例

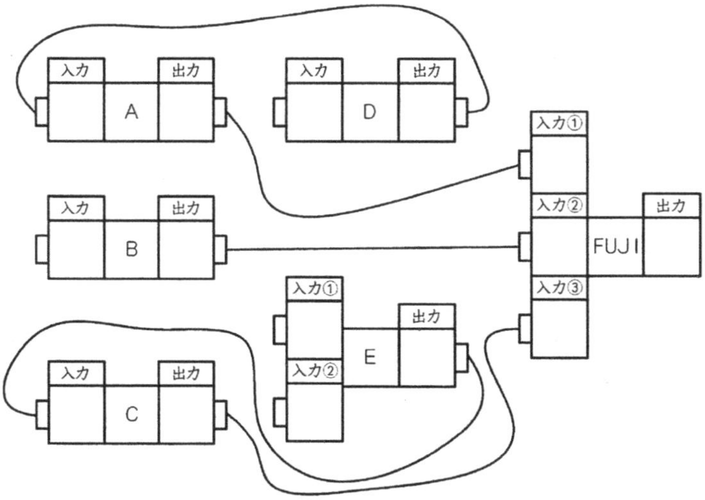

２　**ノリコ**さんと**アキラ**さんの通っているプログラミング教室では、パソコンでプログラミングを学ぶ際に「３ＤモデリングソフトＦＵＪＩ」を使っています。「３ＤモデリングソフトＦＵＪＩ」はコンピュータ上で平面図形や立体図形を作ることができます。また、プログラミングすることによって、それぞれの図形を使ったさまざまな作業や実験をすることができます。

ノリコ：今日はまず「３ＤモデリングソフトＦＵＪＩ」に、平面の図形を使った問題があるから解いてみよう。

アキラ：正方形がたくさん集まった図が映《うつ》っているけれど、どのような問題なのかな。説明を読んでみるね。

図１　画面に映《うつ》し出された図

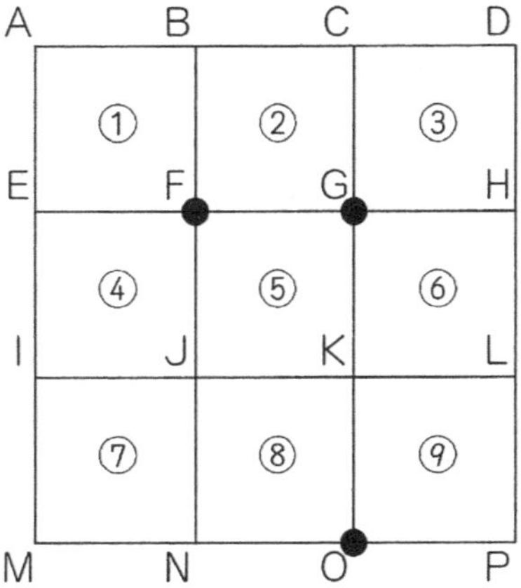

（説明）パソコンの画面に映し出されている**図１**には、一辺が１cmの正方形ＡＥＦＢ、ＢＦＧＣ、ＣＧＨＤ、ＥＩＪＦ、ＦＪＫＧ、ＧＫＬＨ、ＩＭＮＪ、ＪＮＯＫ、ＫＯＰＬの九つの正方形が並《なら》んでいる。それぞれ①から⑨と呼《よ》ぶこととする。今、点Ｆ、Ｇ、Ｏの三点の頂点《ちょうてん》上に●が乗っている。画面上の①から⑨の正方形を選ぶと、選ばれた正方形の辺上を●が反時計回りに１cm移動する。

ノリコ：⑤を選ぶと今は点Ｆと点Ｇにある●が、それぞれ点Ｊと点Ｆに移動するということだね。また、その状態からさらに⑤を選ぶと、点Ｊと点Ｆにある●が、それぞれ点Ｋと点Ｊに移動するね。

アキラ：正方形を選ぶ順番を変えると、●の位置が変わるから気を付けないといけないね。⑧→⑨の順番で選ぶと●の位置は点Ｆ、Ｇ、Ｏのままになるけれど、⑨→⑧の順番で選ぶと●の位置は点Ｆ、Ｇ、Ｐとなるんだ。

〔問題１〕　①から⑨までのいずれかの正方形を３回選びます。●がそれぞれ移動した後に、三つの●を頂点《ちょうてん》として結んだ三角形の面積が３ｃm^2となるためには、どの正方形をどの順番で選べばよいでしょうか。ただし、同じ正方形を２回以上選んでもよいものとします。

ノリコさんと**アキラ**さんは「３ＤモデリングソフトＦＵＪＩ」を使って、平面の図形の問題にちょう戦しています。画面上には**図２**のように、面積が１cm^2の平行四辺形を１３個使った図形が映し出されています。以後、面積が１cm^2の平行四辺形を小さな平行四辺形と呼びます。

図２　画面に映《うつ》し出されている、小さな平行四辺形を１３個使った図形

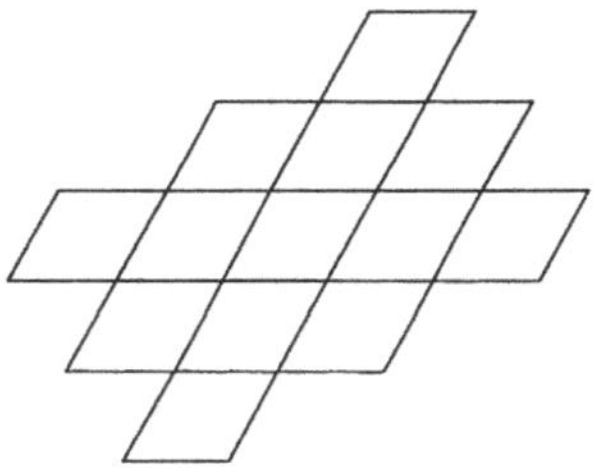

ノリコ：この図形には小さな平行四辺形が１３個使われているね。

アキラ：平行四辺形は、いくつか組み合わせて大きな平行四辺形を作ることができるよ。縦《たて》に１個、横に２個並べると、元の小さな平行四辺形の２倍の面積の平行四辺形ができるんだ。

ノリコ：**図２**の図形の中で一番面積が大きい平行四辺形は、小さな平行四辺形を縦に１個、横に５個並べた、面積が５cm^2の平行四辺形かな。

アキラ：いや、小さな平行四辺形を縦に３個、横に３個に並べた面積が９cm^2の平行四辺形だね。

ノリコ：いろいろな面積の平行四辺形がこの図形の中には入っているんだね。全部で平行四辺形はいくつあるのかな。

アキラ：面積が１cm^2の平行四辺形が１３個、面積が２cm^2の平行四辺形は縦に１個、横に２個のものが８個、縦に２個、横に１個のものが８個で１６個か。こうやって面積別に数えていくと平行四辺形が全部でいくつあるかが分かるね。

ノリコ：縦と横で同じ面積の平行四辺形があるから、片方《かたほう》を数えて２倍すればいいのかと思ったけれど、縦に２個、横に２個のような形の平行四辺形があるから気を付けないとね。

アキラ：この「３ＤモデリングソフトＦＵＪＩ」では、ボタンをおすと全部で１３個ある小さな平行四辺形のうち、一つだけが穴《あな》が空いたようになって使えなくなるんだ。使えなくなった小さな平行四辺形の各辺と辺を共有していた小さな平行四辺形は、そのまま使えるよ。そのあと、平行四辺形の合計数がでるから、その合計数からどの部分の平行四辺形に穴が空いているかを考える、という問題ができるよ。

ノリコ：使えなくなった平行四辺形は、平行四辺形として数えてはいけないんだね。小さな平行四辺形はもちろん、その部分をふくんだ他の面積の平行四辺形も存在《そんざい》しなくなるのか。どの部分の小さな平行四辺形が使えなくなったかによって、平行四辺形の合計数が変わってくるんだね。

アキラ：真ん中に近い部分の小さな平行四辺形が使えなくなった場合と、周辺の部分の小さな平行四辺形が使えなくなった場合の平行四辺形の合計数はちがうから、それをヒントにどの部分が使えなくなったかを考えるんだ。

〔問題２〕　**図２**の図形には平行四辺形が合計何個ふくまれているか答えなさい。
また、「３ＤモデリングソフトＦＵＪＩ」のボタンをおしたところ、平行四辺形の合計が４５個になりました。使えなくなっている小さな平行四辺形はどれでしょうか。解答らんの図形のうち、ふさわしい平行四辺形を一つ選び、黒くぬりつぶしなさい。

ノリコさんと**アキラ**さんは「３ＤモデリングソフトＦＵＪＩ」を使って、立体の図形の問題にちょう戦することにしました。画面上には、１辺が１cmの立方体が映し出されています。１辺が１cm の立方体が**図３**です。**図３**で示した立方体を、１辺が５cm になるように組み合わせて作った立方体ＡＢＣＤ－ＥＦＧＨが**図４**です。見にくくなってしまうので、**図４**では、内部の線は表示していません。

図３　１辺が１cm の立方体の図

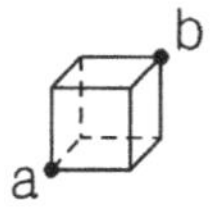

図４　立方体ＡＢＣＤ－ＥＦＧＨ

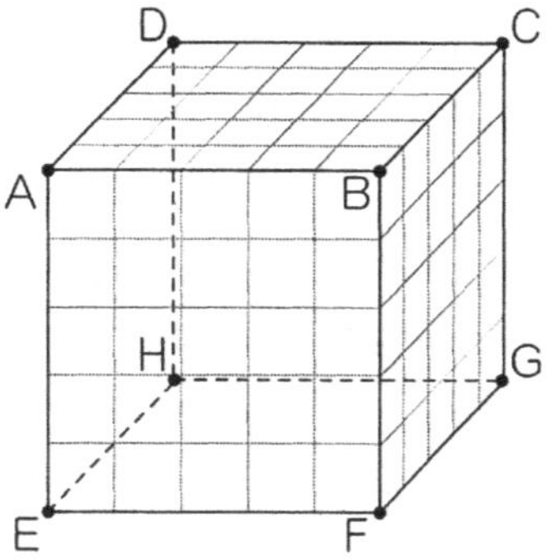

図４で示した立方体ＡＢＣＤ－ＥＦＧＨの左手前下の点Ｅをスタート地点とします。いま点Ｐが点Ｅにあるものとします。**図４**に示されていない立方体ＡＢＣＤ－ＥＦＧＨの内部の線もふくめた、１辺が１cm の立方体の辺上を点Ｐが移動する問題です。

ノリコ： 点Ｐが点Ｅを出発して、点Ｈの方に１cm 進む移動を（↗）、点Ｆの方に１cm 進む移動を（→）、点Ａの方に１cm 進む移動を（↑）と表そう。（↗・→・↑）を１回行うと、**図３**の点ａから点ｂに移動するように移動できるね。このような移動を移動「ふ」と呼ぼう。

アキラ： 点Ｐが点Ｅを出発して、（↗・↗・→）と移動すると、面積が２ｃm^2の長方形の一つの頂点から対角線上にあるもう一つの頂点の位置に移動できるね。点Ｐが点Ｅを出発して面積が２ｃm^2の長方形の対角線上にあるもう一つの頂点への移動の中で以下の６種類の移動について、次のように名前を付けよう。

６種類の移動

（↗・↗・→）：移動「じ①」　（→・→・↗）：移動「じ②」
（↑・↑・→）：移動「じ③」　（→・→・↑）：移動「じ④」
（↑・↑・↗）：移動「じ⑤」　（↗・↗・↑）：移動「じ⑥」

ノリコ： 移動「ふ」と移動「じ①」から移動「じ⑥」までを組み合わせれば、いろいろな頂点へ移動できるね。

アキラ：「３ＤモデリングソフトＦＵＪＩ」ではボタンをおすと**図４**の面ＡＥＦＢを正面に見た位置から、立方体全体が９０度回転するんだ。**図４**の位置から**図５**の位置になるような回転を回転アと呼ぶよ。また、**図４**の位置から**図６**の位置になるような回転を回転イと呼ぶよ。回転の種類は回転アから回転カまでの６通りあるよ。

図５　回転アの結果

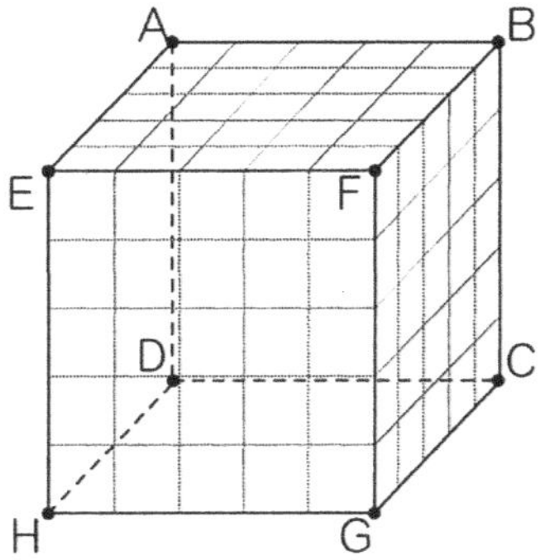

図６　回転イの結果

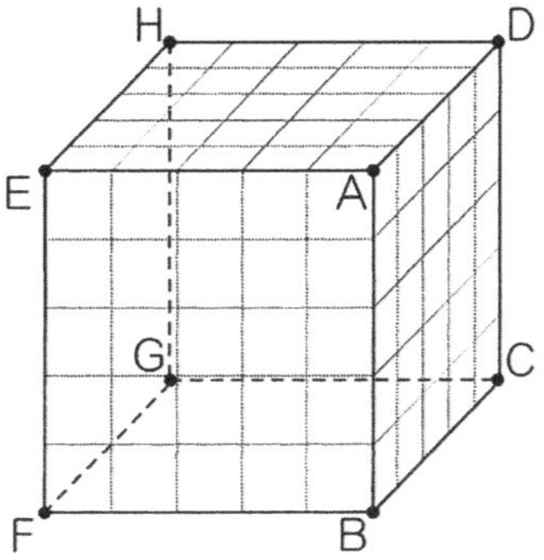

図７　回転ウの結果

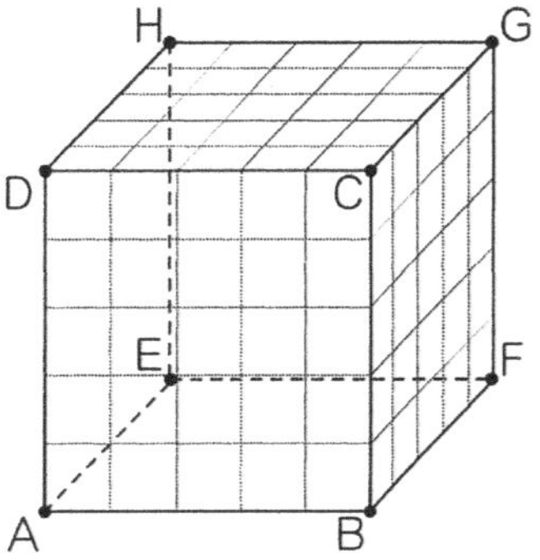

図８　回転エの結果

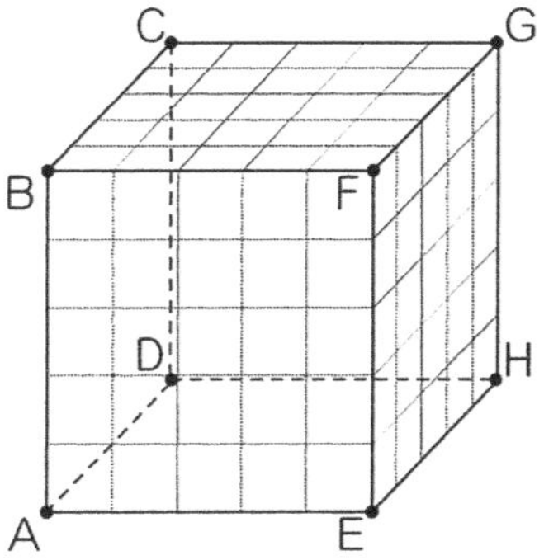

図９　回転オの結果

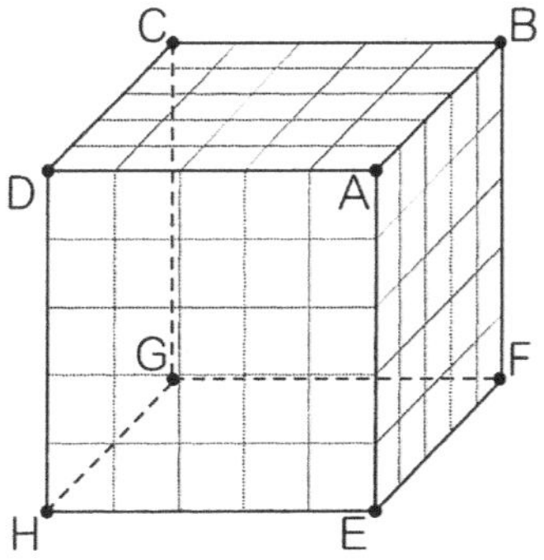

図１０　回転カの結果

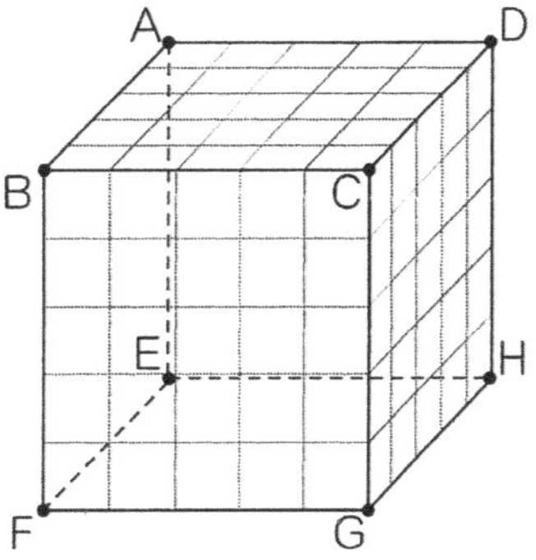

ノリコ：立方体が回転しても、移動「ふ」と移動「じ①」から移動「じ⑥」までは回転前と同じ方向のまま移動するんだね。たとえば**図５**では、点Ｈを出発して点Ｄの方向へ１cm移動することを（↗）と表せるよ。

〔問題３〕　**アキラ**さんが**図４**の点Ｅから点Ｐを出発させ、移動「ふ」を１回行いました。その後**ノリコ**さんが「３ＤモデリングソフトＦＵＪＩ」のボタンをおし、立方体をいずれかの方向に９０度回転させました。そのまま、**ノリコ**さんが画面上の左手前下にくる頂点から点Ｑを出発させ、移動「じ①」から移動「じ⑥」までの移動のうちいずれかの移動を合計２回したところ、**アキラ**さんが移動させた点Ｐと同じ位置に着きました。立方体の回転の種類と、**ノリコ**さんが行った移動の組み合わせを答えなさい。ただし、２回の移動は同じ移動でもよいものとします。

⑤

適性検査Ⅰ

注意

1. 問題は[1]のみで、**5ページ**にわたって印刷してあります。
2. 検査時間は**四十五分**で、終わりは**午前九時四十五分**です。
3. 声を出して読んではいけません。
4. 答えは全て解答用紙に明確に記入し、**解答用紙だけを提出しなさい。**
5. 答えを直すときは、きれいに消してから、新しい答えを書きなさい。
6. **受検番号**を解答用紙の決められたらんに記入しなさい。

東京都立富士高等学校附属中学校

問題は次のページからです。

1 次の **文章1** と **文章2** とを読み、あとの問題に答えなさい。
（*印のついている言葉には、本文のあとに〈注〉があります。）

文章1

何かをつくり出すには、技術や素材についての知識が必要だ。これらは見ることができるし、言葉で伝えることができるかもしれない。木工なら、木の切り方やけずり方、木と木を組み合わせる方法や組み立て方、使いやすい形や大きさ、重さなど、実際にものをつくるなかで生まれてきたたくさんの技術や知識がある。

しかし、頭の中にものづくりの知識があっても、「つくる」ことはできない。そこには、技術と実際の経験が必要だ。わかっていてもできないと言うのは、本当の意味で「わかっていない」のだ。

ものをつくり出すのに必要なことは、技術や知識だけではない。技術だけでは新しいものはできない。何をつくるのかが大切だ。何をつくるのか思いつくことを、アイデアが浮《う》かぶと言う。アイデアは実際のところ、ぽっかりと浮かんでくるものではない。アイデアが浮かぶのは一瞬《いっしゅん》だけれども、その背後《はいご》に長い時間が横たわっている。そういう時間に敬意《けいい》をはらうことが、ものづくりの基本だ。

ぼくらの生命そして生活は、自然の中で育った食物や材料によってささえられ、人間はそれらに手を加えて利用し、豊かになってきた。*工芸の役割《やくわり》は、自然環境《かんきょう》とのかかわりの中で、人びとの生活の質を高めること、つまり生活を豊かにすることだ。日常品は生活をささえ、生活にささえられてつくり出される。ものたちは、どんな形でもよいのではなくて、それぞれがそこに住む人びとの考え方を反映《はんえい》している。よく考えたものもあれば、思いつきだけではないかと思われるものもある。さまざまな思いや考えが、ものたちをつくっている。車やカメラやラジオなどの機械もそうだけれど、スプーンやフォークやナイフや家具も、同じように人びとの考えや思いの結晶《けっしょう》だ。

つくることができるには、長い道のり、時間が必要な場合もある。ようやくつくりあげることができて、人は本当の意味で、「もの」を理解する。「知っている」から「できる」に変化するのだ。おそらく、そこには、人びとの歴史、考え方、自然環境などが影響《えいきょう》するだろう。とくに、生活で使われるものは、そこに住んでいる人たちの生活が形をつくる。そこでの人びとの生き方が、ものの形をつくるのだ。

工芸は、人から人へ、世代から世代へ伝えるということが大切だ。そして工芸で使う材料もまた、伝え育てることで存在《そんざい》している。今、家具をつくろうと木を植えて育て始めたら、使えるようになるまでに１００年以上かかる。材料によっては、２００年以上もかかって生み出される。かかった月日の長さを思うとき、人びとのつながりや環境をささえあうということの大切さが見えてくる。

ぼくは、古い道具やすり減った家具を見て、きれいだなと思うことがある。あれは、長い時間のなかで、たくさんの人たちがかかわり、考えてつくり、伝えてきたから美しくなったのだろう。何世代にもわたって伝えながらつくり出されてきたものは、一人の人間の力ではつくり出せない。時間を超《こ》えたコミュニケーションだ。ぼくらの社会や生活が変化していくなかで、ものの形も変化している。

木製の道具や家具は、＊骨董《こっとう》のように過去のものと思われる場合もあるが、スウェーデンでは、ひとつの手法として現代に生きていた。ナイフのけずりあとがあるような、荒《あら》けずりな木材のもつ表情が、古くさくなるのではなく、現代的ですらある。なぜ㋐古くさく感じないのかという問いの答えは、それが古くないからだ。それを人びとが受けつぎ、「もの」が新しい命、新しい生活をもらう。ぼくは、木工を始めたころ、技術が上がれば工業生産品のように美しいものをつくれると単純《たんじゅん》に思っていた。正確な機械のようにつくるにはどうしたらよいかと考えていたぼくが、今では、時が経《た》ってできた隙間《すきま》や傷《きず》すら味があるのだと思うようになった。左右対称《たいしょう》、正確な円。それだけがすべてではない。ぼくらの生活は、そんなにかたくなくていい。木材はやさしい。もっと自由で良い。

（遠藤敏明《えんどうとしあき》「〈自然と生きる〉木でつくろう　手でつくろう」
（一部改変）による）

〔注〕
工芸——生活に役立つ品物を美しくつくるわざ。
骨董《こっとう》——古い美術品や古道具で、ねうちのあるもの。

お詫び
著作権上の都合により、文章は掲載しておりません。
ご不便をおかけし、誠に申し訳ございません。
教英出版

お詫び
著作権上の都合により、文章は掲載しておりません。
ご不便をおかけし、誠に申し訳ございません。
教英出版

お詫び

著作権上の都合により、文章は掲載しておりません。
ご不便をおかけし、誠に申し訳ございません。

教英出版

（田口幹人《たぐちみきと》「なぜ若《わか》い時に本を読むことが必要なのだろう」による）

〔注〕

希薄《きはく》――少なくてうすいようす。
蓄積《ちくせき》――物や力がたまること。
闇雲《やみくも》に――むやみやたらに。
価値観《かちかん》――ものごとを評価するときに基準とする判断や考え方。
汲《く》み取《と》る――人の気持ちをおしはかる。
培《つちか》った――やしない育てた。

〈問題1〉　㋐古くさく感じない　とありますが、なぜそのように言えるのでしょうか。解答らんに当てはまるように二十字以上三十字以内で **文章1** からぬき出しなさい。

> 　　　　　　　　ことを思わせる隙間《すきま》や傷《きず》のある家具などが、新しい命を感じさせるから。

〈問題2〉　㋑行間を読む　とありますが、本を読むことにおいては、何をどうすることですか。「真実」「事実」という語を用いて説明しなさい。

〈問題3〉　あなたは、これからの学校生活でどのように学んでいこうと思いますか。あなたの考えを四百字以上四百四十字以内で書きなさい。ただし、次の条件と下の〈**きまり**〉にしたがうこと。

条件

① あなたが、**文章1**・**文章2** から読み取った、共通していると思う考え方をまとめ、それをはっきり示すこと。

② 「①」の内容と、自分はどのように学んでいくつもりかを関連させて書くこと。

③ 適切に段落《だんらく》分けをして書くこと。

〈**きまり**〉

○題名は書きません。

○最初の行から書き始めます。

○各段落《だんらく》の最初の字は一字下げて書きます。

○行をかえるのは、段落をかえるときだけとします。

○、や。や」などもそれぞれ字数に数えます。これらの記号が行の先頭に来るときには、前の行の最後の字と同じますめに書きます（ますめの下に書いてもかまいません）。

○。と」が続く場合には、同じますめに書いてもかまいません。この場合、。」で一字と数えます。

○段落をかえたときの残りのますめは、字数として数えます。

○最後の段落の残りのますめは、字数として数えません。

適性検査Ⅱ

注　　意

1　問題は **1** から **3** までで、**１２ページ**にわたって印刷してあります。

2　検査時間は**４５分**で、終わりは**午前１１時１０分**です。

3　声を出して読んではいけません。

4　計算が必要なときは、この問題用紙の余白を利用しなさい。

5　答えは全て解答用紙に明確に記入し、**解答用紙だけを提出しなさい。**

6　答えを直すときは、きれいに消してから、新しい答えを書きなさい。

7　**受検番号**を解答用紙の決められたらんに記入しなさい。

東京都立富士高等学校附属中学校

問題は次のページからです。

K 教英出版

1　放課後、**太郎《たろう》**さんと**花子**さんは、教室で話をしています。

太　郎：今日の総合的な学習の時間に、**花子**さんの班《はん》は何をしていたのかな。
花　子：私《わたし》はプログラミングを学んで、タブレットの画面上でロボットを動かしてブロックを運ぶゲームを作ったよ。
太　郎：おもしろそうだね。やってみたいな。

花子さんは画面に映《うつ》し出された図（**図1**）を、**太郎**さんに見せました。

花　子：この画面で道順を設定すると、ロボットは黒い点から黒い点まで、線の上だけを動くことができるんだ。黒い点のところにブロックを置いておくと、ロボットがその黒い点を通ったときにブロックを運んでくれるんだ。運んだブロックをおろす場所も設定できるよ。設定できることをまとめてみるね。

図1　映《うつ》し出された図

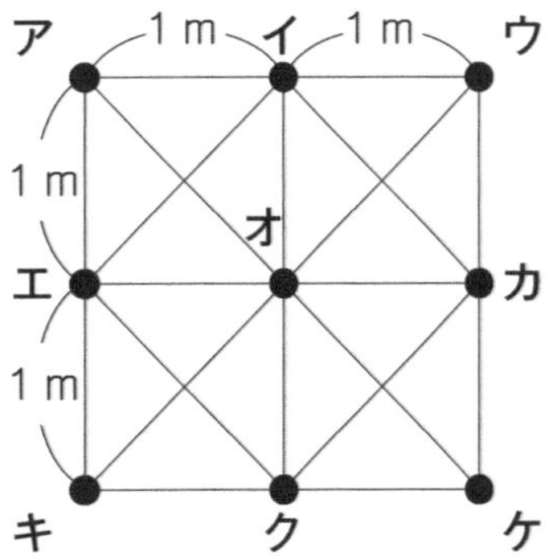

〔設定できること〕
ロボットがスタートする位置
ブロックを置いていない黒い点から、スタートする。
ブロックを置く位置
ブロックは黒い点の上に、１個置くことができる。ロボットは、ブロックが置いてある黒い点を通ると、そこに置いてあるブロックを運びながら、設定した次の黒い点に進む。
倉庫（ロボットがブロックをおろす場所）の位置
ロボットが倉庫に行くと、そのとき運んでいるブロックを全て倉庫におろす。

太　郎：９個の黒い点のある位置は、それぞれ**ア**から**ケ**というんだね。
花　子：そうだよ。**ア**から**オ**に行く場合は**ア→オ**や、**ア→エ→オ**や、**ア→イ→ウ→オ**のように設定できるんだよ。
太　郎：四角形**アエオイ**、四角形**イオカウ**、四角形**エキクオ**、四角形**オクケカ**は正方形なのかな。
花　子：全て正方形だよ。**ア**から**イ**までや、**ア**から**エ**までは１ｍの長さに設定してあるよ。
太　郎：では、ブロックを置く位置と倉庫の位置を設定してみよう。
花　子：**図2**のように**イ**と**カ**と**キ**にブロックをそれぞれ１個ずつ置いて、**ケ**に倉庫の位置を設定してみたよ。それらの黒い点の上に、ブロックを置く位置と倉庫の位置が表示されるんだ。
太　郎：この３個のブロックを倉庫に運ぶために、どのようにロボットを動かせばよいかを考えよう。
花　子：ロボットの速さは分速１２ｍなのだけど、ブロックを運んでいるときはおそくなるよ。
太　郎：どのくらいおそくなるのかな。

図2　**花子**さんが設定した図

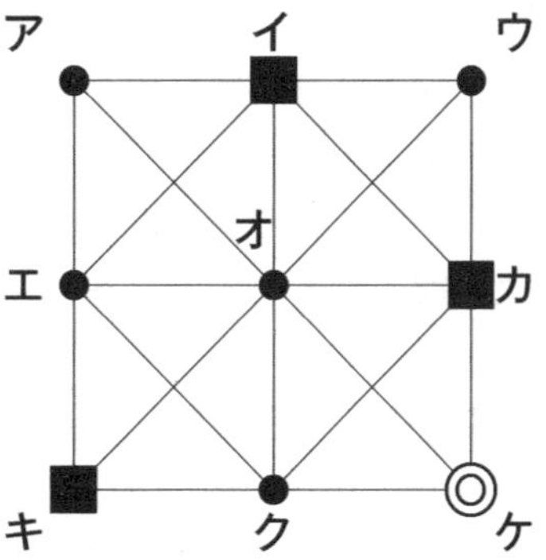

（■ ブロック　◎ 倉庫）

花　子：運んでいるブロックの数によって、何も運んでいないときよりも、１ｍ進むのにかかる時間が増えるんだ。でも、運んでいるブロックの数が変わらない限り、ロボットは一定の速さで動くよ。**表1**にまとめてみるね。

太　郎：ブロックを３個運んでいるときは、かなりおそくなるね。

花　子：とちゅうで倉庫に寄ると、そのとき運んでいるブロックを全て倉庫におろすことができるよ。

太　郎：最も短い時間で全てのブロックを運ぼう。スタートする位置も考えないとね。

花　子：まず、計算をして、全てのブロックを倉庫まで運ぶ時間を求めてみよう。

太　郎：１辺の長さが１ｍの正方形の対角線の長さは１．４ｍとして計算しよう。

花　子：私が考えたスタートする位置からロボットが動いて全てのブロックを倉庫に運ぶまでの時間を求めると、４８．８秒になったよ。

太　郎：私の計算でも４８．８秒だったよ。けれども、スタートする位置も道順も**花子**さんの考えたものとは、別のものだったよ。

表1　何も運んでいないときよりも、１ｍ進むのにかかる時間の増え方

運んでいるブロックの数	増える時間
１個	２秒増える
２個	５秒増える
３個	８秒増える

〔問題１〕　**図2**のように**太郎**さんと**花子**さんは**イ**と**カ**と**キ**にブロックを置く位置を、**ケ**に倉庫の位置を設定しました。４８．８秒で全てのブロックを倉庫まで運ぶとき、スタートする位置と道順はどのようになっていますか。いくつか考えられるもののうちの一つを、**ア**～**ケ**の文字と**→**を使って答えなさい。また、４８．８秒になることを式と文章で説明しなさい。ただし、ロボットは３個のブロックを倉庫に運び終えるまで止まることはありません。また、ブロックを集める時間や倉庫におろす時間、ロボットが向きを変える時間は考えないものとします。

花　子：**太郎**さんの班はプログラミングを学んで、何をしていたのかな。

太　郎：私はスイッチをおして、電球の明かりをつけたり消したりするプログラムを作ったよ。画面の中に電球とスイッチが映し出されて（**図3**）、１個のスイッチで１個以上の電球の明かりをつけることや消すことができるんだ。

花　子：おもしろそうだね。

太　郎：そうなんだよ。それでクイズを作っていたけれど、まだ完成していないんだ。手伝ってくれるかな。

花　子：いいよ、見せてくれるかな。

図3　映し出された図

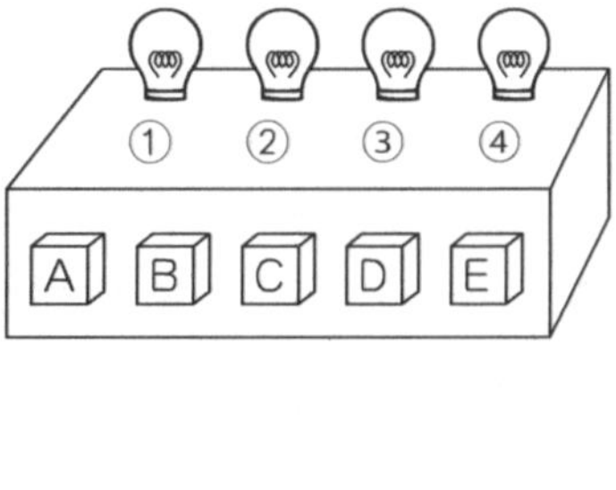

〔**太郎**さんが作っているクイズ〕

①～④の４個の電球と、Ａ～Ｅの５個のスイッチがあります。**全ての電球の明かりが消えている状態で、**Ａのスイッチをおすと、②と③の電球の明かりがつきました。次のヒントを読んで、全ての電球の明かりが消えている状態で、Ｂ～Ｅのスイッチはそれぞれどの電球の明かりをつけるかを答えなさい。

ヒント（あ）：全ての電球の明かりが消えている状態で、ＡとＢとＣのスイッチをおしたあと、明かりがついていたのは①と③の電球であった。

ヒント（い）：全ての電球の明かりが消えている状態で、ＢとＣとＤのスイッチをおしたあと、明かりがついていたのは①と②と④の電球であった。

ヒント（う）：全ての電球の明かりが消えている状態で、ＡとＤとＥのスイッチをおしたあと、明かりがついていたのは①と④の電球であった。

花　子：Ａのスイッチは、②と③の電球の明かりをつけるスイッチなんだね。

太　郎：Ａのスイッチは、②と③の電球の明かりを消すこともあるよ。②と③の電球の明かりがついている状態で、Ａのスイッチをおすと、②と③の電球の明かりは消えるんだ。

花　子：①と④の電球の明かりがついている状態で、Ａのスイッチをおしても、①と④の電球の明かりはついたままなのかな。

太　郎：そうだよ。Ａのスイッチをおしても、①と④の電球の明かりは何も変化しないんだ。

花　子：Ａ以外にも、②の電球の明かりをつけたり消したりするスイッチがあるのかな。

太　郎：あるよ。だから、Ａのスイッチをおして②の電球の明かりがついたのに、ほかのスイッチをおすと②の電球の明かりを消してしまうこともあるんだ。

花　子：ヒントでは３個のスイッチをおしているけれど、おす順番によって結果は変わるのかな。

太　郎：どの順番でスイッチをおしても、結果は同じだよ。だから、順番は考えなくていいよ。

花　子：ここまで分かれば、クイズの答えが出そうだよ。

太　郎：ちょっと待って。このままではクイズの答えが全ては出せないと思うんだ。ヒントがあと１個必要ではないかな。

花　子：これまで分かったことを、表を使って考えてみるね。スイッチをおしたときに、電球の明かりがつく場合や消える場合には○、何も変化しない場合には×と書くよ。（**表２**）

表２　花子さんが書きこんだ表

	①の電球	②の電球	③の電球	④の電球
Ａのスイッチ	×	○	○	×
Ｂのスイッチ				
Ｃのスイッチ				
Ｄのスイッチ				
Ｅのスイッチ				

太　郎：Ａのスイッチのらんは全て書きこめたね。それでは、**ヒント（あ）**から考えてみようか。

花　子：**ヒント（あ）**を見ると、①の電球の明かりがついたね。でも①の電球のらんを見ると、Ａのスイッチは×だから、ＢとＣのスイッチのどちらか一方が○でもう一方が×になるね。

太　郎：つまり、AとBとCのスイッチの①の電球のらんは、次の**表3**のようになるね。

表3　①の電球について**太郎**《たろう》さんが示した表

	①の電球
Aのスイッチ	×
Bのスイッチ	○
Cのスイッチ	×

または

	①の電球
Aのスイッチ	×
Bのスイッチ	×
Cのスイッチ	○

花　子：次は、③の電球を考えてみよう。**ヒント（あ）**では、③の電球の明かりもついたね。

太　郎：③の電球のらんを見ると、Aのスイッチは○だから、BとCのスイッチは、次の**表4**のようになるね。

表4　③の電球について**太郎**さんが示した表

	③の電球
Aのスイッチ	○
Bのスイッチ	○
Cのスイッチ	○

または

	③の電球
Aのスイッチ	○
Bのスイッチ	×
Cのスイッチ	×

花　子：次は、**ヒント（い）**を見ると、①の電球の明かりがついたね。

太　郎：**ヒント（あ）**で、①の電球はBとCのスイッチのどちらか一方が○でもう一方が×になると分かったね。だから、Dのスイッチの①の電球のらんには×と書けるんだ。

花　子：さらに、**ヒント（う）**を見ると、①の電球の明かりがついたね。AとDのスイッチの①の電球のらんは×なので、Eのスイッチの①の電球のらんには○が書けるよ。（**表5**）

表5　**太郎**さんと**花子**さんがさらに書きこんだ表

	①の電球	②の電球	③の電球	④の電球
Aのスイッチ	×	○	○	×
Bのスイッチ				
Cのスイッチ				
Dのスイッチ	×			
Eのスイッチ	○			

太　郎：ほかの電球についても考えていくと、DとEのスイッチの②から④の電球のらんの○と×が全て書きこめるね。

花　子：でも、BとCのスイッチについては、○と×の組み合わせが何通りかできてしまうよ。

太　郎：やはり、ヒントがあと1個必要なんだ。**ヒント（え）**を次のようにしたら、○と×が一通りに決まって、表の全てのらんに○と×が書きこめたよ。

> **ヒント（え）**：全ての電球の明かりが消えている状態で、□と□と□のスイッチをおしたあと、明かりがついていたのは①と②の電球であった。

〔問題2〕　**表5**の全てのらんに○か×を書きこむための**ヒント（え）**として、どのようなものが考えられますか。解答用紙の**ヒント（え）**の□に、A～Eの中から異《こと》なる3個のアルファベットを書きなさい。また、**ヒント（あ）**～**ヒント（う）**と、あなたが考えた**ヒント（え）**をもとにして、解答用紙の**表5**の空いているらんに○か×を書きなさい。

2023(R5) 富士高附属中
K 教英出版

2　**花子**さんと**太郎《たろう》**さんは、社会科の時間に産業について、**先生**と話をしています。

花　子：これまでの社会科の授業で、工業には、自動車工業、機械工業、食料品工業など、多様な種類があることを学びました。

太　郎：私《わたし》たちの生活は、さまざまな種類の工業と結び付いていましたね。

先　生：私たちの生活に結び付いているのは、工業だけではありませんよ。多くの産業と結び付いています。

花　子：工業のほかにどのような産業があるのでしょうか。

太　郎：たしかに気になりますね。おもしろそうなので、調べてみましょう。

花子さんと**太郎**さんは、産業について調べた後、**先生**と話をしています。

花　子：工業のほかにも、農業や小売業など、たくさんの産業があることが分かりました。同じ産業でも、農業と小売業では特徴《とくちょう》が異《こと》なりますが、何か分け方があるのでしょうか。

先　生：産業は大きく分けると、第１次産業、第２次産業、第３次産業の３種類に分類することができます。

太　郎：それらは、どのように分類されているのですか。

先　生：第１次産業は、自然に直接働きかけて食料などを得る産業で、農業、林業、漁業のことをいいます。第２次産業は、第１次産業で得られた原材料を使用して、生活に役立つように商品を製造したり、加工したりする産業で、工業などのことをいいます。第３次産業は、第１次産業や第２次産業に分類されない産業のことで、主に仕入れた商品を販売《はんばい》する小売業などの商業や、物を直接生産するのではなく、人の役に立つサービス業などのことをいいます。

花　子：大きく区分すると、三つの産業に分類されるのですね。では、日本の産業全体でどれくらいの人が働いているのでしょうか。

太　郎：働いている人のことを就業者《しゅうぎょうしゃ》といいます。日本の産業全体の就業者数を調べてみましょう。

花子さんと**太郎**さんは、日本の産業全体の就業者数について調べました。

花　子：産業全体の就業者数を３０年ごとに調べてみると、１９６０年は約４３７０万人、１９９０年は約６１３７万人、２０２０年は約５５８９万人でした。

太　郎：就業者数は１９６０年、１９９０年、２０２０年と変化しているのですね。それぞれの産業別では、どれくらいの人が働いているのでしょうか。

花　子：私は、第１次産業、第２次産業、第３次産業、それぞれの産業で働いている人の年齢《ねんれい》がどのように構成されているのかを知りたいです。

太　郎：では、今、三つに分類した産業別の就業者数を年齢層《ねんれいそう》ごとに調べ、一つの図にまとめてみましょう。

花子さんと**太郎**さんは、１９６０年、１９９０年、２０２０年における年齢層ごとの産業別の就業者数を調べ、年ごとにグラフ（**図１**）を作成しました。

図1　１９６０年、１９９０年、２０２０年における年齢層《ねんれいそう》ごとの産業別の就業者数《しゅうぎょうしゃすう》

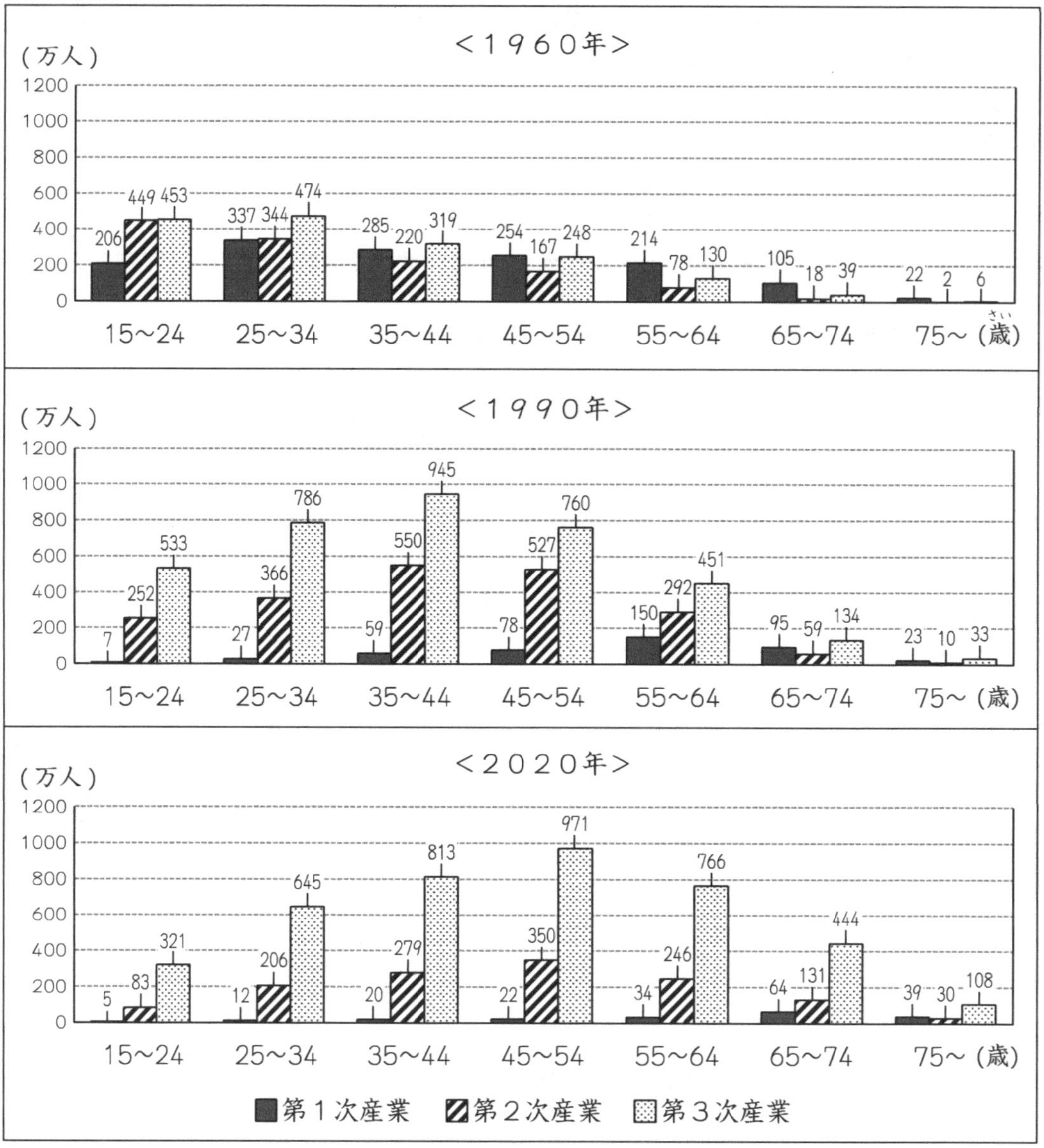

（国勢調査《こくせいちょうさ》より作成）

花　子：**図1**から、１９６０年、１９９０年、２０２０年で産業別の就業者数と就業者数の最も多い年齢層が変化していることが分かりますね。

太　郎：では、１９６０年、１９９０年、２０２０年を比べて、産業別の就業者数と就業者数の最も多い年齢層の変化の様子を読み取りましょう。

〔問題１〕　**太郎**さんは「１９６０年、１９９０年、２０２０年を比べて、産業別の就業者数と就業者数の最も多い年齢層の変化の様子を読み取りましょう。」と言っています。第２次産業、第３次産業のいずれか一つを選び、１９６０年、１９９０年、２０２０年における、産業別の就業者数と就業者数の最も多い年齢層がそれぞれどのように変化しているか、**図1**を参考にして説明しなさい。

太　郎：グラフを読み取ると、約６０年間の産業別の就業者数と年齢層ごとの就業者数の変化の様子がよく分かりましたね。

花　子：そうですね。ところで、第１次産業に就業している人が、自然に直接働きかけて食料などを得ること以外にも、取り組んでいる場合がありますよね。

太　郎：どういうことですか。

花　子：夏休みにりんご農園へ行ったとき、アップルパイの製造工場があったので見学しました。りんごの生産者がアップルパイを作ることに関わるだけでなく、完成したアップルパイを農園内のお店で販売していました。

先　生：たしかに、りんごを生産する第１次産業、そのりんごを原材料としたアップルパイの製造をする第２次産業、アップルパイの販売をする第３次産業と、同じ場所でそれぞれの産業の取り組みが全て見られますね。二人は、「６次産業化」という言葉を聞いたことはありますか。

太　郎：初めて聞きました。「６次産業化」とは何ですか。

先　生：「６次産業化」とは、第１次産業の生産者が、第２次産業である生産物の加工と、第３次産業である流通、販売、サービスに関わることによって、生産物の価値《かち》をさらに高めることを目指す取り組みです。「６次産業化」という言葉の「６」の数字は、第１次産業の「１」と第２次産業の「２」、そして第３次産業の「３」の全てを足し合わせたことが始まりです。

花　子：そうなのですね。生産物の価値を高めるのは、売り上げを増加させることが目的ですか。

先　生：第１次産業の生産者の売り上げを増加させ、収入《しゅうにゅう》を向上させることが目的です。

太　郎：つまり、「６次産業化」によって、売り上げが増加し、第１次産業の生産者の収入向上につながっているのですね。

先　生：農林水産省《のうりんすいさんしょう》のアンケート調査では、「６次産業化」を始める前と後を比べて、「６次産業化」に取り組んだ農家の約７割《わり》が、年間の売り上げが増えたと答えています。

花　子：どのような取り組みを行って、売り上げは増加したのでしょうか。私は夏休みにりんご農園へ行ったので、農業における「６次産業化」の取り組みをもっとくわしく調べてみたいです。

太　郎：では、「６次産業化」によって売り上げが増加した農家の事例について、調べてみましょう。

太郎さんと**花子**さんは農業における「６次産業化」の取り組み事例について調べて、**先生**に報告しました。

花　子：ゆず農家の取り組み事例がありました。

先　生：「６次産業化」の取り組みとして、ゆずの生産以外に、どのようなことをしているのですか。

太　郎：ゆずを加工して、ゆずポン酢《ず》などを生産し、販売しています。

先　生：売り上げを増加させるために、具体的にどのような取り組みを行っていましたか。

花　子：インターネットを用いて販売先を広げました。その結果、遠くに住んでいる人が、商品を購入《こうにゅう》することができるようになっています。また、地域《ちいき》の使われなくなっていた農地を活用することで、ゆずの生産を増加させています。使われなくなっていた農地を活用した結果、土地が荒《あ》れるのを防ぐことができ、地域の防災にも役立っています。

太　郎：農家の人たちだけでなく、消費者や地域の人たちなどの農家以外の人たちにとっても利点があるということが分かりました。他の農家の取り組みも調べてみたいです。

花　子：では、他の農家ではどのような取り組みをしているのか、調べてみましょう。

図２　花子さんが調べた「*養鶏《ようけい》農家」の取り組み事例

<table>
<tr><td>（生産部門）
卵《たまご》</td><td>（加工部門）
プリン、オムライスなど</td><td>（販売《はんばい》部門）
カフェとレストランでの提供《ていきょう》やインターネットを用いた通信販売</td></tr>
<tr><td colspan="3"><具体的な取り組み>
①カフェ事業を始めた結果、来客数が増加した。
②宿泊施設《しゅくはくしせつ》で宿泊者に対して、卵や地元の食材を活用した料理を提供している。
③飼育体験・お菓子《かし》作り体験・カフェ店員体験などを実施《じっし》している。</td></tr>
</table>

＊養鶏《ようけい》：卵《たまご》や肉をとるためにニワトリを飼うこと。

（農林水産省《のうりんすいさんしょう》ホームページなどより作成）

図３　太郎《たろう》さんが調べた「しいたけ農家」の取り組み事例

<table>
<tr><td>（生産部門）
しいたけ</td><td>（加工部門）
しいたけスープなど</td><td>（販売《はんばい》部門）
レストランでの提供《ていきょう》やインターネットを用いた通信販売</td></tr>
<tr><td colspan="3"><具体的な取り組み>
④色や形が不揃《ふぞろ》いで出荷《しゅっか》できず、捨《す》てていたしいたけを加工し、新たな商品やレストランのメニューなどを開発し、提供している。
⑤しいたけの加工工場見学などの新しい観光ルートを提案した結果、旅行客が増えた。
⑥地元の会社と協力して加工商品を開発し、販売している。</td></tr>
</table>

（農林水産省《のうりんすいさんしょう》ホームページなどより作成）

太　郎：さまざまな「６次産業化」の取り組みが、行われていることが分かりました。

花　子：「６次産業化」には、さまざまな利点があるのですね。

太　郎：そうですね。「６次産業化」は、これからの第１次産業を発展《はってん》させていく上で、参考になるかもしれませんね。

〔問題２〕　**花子**さんは「「６次産業化」には、さまざまな利点があるのですね。」と言っています。**図２**の①～③、**図３**の④～⑥の＜具体的な取り組み＞の中から一つずつ取り組みを選び、それらに共通する利点を答えなさい。なお、農家の人たちの立場と農家以外の人たちの立場から考え、それぞれ説明すること。

３　**花子**さんと**太郎**《たろう》さんが水滴《すいてき》について話をしています。

花　子：雨が降《ふ》った後、いろいろな種類の植物の葉に水滴がついていたよ。
太　郎：植物の種類によって、葉の上についていた水滴の形がちがったよ。なぜなのかな。
花　子：葉の形や面積と関係があるのかな。調べてみよう。

二人は、次のような**実験１**を行いました。

実験１
手順１　次の**ア**～**オ**の５種類の葉を、それぞれ１枚《まい》ずつ用意し、葉の形の写真をとる。
　　ア　アジサイ　**イ**　キンモクセイ　**ウ**　イチョウ　**エ**　ツバキ　**オ**　ブルーベリー
手順２　１枚の葉の面積を、**図１**のように方眼用紙を用いて求める。
手順３　それぞれの葉の表側に、約５ｃｍの高さからスポイトで水を４滴《てき》分たらす。そして、葉についた水滴を横から写真にとる。

図１　方眼用紙と葉
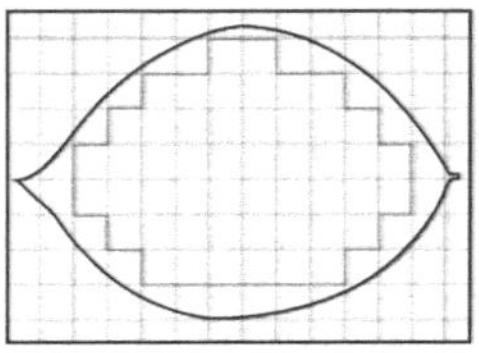

実験１の記録は、**表１**のようになりました。

表１　**実験１**の記録

	ア	**イ**	**ウ**	**エ**	**オ**
葉の形			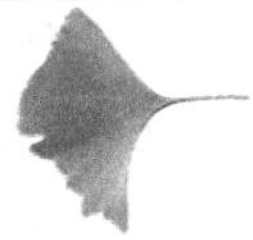		
葉の面積（ｃｍ^2）	１１１	２２	３６	１８	１７
水滴《すいてき》の写真	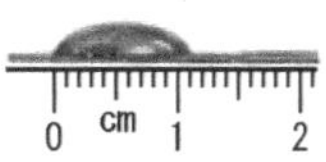	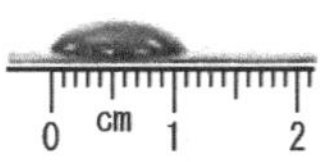	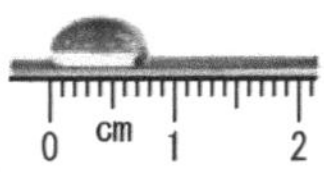	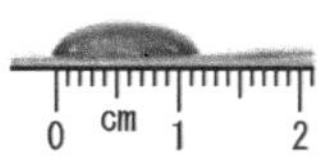	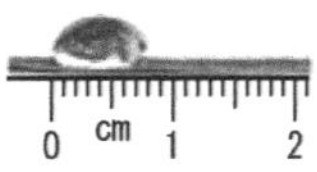

太　郎：**ア**～**オ**の中に、葉を少しかたむけると、水滴が転がりやすい葉と水滴が転がりにくい葉があったよ。
花　子：葉の上で水滴が転がりやすいと、葉から水が落ちやすいのかな。
太　郎：それを調べるために、葉の表側を水につけてから引き上げ、どれだけの量の水が葉についたままなのか調べてみよう。
花　子：葉についたままの水の量が分かりやすいように、葉は１０枚使うことにしましょう。

二人は、次のような**実験２**を行いました。

実験２

手順１　**実験１**の**ア**～**オ**の葉を、新しく１０枚ずつ用意し、１０枚の葉の重さをはかる。

手順２　**図２**のように、手順１で用意した葉の表側を１枚ずつ、容器に入った水につけてから引き上げ、水につけた後の１０枚の葉の重さをはかる。

手順３　手順１と手順２ではかった重さから、１０枚の葉についたままの水の量を求める。

図２　葉と水

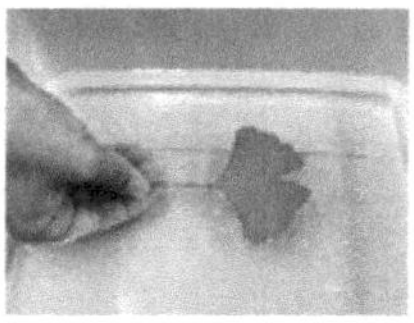

１０枚の葉についたままの水の量は、**表２**のようになりました。

表２　１０枚《まい》の葉についたままの水の量

	ア	**イ**	**ウ**	**エ**	**オ**
１０枚の葉についたままの水の量（g）	１１.６	２.１	０.６	１.８	０.４

太　郎：**表２**の１０枚の葉についたままの水の量を、少ないものから並《なら》べると、**オ**、**ウ**、**エ**、**イ**、**ア**の順になるね。だから、この順番で水滴が転がりやすいのかな。

花　子：**表１**の葉の面積についても考える必要があると思うよ。**表２**の１０枚の葉についたままの水の量を**表１**の葉の面積で割《わ》った値《あたい》は、**ア**と**イ**と**エ**では約０．１になり、**ウ**と**オ**では約０．０２になったよ。

太　郎：**表１**の水滴の写真から分かることもあるかもしれないね。

〔問題１〕（１）　**表１**と**表２**と会話文をもとに、水滴《すいてき》が転がりやすい葉１枚《まい》と水滴が転がりにくい葉１枚を選びます。もし**ア**の葉を選んだとすると、もう１枚はどの葉を選ぶとよいですか。**イ**、**ウ**、**エ**、**オ**の中から一つ記号で答えなさい。

（２）　**花子**さんは、「**表２**の１０枚の葉についたままの水の量を**表１**の葉の面積で割《わ》った値《あたい》は、**ア**と**イ**と**エ**では約０．１になり、**ウ**と**オ**では約０．０２になったよ。」と言いました。この発言と**表１**の水滴の写真をふまえて、水滴が転がりやすい葉か転がりにくい葉か、そのちがいをあなたはどのように判断したか説明しなさい。

太　郎：葉についた水滴《すいてき》について調べたけれど、汗《あせ》が水滴のようになることもあるね。
花　子：汗をかいた後、しばらくたつと、汗の水分はどこへいくのかな。
太　郎：服に吸収《きゅうしゅう》されると思うよ。ここにある木綿《もめん》でできたＴシャツとポリエステルでできたＴシャツを使って、それぞれの布について調べてみよう。

二人は、次のような**実験３**を行いました。

実験３

手順１　木綿でできたＴシャツとポリエステルでできたＴシャツから、同じ面積にした木綿の布３０枚《まい》とポリエステルの布３０枚を用意し、重さをはかる。水の中に入れ、引き上げてからそれぞれ重さをはかり、増えた重さを求める。

手順２　新たに手順１の布を用意し、スタンプ台の上に布を押《お》しあてて黒色のインクをつける。次に、インクをつけた布を紙の上に押しあてて、その紙を観察する。

手順３　新たに手順１の木綿の布３０枚とポリエステルの布３０枚を用意し、それぞれ平らに積み重ねて横から写真をとる。次に、それぞれに２kgのおもりをのせて、横から写真をとる。

実験３は、**表３**と**図３**、**図４**のようになりました。

表３　手順１の結果

	木綿《もめん》の布	ポリエステルの布
増えた重さ（g）	１４．１	２４．９

図３　手順２で観察した紙

木綿の布	ポリエステルの布
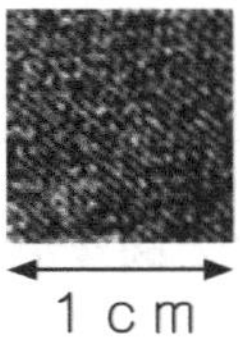	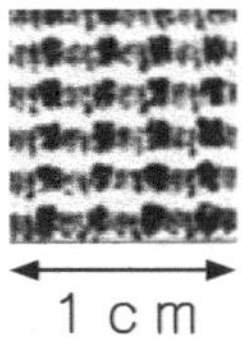

図４　手順３で布を積み重ねて横からとった写真

木綿の布		ポリエステルの布	
おもりなし	おもりあり	おもりなし	おもりあり
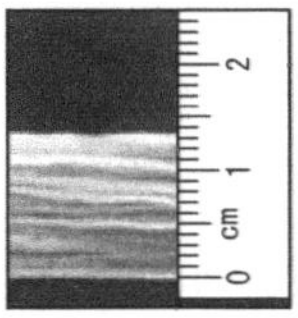	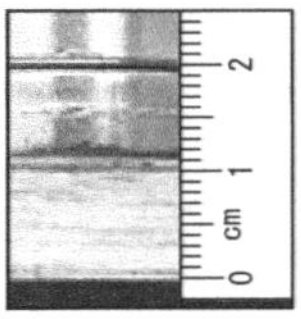	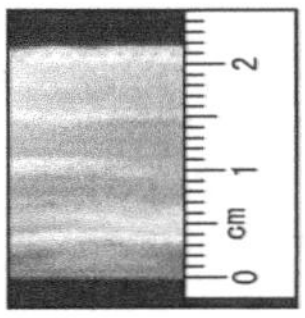	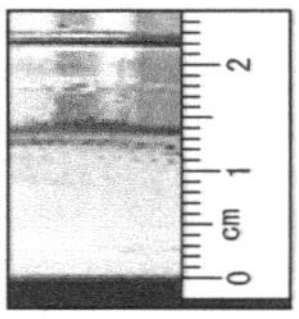

花　子：汗の水分は服に吸収されるだけではなく、蒸発《じょうはつ》もすると思うよ。
太　郎：水を通さないプラスチックの箱を使って、調べてみよう。

二人は、次のような**実験４**を行いました。

実験4

手順1　同じ布でできたシャツを3枚用意し、それぞれ水150gを吸収させ、プラスチックの箱の上にかぶせる。そして、箱とシャツの合計の重さをそれぞれはかる。

手順2　手順1のシャツとは別に、木綿でできたTシャツとポリエステルでできたTシャツを用意し、それぞれ重さをはかる。そして、**図5**のように、次の**カ**と**キ**と**ク**の状態をつくる。

図5　カとキとクの状態

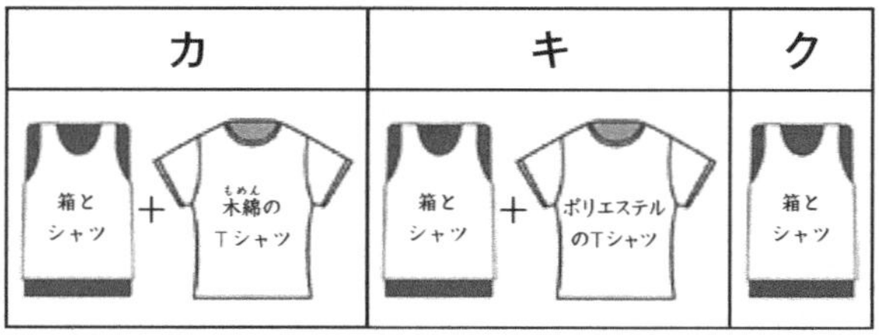

カ　箱とシャツの上に、木綿のTシャツをかぶせた状態

キ　箱とシャツの上に、ポリエステルのTシャツをかぶせた状態

ク　箱とシャツの上に何もかぶせない状態

手順3　手順2の**カ**と**キ**については、60分後にそれぞれのTシャツだけを取って、箱とシャツの合計の重さとTシャツの重さをそれぞれはかる。手順2の**ク**については、60分後に箱とシャツの合計の重さをはかる。

実験4の結果は、**表4**のようになりました。

表4　箱とシャツの合計の重さとTシャツの重さ

	カ		キ		ク
	箱とシャツ	Tシャツ	箱とシャツ	Tシャツ	箱とシャツ
はじめの重さ　(g)	1648.3	177.4	1648.3	131.5	1648.3
60分後の重さ (g)	1611	189.8	1602.4	150.3	1625.2

花　子：**表4**から、60分たつと、箱とシャツの合計の重さは、**カ**では37.3g、**キ**では45.9g、**ク**では23.1g、それぞれ変化しているね。

太　郎：Tシャツの重さは、**カ**では12.4g、**キ**では18.8g、それぞれ変化しているよ。

〔問題2〕（1）**実験3**で用いたポリエステルの布の方が**実験3**で用いた木綿《もめん》の布に比べて水をより多く吸収《きゅうしゅう》するのはなぜですか。**図3**から考えられることと**図4**から考えられることをふまえて、説明しなさい。

（2）**実験4**の手順2の**カ**と**キ**と**ク**の中で、はじめから60分後までの間に、箱とシャツの合計の重さが最も変化しているのは、**表4**から**キ**であると分かります。蒸発《じょうはつ》した水の量の求め方を説明し、**キ**が最も変化する理由を答えなさい。

適性検査Ⅲ

注　　意

1　問題は **1** から **2** までで、**１２ページ**にわたって印刷してあります。

2　検査時間は**４５分**で、終わりは**午後０時３５分**です。

3　声を出して読んではいけません。

4　計算が必要なときは、この問題用紙の余白を利用しなさい。

5　答えは全て解答用紙に明確に記入し、**解答用紙だけを提出しなさい。**

6　答えを直すときは、きれいに消してから、新しい答えを書きなさい。

7　**受検番号**を解答用紙の決められたらんに記入しなさい。

東京都立富士高等学校附属中学校

問題は次のページからです。

1　小学６年生の**ナオ**さんは、同じクラスの**ジュン**さんと小学生向け理科実験教室の会場に行くことにしました。**ジュン**さんとはａ駅で待ち合わせをしています。**ナオ**さんは自宅《じたく》からａ駅まで自転車で向かい、ａ駅で**ジュン**さんと合流して電車に乗り、目的地近くのｂ駅まで行きます。そこからは徒歩で目的地の理科実験教室の会場に向かいます。二人は自宅を出発する前に電話で確認《かくにん》をしています。

ナ　オ：今日は駅に集合だよね。私《わたし》の家は駅まで少し遠いから、自転車で行くね。
ジュン：電車に乗ってｂ駅に着いたら、徒歩で理科実験教室の会場に行こう。
ナ　オ：理科実験教室の会場は午前１０時に開くね。
ジュン：会場が開く１０分前には着いておきたいな。
ナ　オ：午前９時ぐらいに家を出ればよいのかな。
ジュン：くれぐれも安全に気を付けてね。

〔問題１〕　**ナオ**さんの自宅《じたく》からａ駅までは１．８ｋｍ、目的地近くのｂ駅から理科実験教室の会場までは８７０ｍあります。**ナオ**さんと**ジュン**さんが電車に乗っている時間は２８分間、二人が歩く速さは分速６０ｍとします。**ナオ**さんが家を出発してから**ジュン**さんと二人で目的地に着くまでの時間が５０分以内となるためには、**ナオ**さんの自転車は最低でも時速何ｋｍで進めばよいでしょうか。ただし、駅での待ち時間や駅の中での移動時間、自転車をとめる時間などは考えないものとします。

このページには問題は印刷されていません。

ナオさんと**ジュン**さんは、理科実験教室の会場に来るときに乗った電車について話をしています。乗っているときにあることに気が付いた**ナオ**さんは、理科実験教室の**先生**に質問することにしました。

ナ　オ：こんにちは、**先生**。今日、電車に乗っているときに気が付いたのですが、車内に長さがちがう２種類のつりかわがあって、それぞれゆれ方がちがっていました。どうしてですか。

図１　長さのちがうつりかわがゆれている図

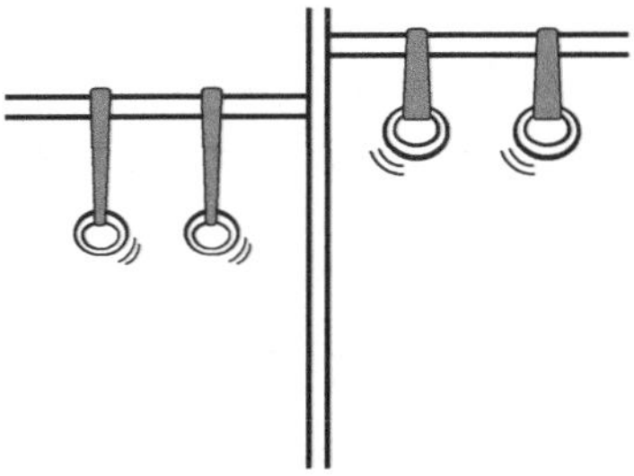

ジュン：確かに、優先席《ゆうせんせき》の前にあるつりかわは他のものより長かったね。短いつりかわは短いものどうし、長いつりかわは長いものどうしで同じようにゆれていたけれど、短いつりかわと長いつりかわのゆれ方はちがっていたね。ふりこの、糸やひもの長さと、１往復するのにかかる時間には関係があると理科で習ったね。

先　生：このふりこの実験装置《そうち》を使って実験してみましょう。この装置には６個のふりこがついていますが、糸の長さを少しずつ変えてあります。ふりこの糸を２本にすると、ふれる方向が限定されて、おもりどうしがぶつからないようになっています。実際に装置を使うといろいろなことが分かりますよ。

図２　６個のふりこの実験装置《そうち》

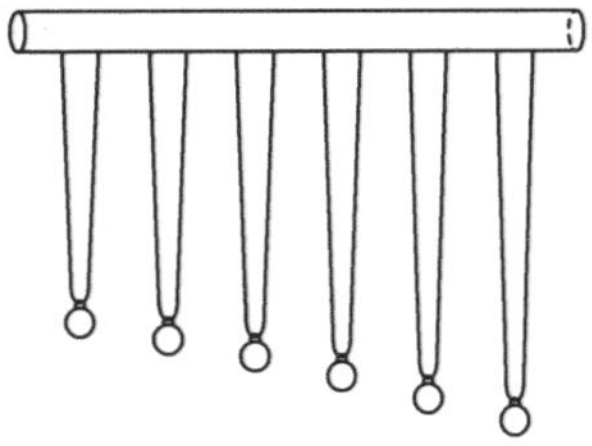

ナ　オ：糸の長さが長い方が、１往復するのにかかる時間が長くなるんだね。つりかわのゆれ方がちがっていたのはそのせいだったんだ。

先　生：この６個のふりこはそれぞれ同じふれはばから動かし始めた場合、１分間で３０往復ふれるふりこ㉚、３１往復ふれるふりこ㉛、３２往復ふれるふりこ㉜、３３往復ふれるふりこ㉝、34 往復ふれるふりこ㉞、３５往復ふれるふりこ㉟というように、１分間で１回ずつ往復する回数が変わるように長さを調節してあります。この装置を使って、実験をする前に、結果を予想してみましょう。

〔問題２〕　ふりこ㉚からふりこ㉟までの６個のふりこを全て右に同じふれはばに引っ張り、勢いをつけずに同時に放した後、１５秒後に左にあるふりこをすべて選び、そのふりこを丸で囲みなさい。なお、それぞれふれはばの両はしで、スタートした位置が右、その反対側が左とします。

図３　ふりこが右と左にふれる様子

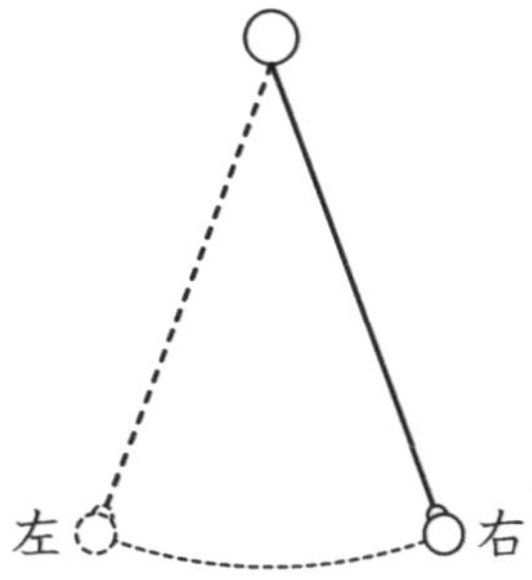

ナオさんと**ジュン**さんは、理科実験教室で電車についての話を続けています。

ナ　オ：鉄道にも道路と同じように信号機がついているよね。調べてみたけれど、いろいろな形があるみたいだよ。

ジュン：点灯しているライトが変わって、進行や注意、停止を表す、**図4**のような中けい信号機というものもあるみたいだ。

図4　中けい信号機

先　生：特定のタイミングで点灯するライトが変わるので、光が動いているように見えますね。中けい信号機が光を点灯させる仕組みとはちがいますが、規則によって点の位置が変わる「富士スパイラル」というコンピューターのプログラムがあります。富士スパイラルでは点を以下のように表します。

> 富士スパイラルの点の表し方
>
> ・①、②、③のように数字を丸で囲んだものを「記号○」とし、1、2、3のように数字の下に二重線を引いたものを「記号＿」とする。どちらの記号も基準の点からいくつはなれているかを示している。
>
> ・基準の点をAとし、位置を（0, 0）と表すこととする。（　,　）の中の左側に入るものが点Aから左右にどれだけはなれているか、右側に入るものが点Aから上下にどれだけはなれているかを示している。
>
> ・記号○は、数字の部分が点Aから右または上にどれだけはなれているかを示している。記号＿は、数字の部分が点Aから左または下にどれだけはなれているかを示している。

ジュン：この富士スパイラルは、①、②、③のような記号○や1、2、3のような記号＿を（　,　）の中に入れて点の位置を表すんだね。

ナ　オ：画面の中の**図5**の点Bの位置は（②,⑤）と表されるんだね。同じように、点Cの位置は（9,①）、点Dの位置は（3,4）、点Eの位置は（⑥,7）、点Fの位置は（⑤, 0）と表せるね。

図5　画面に表示された点Aと点B、点C、点D、点E、点Fの図

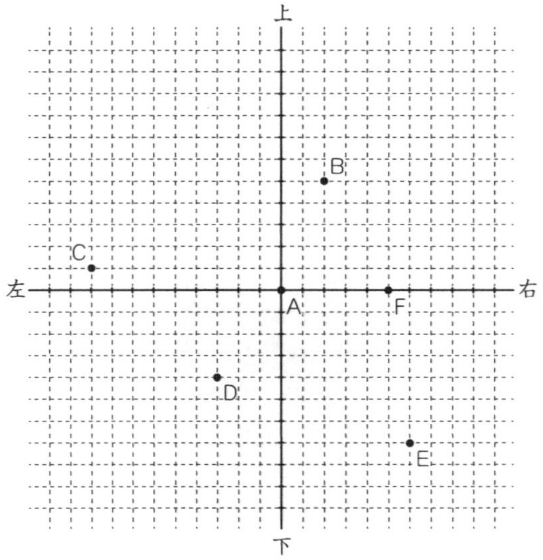

先　生：この富士スパイラルを使ってさまざまな操作《そうさ》を行うと、画面上で最初に設定した点がいろいろな位置に動きます。点Aを中心に回転しているように動くから富士スパイラルという名前なんですね。

ジュン：富士スパイラルにはどんな操作があるんですか。

先　生：富士スパイラルには二つの操作があります。**操作《そうさ》≪フ≫**の手順については以下のとおりになっています。手順の説明を読んで、実際に動かしてみましょう。

操作《そうさ》≪フ≫の手順

手順あ　（　,　）の中の左側に入っているものと右側に入っているものを入れかえる。

手順い　入れかえた後の左側の記号
・1、2、3のような記号＿のとき数字はそのままで①、②、③のような記号○に変こうする。
・①、②、③のような記号○のとき数字はそのままで1、2、3のような記号＿に変こうする。

手順う　入れかえた後の右側の記号
・そのままにしておく。

〔問題3〕　**操作《そうさ》≪フ≫**を行うと、元の点が点Aを中心にある角度だけ回転します。（3,4）の位置にある点Dに対して**操作≪フ≫**を1回行ったところ、点Dの位置は（④,3）に移動しました。その後、さらに続けて、**操作≪フ≫**を3回行った後の、点Dの位置を答えなさい。

解答用紙

適性検査Ⅰ

1

〔問題1〕15点

ことを思わせる隙間《すきま》や傷《きず》のある家具などが、

新しい命を感じさせるから。

〔問題2〕25点

〔問題3〕60点

※100点満点

受検番号

得点
※

※のらんには、記入しないこと。

解答用紙　適性検査Ⅱ

※100点満点

受検番号

得点
※

※のらんには、記入しないこと

1

〔問題１〕20点

〔道順〕

スタート　　　　　　　　　　　　　　　　　　　　　　　　倉庫

(　　　　)→　　　　　　　　　　　　　　　　　　　　　　→ケ

〔式と文章〕

※

〔問題２〕20点

ヒント（え）：全ての電球の明かりが消えている状態で、

□と□と□のスイッチをおしたあと、

明かりがついていたのは①と②の電球であった。

表５　太《た》郎《ろう》さんと**花子**さんがさらに書きこんだ表

	①の電球	②の電球	③の電球	④の電球
Aのスイッチ	×	○	○	×
Bのスイッチ				
Cのスイッチ				
Dのスイッチ	×			
Eのスイッチ	○			

※

2

〔問題1〕15点

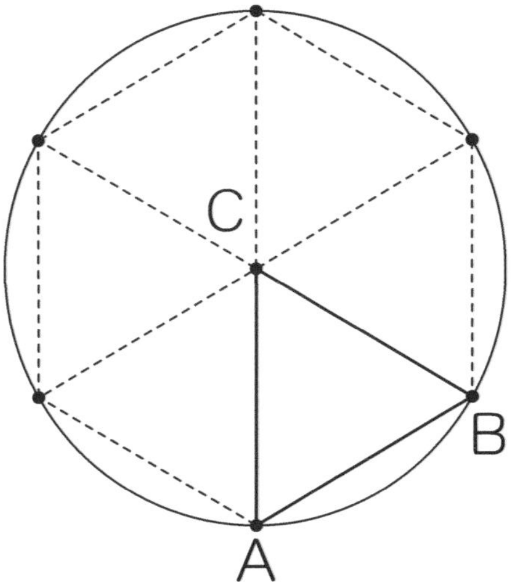

※

〔問題2〕15点

個

※

〔問題3〕20点

回転の回数の合計が２回

(　　　)→(　　　)

回転の回数の合計が４回

(　　　)→(　　　)→(　　　)→(　　　)

※

※100点満点

受　検　番　号

得　点
※

※のらんには、記入しないこと

解答用紙　適性検査Ⅲ

1

〔問題１〕15点

時速　　　　　　　　ｋｍ以上

※

〔問題２〕10点

ふりこ㉚　　ふりこ㉛

ふりこ㉜　　ふりこ㉝

ふりこ㉞　　ふりこ㉟

※

〔問題３〕10点

（　　，　　）

※

〔問題４〕15点

（１）		（２）	
（３）		（４）	

※

2

〔問題１〕15点

(選んだ一つを○で囲みなさい。) 第２次産業　　第３次産業

※

〔問題２〕15点

(**図２**と**図３**から一つずつ選んで○で囲みなさい。) **図２**：①　②　③　　**図３**：④　⑤　⑥
〔農家の人たちの立場〕
〔農家以外の人たちの立場〕

※

3

〔問題１〕14点

（１）

（２）

※

〔問題２〕16点

（１）

（２）

※

（5　富士）

440　400　300　200

※

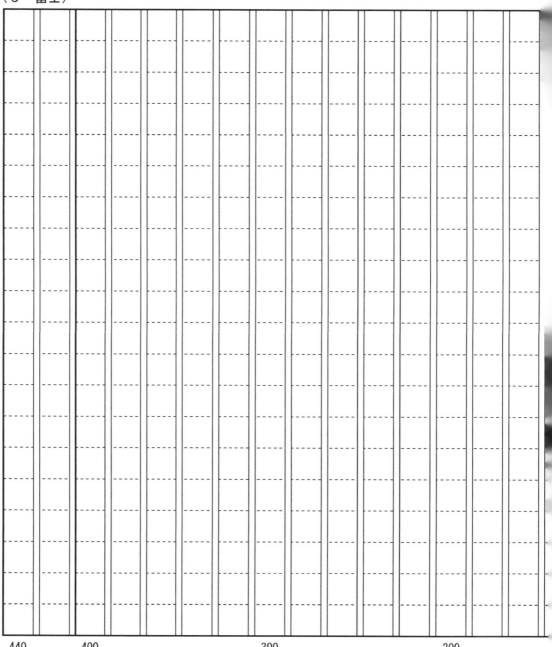

先　生：富士スパイラルには記号○や記号＿が出てきます。これらの記号どうしの計算に「富士算」というものがあります。富士算は＃を使った計算で、規則は以下のとおりです。

富士算の規則と例

・記号○どうしの場合は数字の部分のたし算をする。
例えば　②＃①＝③
・記号＿どうしの場合は数字の部分のたし算をする。
例えば　$\underline{1}$＃$\underline{2}$＝$\underline{3}$
・記号○と記号＿の場合は数字の部分が大きい方から小さい方を引いて、数字の部分が大きい方の記号にする。
例えば　③＃$\underline{1}$＝②、②＃$\underline{3}$＝$\underline{1}$
・記号○と記号＿の数字の部分が同じ場合は０とする。
例えば　①＃$\underline{1}$＝０

ナ　オ：記号○や記号＿を数字のように使って、＃を＋や－のように使っているんだね。
ジュン：少し難《むずか》しそうに見えるけど、実際にやってみると分かりやすいね。
先　生：富士スパイラルに行うもう一つの操作は、この富士算を使う**操作≪ジ≫**というものです。手順は以下のとおりです。手順の説明を読んで、実際に動かしてみましょう。

操作≪ジ≫の手順

操作後の（　，　）の中の左側に入るもの

手順え　操作前の（　，　）の中の右側が記号＿のとき、数字の部分はそのままで記号○に変こうする。
操作前の（　，　）の中の右側が記号○のとき、数字の部分はそのままで記号＿に変こうする。

手順お　手順えで変こうした記号と操作前の左側の記号について富士算を行い、（　，　）の中の左側に入れる。

操作後の（　，　）の中の右側に入るもの

手順か　操作前の（　，　）の中の左側の記号と右側の記号について富士算を行い、（　，　）の中の右側に入れる。

〔問題４〕 **図６**は点Ａと点Ｄを結んだ直線を延長《えんちょう》した直線の一部を示した図です。以下の文の （１） から （４） の中に正しい記号や数字を入れなさい。

点Ｄに**操作≪ジ≫**を１回行ったところ、点Ｄの位置は（ （１） , （２） ）に移動しました。続けて、**操作≪ジ≫**を点Ｄに （３） 回行ったところ、点Ａと点Ｄを結んだ直線を延長した直線の上に初めて点Ｄが移動しました。さらに続けて、**操作≪ジ≫**を点Ｄに （４） 回行ったところ、点Ａと点Ｄを結んだ直線を延長した直線の上に再び点Ｄが移動しました。

図６ 点Ａと点Ｄを結んだ直線を延長《えんちょう》した直線の一部を示した図

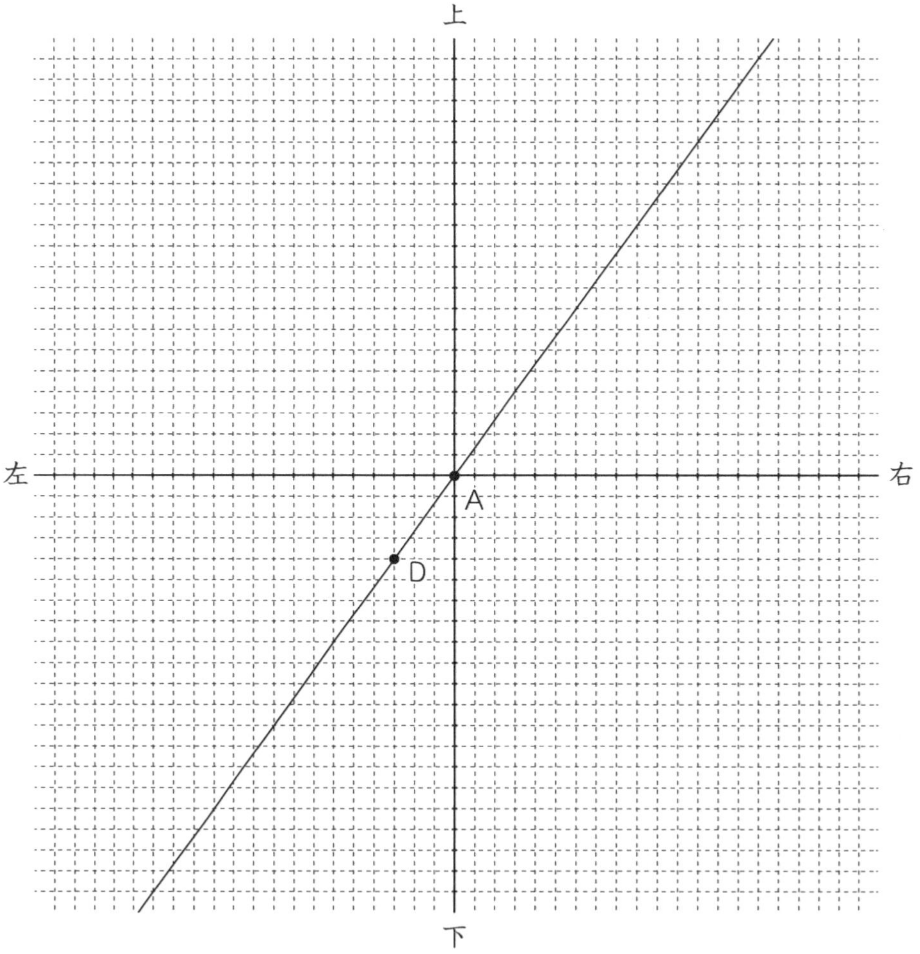

2　**ノリコ**さんと**アキラ**さんの学校では毎年秋に展覧会《てんらんかい》が行われます。二人のクラスは図形をテーマにしたかざりつけを行うことになり、二人は、正三角形を利用したかざりを作ることにしました。正三角形をそのまま使うかざりだけではなく、回転させて新しい図形をデザインしようとしています。

ノリコ：円形の台紙に、円周を６等分した位置に点をとって、中心とそれらの点を点線で**図１**のように結んでみたよ。真上から見たら正三角形となるように切った紙を円形の台紙の上に置くよ。台紙を真上から見たとき、正三角形の頂点《ちょうてん》をそれぞれＡ、Ｂ、Ｃとして、その正三角形の紙を「正三角形ＡＢＣ」と呼《よ》ぼう。真上から見たとき、点Ａ、点Ｂは円周を６等分した点にあり、点Ｃは円の中心にあるよ。

図１　円形の台紙

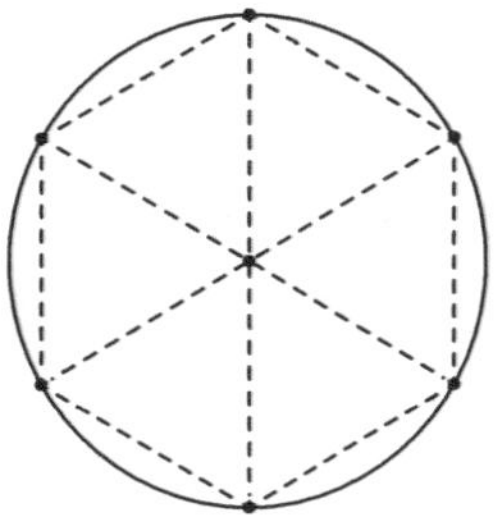

図２　円形の台紙の上に乗せた「正三角形ＡＢＣ」を真上から見た図

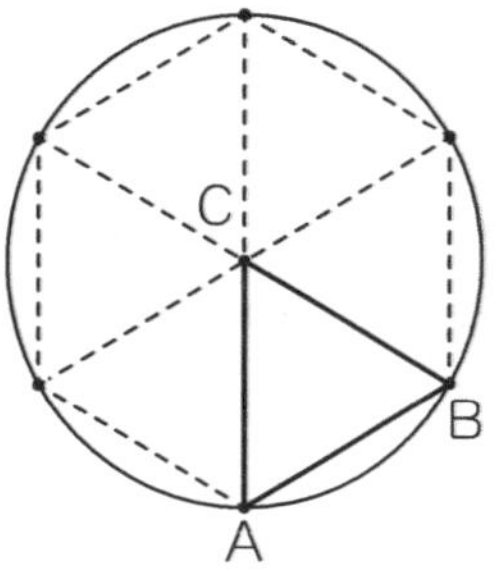

アキラ：図３の（ア）、（イ）、（ウ）のように真上から見て点Ｂを中心に、「正三角形ＡＢＣ」を点Ｃが円周上に来るまで時計回りに回転させるよ。これを「１回まわす」と呼ぶことにしよう。

図３　「正三角形ＡＢＣ」を１回まわした図

（ア）　（イ）　（ウ）

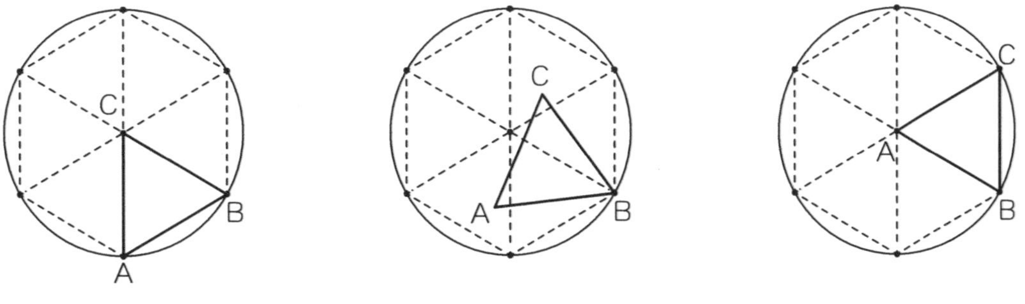

ノリコ：辺ＡＢは、点Ｂを中心に円の一部をえがくように移動しているね。

アキラ：辺ＢＣも点Ｂを中心に同じように移動しているね。辺ＡＢが**図３**の（ア）から（イ）へ移動した部分を囲み、しゃ線でかくと**図４**のようになるね。「正三角形ＡＢＣ」を１回まわすと辺ＡＣはどうなるかな。辺ＡＣが移動した部分をしゃ線でかいて、新しい図形のデザインとして使ってみよう。

図４　**図３**の辺ＡＢが（ア）から（イ）へ移動した部分を囲み、しゃ線でかいた図

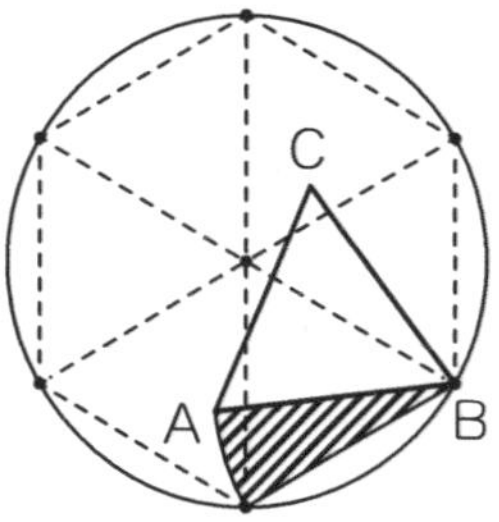

〔問題１〕 **図３**の（ア）から（ウ）へ「正三角形ＡＢＣ」を１回まわしたとき、辺ＡＣはどのように移動しますか。解答用紙の図で辺ＡＣが移動した部分を囲み、しゃ線でかきなさい。なお、解答にはコンパスとじょうぎを使用すること。

ノリコさんと**アキラ**さんは、展覧会の展示物《てんじぶつ》を作っています。立体の作品を作るため、アイデアを出し合っています。

アキラ：図5を見て。ＦとＪの形で、直方体の面を黒くぬってみたよ。黒くぬられている、見えている面から向かい合う面までまっすぐくりぬいて、反対側が見通せるようなものを作りたいな。

ノリコ：実際に大きな直方体に穴《あな》をあけるのは大変だから、**図6**のように、全体を小さな立方体の集まりと考えて作ってみようか。

アキラ：図6のように、小さな白い立方体どうしを接着すればうまく作れそうだね。小さな白い立方体がいくつ必要なのか、考えてみよう。

図5　**アキラ**さんが用意した模型《もけい》

図6　小さな立方体の集まりと考えた図

〔問題２〕　**図6**のような作品を作ります。小さな白い立方体の数は全部でいくつ必要になりますか。ただし、作品は立方体を縦《たて》に６個、横に５個並《なら》べたものを７段《だん》重ねたものから、黒くぬられた部分を反対側の面までくりぬいたものです。

ノリコさんと**アキラ**さんはかざりつけとして、とう明なボールを天井《てんじょう》からつり下げることにしました。一つのボールに１文字ずつ文字を書いてつるし、並《なら》べて見たときに文になるようにしたいのですが、なかなかうまくいきません。

ノリコ： 思ったよりもうまくいかないね。どうやってつるせば読みやすいのかな。あそこのボールは文字の向きが正しくないけれど、書きまちがえたのかな。

アキラ： 書きまちがえたのではなくて、回転させたままつるしてしまったから、書いた文字の裏側《うらがわ》が見えているのだね。**図７**のボールと**図８**のボールは回転させると同じ向きになるはずだよ。

図７　二人が作ったボール

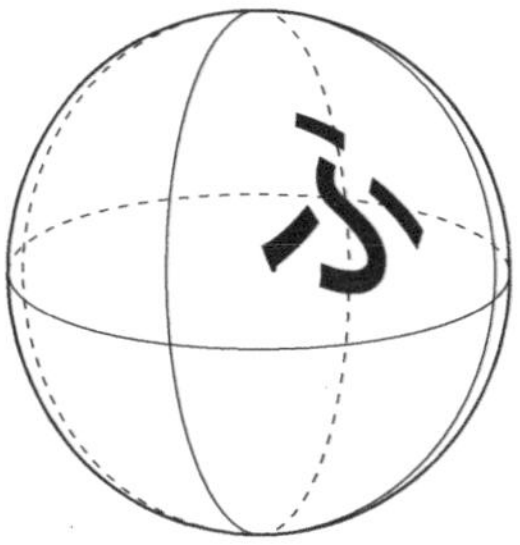

図８　回転させたままつるしたボール

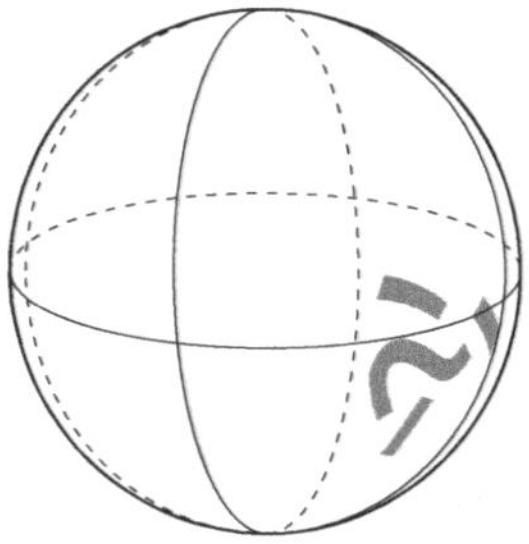

アキラ： ボールを八つに分け、分かれ目の線に沿《そ》った回転をそれぞれ**図９**のように回転ア、イ、ウ、エ、オ、カと呼ぼう。一回の回転を９０度ずつと決めると、ある回転を何回かしたときに、**図８**のボールが**図７**の向きになるのだね。

図９　ボールの回転の方向の名前

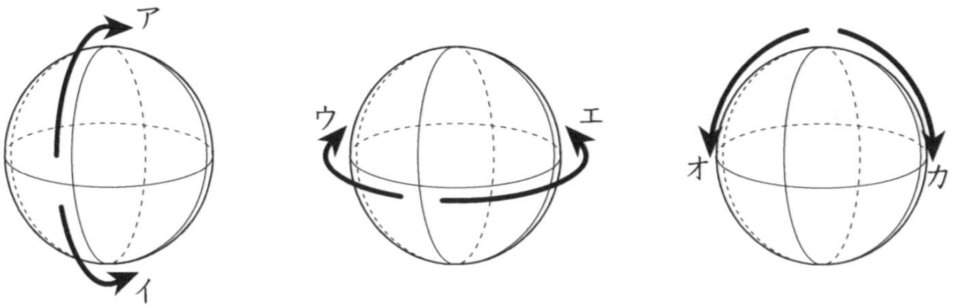

ノリコ： どの回転を何回させればいいのかな。

〔問題３〕　**図８**の状態から回転ア、イ、ウ、エ、オ、カをいくつか組み合わせて、**図７**の状態にします。どの順番で回転させればいいのか、解答らんに答えなさい。ただし、回転の回数の合計が２回のものと４回のものをそれぞれ答えなさい。また、回転アとイ、回転ウとエ、回転オとカはそれぞれ連続してはいけないものとします。

適性検査Ⅰ

注意

1　問題は **1** のみで、**6ページ**にわたって印刷してあります。

2　検査時間は**四十五分**で、終わりは**午前九時四十五分**です。

3　声を出して読んではいけません。

4　答えは全て解答用紙に明確に記入し、**解答用紙だけを提出しなさい。**

5　答えを直すときは、きれいに消してから、新しい答えを書きなさい。

6　**受検番号**を解答用紙の決められたらんに記入しなさい。

④

東京都立富士高等学校附属中学校

1 次の **文章1** と **文章2** とを読み、あとの問題に答えなさい。
（＊印のついている言葉には本文のあとに〈注〉があります。）

文章1

異世界《いせかい》への扉《とびら》は、思わぬところに潜《ひそ》んでいる。そして、その扉の存《そん》在《ざい》に気づくきっかけもまた、思わぬところに潜んでいる。

「貝殻《かいがら》拾いって、だれもがついやっちゃいますよね」

知り合いの編集者が、会話の中でこんなひとことを発した。

あらたな異世界への扉への気づきは、このひとことが始まりだった。

自然は特別な人のためのものではない。「だれもがやれてしまうようなことで自然とつきあえるというのは、大事なこと」とつねづね思っていただけに、このひとことには意表を突《つ》かれた。そして、どんなに身近な自然でも、どんなに手軽な方法でも、相手が自然であれば、思わぬ世界に通じることのできる可能性が、そこにある。

「そうか。貝殻拾いにはまだ、あらたなおもしろさがあるかもしれない」

そう思う。

この編集者のひとことをきっかけに、もう一度、貝拾いを本格的に再開してみようと僕《ぼく》は思った。ただ、少年時代のころのように、ひたすらに、たくさんの種類を拾い集めることを目標にしても意味はない。

なぜ貝殻を拾うのか。

貝殻を拾って、なにかが見えてくるのか。

そんなことを考えてみる。

これまた思わぬことに、あらたな貝殻拾いのヒントは、少年時代に拾い集めた貝殻コレクションの中に隠《かく》されていた。

少年時代に拾い集めた貝殻のうち、「これは」と思う種類……たとえばめったに拾うことのできなかったタカラガイの仲間など……は、紙箱に入れられ、僕の行く先々にともにあった。一方、そうして選ばれることのなかった貝殻は、実家の軒下《のきした》に放置されることになった。もう一度、貝殻拾いを見直してみようと思ったとき、僕は、そうして放置され、半ば＊雨ざらしになっていた貝殻をかきわけ、いくつか特徴的《とくちょうてき》な貝殻を取り上げ、沖縄に持って帰ることにした。

このとき、まず気づいたことがある。それは、「貝殻は丈夫《じょうぶ》だ」ということだ。少年時代に拾い上げ、その後、軒下に放置されていたのにもかかわらず、貝殻の形は崩《くず》れておらず、色もそれほどあせていなかった。耐水《たいすい》インクで貝殻に直接書き込《こ》んであったデータもまだ読み取れた。さらに雨ざらし状態から「救出」してきた貝殻のひとつを、沖縄に戻《もど》ってまじまじと見たら、気になる二枚貝《にまいがい》がひとつあることを発見してしまう。

擦《す》り切れた二枚貝の片方《かたほう》の殻で、白くさらされた貝殻は、さらにねずみ色にうっすらと染《そ》まっていた。二枚貝にしては殻の厚い貝だ。書き込《こ》まれたデータには一九七五年一二月一三日＊沖ノ島とあったが、僕自身にはこのような貝殻を拾い上げた記憶《きおく》はまったくなかった。少年時代につけていた貝殻採集の記録ノートを見返してみたが、当日の記録にも、該当《がいとう》する貝の記述はなかった。「うすよごれた二枚貝」として、さほど当時の僕は注目しなかったということだろう。

少年時代は拾い上げたことさえ認識《にんしき》していなかったこの貝は、あらためて図鑑《ずかん》で調べてみると、ハイガイという名前の貝であった。ハイガイというのは、殻《から》の厚いこの貝を焼いて、石灰《せっかい》をつくったことによっている。興味深いことは、この貝の分布地が図鑑によると、*伊勢湾《いせわん》以南となっていることだ。つまり千葉は、本来の分布地よりも北に位置する。そんな貝が、なぜ僕の貝殻コレクションに含《ふく》まれていたのだろう。

じつは、ハイガイは、今よりも水温の高かった縄文《じょうもん》時代《じだい》には*館山《たてやま》近辺にも生息していた。そのころの貝殻が、地層《ちそう》から洗《あら》い出されて海岸に打ち上がっていたわけだった。

これが、僕のあらたな貝殻拾いの視点《してん》のヒントとなる「発見」だった。貝殻は生き物そのものではなく、生き物のつくりだした構造物だ。そのため、かなり丈夫だ。それこそ、数千年前の縄文時代の貝殻が、海岸に転がっていても、*現生種の貝殻とすぐには見分けがつかないほどに。

貝殻は丈夫であるので、時を超《こ》えることができる。

すなわち、「貝殻拾いをすると、*タイムワープができるのではないだろうか」……それが僕のあらたな貝殻拾いの視点となった。

そんな目で探《さが》してみると、「今はいないはずの貝」があちこちで拾えることに気がついた。それは、いったい、いつごろの貝か。そして、なぜ、その貝はいなくなったのか。

たとえば少年時代に僕が雑誌《ざっし》の紹介《しょうかい》記事を読んであこがれた南の島が西表島《いりおもてじま》だ。イリオモテヤマネコで有名な「原始の島」というイメージのある島であるが、その一方、古くからこの島には人々《ひとびと》が住みついていた。そのため、西表島の海岸には、ところどころ貝塚《かいづか》が見られる。そうした貝塚の貝は、それこそ小さなころの僕が図鑑で見てあこがれたような貝……大型のタカラガイであるホシキヌタや、重厚《じゅうこう》なラクダガイ、これも大型の二枚貝であるシャコガイ類など……ばかりで、ついためいきをついてしまうのだが、それらの貝に混じってたくさんのセンニンガイの殻が見られる。センニンガイは、*マングローブ林に生息する、細長い巻貝《まきがい》だ。貝塚から見つかるということは当然食用にされていたというわけだが、現在の西表島のマングローブ林では、このセンニンガイは一切《いっさい》見つからない。*黒住《くろずみ》さんによると西表島や石垣島《いしがきじま》からは、センニンガイは一七世紀以降《いこう》、消滅《しょうめつ》したと考えられるという。どうやら人間の*採取圧《さいしゅあつ》によって、個体数を減らし、ついには絶滅《ぜつめつ》してしまったと考えられている（現在でも東南アジアに行くと、センニンガイを見ることができる。江ノ島《えのしま》などの観光地に行くと、外国産の貝殻の盛《も》り合わせがパックされて売られているが、ときにこの、外国産のセンニンガイが含まれているパックも目にする）。

こんなふうに、人間の影響《えいきょう》によって、地域《ちいき》で見られる貝が変わっていく。その移り変わりの歴史が、足元に転がる貝殻から見える。

そうした視点で貝殻拾いを始めたとき、僕は少年時代に拾えなかった貝があることにようやく気づいた。「なぜその貝がそこに落ちているのか」という問《とい》は、解決できるかどうかは別として、容易になしうる問だ。しかし、「なぜその貝がそこに落ちていないのか」という問は、その問に気づくこと自体が困難《こんなん》である。

　僕は貝殻の拾いなおしをし始めたことで、少年時代の自分の貝殻コレクションに、ハマグリが含まれていないのに初めて気づいたのである。ハマグリといえば、貝の名前をあまり知らない生徒や学生でも、「知っている」貝だろう。しかし、そんな貝を、少年時代にせっせと貝殻拾いに通っていたはずの僕が拾ったことがなかった……ただの一度も拾い上げたことがなかったのだった。それはなぜか。そして、どこに行ったらハマグリが拾えるのか。その謎《なぞ》解《と》きが僕のあらたな貝殻拾いのひとつの目標となっていった。

（盛口《もりぐち》　満《みつる》「自然を楽しむ――見る・描《えが》く・伝える」による）

〈注〉
雨ざらし――雨にぬれたままになっているさま。
沖ノ島――千葉県南部の島。
伊勢湾《いせわん》――愛知県と三重県にまたがる太平洋岸にある湾《わん》。
館山《たてやま》――千葉県南部の館山湾《たてやまわん》に面する市。
現生種――現在生きている種。
タイムワープができる――現実とは別の時間に移動できる。
マングローブ林――あたたかい地域《ちいき》の河口に生育する常緑の木からなる林。
黒住《くろずみ》さん――黒住耐二《くろずみたいじ》。貝の研究者。
採取圧《さいしゅあつ》――むやみに採ること。

文章2

夕暮《ゆうぐ》れの迫《せま》る空を、南から北に向かって、カラスは次々《つぎつぎ》と飛んで行った。そして、口々《くちぐち》に「カア」「カア」「カア、カア、カア」と鳴いていた。北の方にある森からは時折、カラスの集団が一斉《いっせい》に鳴き始める声が、遠い波音のように聞こえていた。口々に鳴く声は、まるで言葉を交《か》わしているかのようだ。それなら、これだけたくさんのカラスがいるのだから、呼《よ》べば応えるカラスもいるかもしれないと思った。そこで、なるべくカラスっぽい声で「かー、かー」と鳴いてみた。

「カア」

「カア」

「カア」

カラスが上空から鳴き返してきた。次々と飛び過ぎる「友人たち」を見送りながら、私《わたし》は、自分が*ドリトル先生か*シートンになったかのような気分を味わっていた。この経験が忘《わす》れられなくてカラスを研究しようと決心した、とまでは言わないけれども、何の影響《えいきょう》もなかったとも決して言わない。

さて。*大学院に入り、それなりにカラスを研究した後、研究者の目で見返してみて、かつての自分の解釈《かいしゃく》は重大な*錯誤《さくご》を含《ふく》んでいる可能性に気づいた。それは、「カラスは果たして私の鳴き真似《まね》に応えたのか」ということだ。

「応える」とは何か。応えたと言うからには、ある個体が他個体の音声を認識《にんしき》し、その音声に対して反応《はんのう》した、という証拠《しょうこ》がいる。だが自発的な行動と、他個体への反応をどのように区別するか。まして一〇〇羽《わ》を超《こ》えるカラスが、あるものは自発的に、あるものは返事として鳴いていたかもしれない場合、一体どのように判断すればよかったのか。

これは今から遡《さかのぼ》って検証することはできない。だが、当時の自分には「自発的に鳴いた場合と返事をした場合を区別する」という発想すらなかった。人間同士ならば返事をしたと感じられる程度の*タイムラグでカラスの一羽か二羽が鳴いた、という事実を、「自分に対して返事をした」と解釈しただけである。人間同士ならば、その解釈でもよいかもしれない。だが全く別種の生物を相手に、このような予断をもった判断をしてはいけない。

今なら自分にこう問い返すだろう。「普段《ふだん》からカアカア鳴き続けている相手がたまたまその時も鳴いたからって、自分に返事したとなぜ言えるの?」

動物学者として言おう。あのカラスの声が返事であったとしても、それは他のカラスの音声への反応だったろう。私の鳴き真似に返事をしたと考える積極的な根拠《こんきょ》はない。

そして、さらに一五年あまり。私は山の中でカラスの分布を調べるため、*音声プレイバック法を用いてカラスを探《さが》す、という調査を行っている。カラスの声をスピーカーから流すと、縄張りを持った*繁殖《はんしょく》個体は侵入者《しんにゅうしゃ》だと思って大声で鳴きながら飛んでくるからだ。

調査を始めた頃《ころ》は適切な装備《そうび》も方法もよくわからなかったので、機材がうまく動かないことや、機材を持っていないこともあった。そんな時でも、「本当にカラスいないのかな?」と疑《うたが》った場合には、失敗覚《かく》悟《ご》で、自分の声で鳴き真似してみることはあった。とにかく何か刺激《しげき》を与《あた》えてカラスを鳴かせるか飛ばせるかすれば、データは得られるからである。

　すると、思ったよりカラスは鳴くのである。こちらの鳴き真似からだいたい五分以内だ。しかも鳴き真似に合わせるように、鳴き方を調整しているように思えることが度々《たびたび》ある。こちらが四声鳴けば向こうも四声鳴き、「カー、カー、カアカア」と鳴けば向こうも「カー、カー、カアカアカア」などと途中《とちゅう》で調子を変えて鳴く。もし発声が完全に自発的なものならば、発声の頻度《ひんど》はこちらの鳴き真似とは無関係なものとなり、「鳴き真似の後、数分以内の音声が多い」という結果にはならないであろう。そして、単に「おかしな声が聞こえて驚《おどろ》いたので鳴いただけ」なら、こちらの鳴き真似の特徴《とくちょう》と高い確率で一致《いっち》するのは妙《みょう》だ。カラスはこちらの音声を認識した上で、その音声に反応している――つまり、私の鳴き真似に対して返事をしているのではないか。

　この不思議な二重唱がどんな生物学的基盤《せいぶつがくてききばん》をもつのか、鳴き真似を本当にカラスの声だと勘違《かんちが》いしているのか、そういった点はまだわからないが、カラスは人間に対して鳴き返してくることが確かにあるのだ、とは言えそうである。

　直感から研究を始めなければならない場合は、確かにある。一方で科学者は、状況《じょうきょう》を説明しうる仮説を公平に捉《とら》え、自分に都合の良い結果さえも疑わなくてはならない。しかし、そうやって疑った先に、思いがけず心躍《こころおど》る景色が広がることもある。

　今、改めて動物学者として言おう。二〇年以上前のあの日、カラスは私に向かって応えたかもしれないのだ。

（松原《まつばら》　始《はじめ》「科学者の目、科学の芽」
岩波科学ライブラリーによる）

〈注〉
ドリトル先生――児童文学作品の主人公である動物医師。
シートン――アメリカの動物文学作家。
大学院――大学卒業後に専門《せんもん》分野の学習と研究を行う機関。
錯誤《さくご》――あやまり。
タイムラグ――時間のずれ。
音声プレイバック法――鳥の鳴き声を流し、これに反応《はんのう》して鳴き返してきた声で生息を確認《かくにん》する方法。
繁殖個体《はんしょくこたい》――巣をつくり、卵《たまご》を産んで、ひなを育てているカラス。

〈問題1〉 心躍《こころおど》る景色とありますが、これは **文章1** ではどのように表現されていますか。解答らんに書きなさい。

〈問題2〉 **文章1**・**文章2** で筆者は、いずれも生き物を研究対象にしています。研究に対する筆者の姿勢《しせい》に共通するのはどのような点ですか。解答らんに書きなさい。

〈問題3〉 あなたは、これからの六年間をどのように過ごしたいですか。**文章1**・**文章2** のいずれかの、筆者の研究や学問への向き合い方をふまえ、どちらをふまえたかを明らかにして自分の考えを書きなさい。なお、内容のまとまりやつながりを考えて段落《だんらく》に分け、四百字以上四百四十字以内で述べなさい。ただし、下の〈**きまり**〉にしたがうこと。

〈**きまり**〉
○題名は書きません。
○最初の行から書き始めます。
○各段落《だんらく》の最初の字は一字下げて書きます。
○行をかえるのは、段落をかえるときだけとします。
○、や。や」などもそれぞれ字数に数えます。これらの記号が行の先頭に来るときには、前の行の最後の字と同じますめに書きます。（ますめの下に書いてもかまいません。）
○。と」が続く場合には、同じますめに書いてもかまいません。この場合、。」で一字と数えます。
○段落をかえたときの残りのますめは、字数として数えます。
○最後の段落の残りのますめは、字数として数えません。

適性検査Ⅱ

注　　意

1　問題は**1**から**3**までで、１２ページにわたって印刷してあります。

2　検査時間は**４５分**で、終わりは**午前１１時１０分**です。

3　声を出して読んではいけません。

4　計算が必要なときは、この問題用紙の余白を利用しなさい。

5　答えは全て解答用紙に明確に記入し、**解答用紙だけを提出しなさい。**

6　答えを直すときは、きれいに消してから、新しい答えを書きなさい。

7　**受検番号**を解答用紙の決められたらんに記入しなさい。

東京都立富士高等学校附属中学校

問題は次のページからです。

1　来週はクラス内でお楽しみ会をします。係である**花子**さんと**太郎《たろう》**さんは、お楽しみ会で渡《わた》すプレゼントの準備をしています。

花　子：プレゼントのお花のかざりができたよ。
太　郎：すてきだね。次は何を作ろうか。
花　子：モールで図形を作って、それを台紙にはったカードをいくつか作ろうよ。
太　郎：いいアイデアだね。カードのデザインはどうしようか。
花　子：わくわくするものがいいね。
太　郎：それならロケットはどうかな。デザインを考えてみるよ。

太郎さんは、**図1**のようなカードのデザインを考えました。花子さんと太郎さんは、モールを使って、**図2**のような図形を作り、それらを組み合わせて台紙にはり、**図3**のようなロケットのカードを作ることにしました。

図2

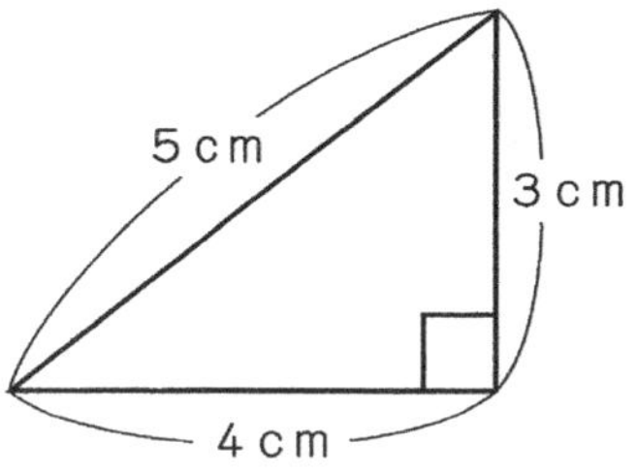

直角三角形

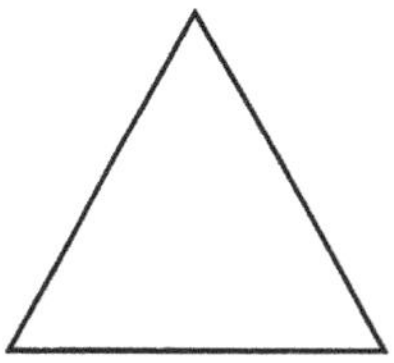

正三角形（1辺3cm）

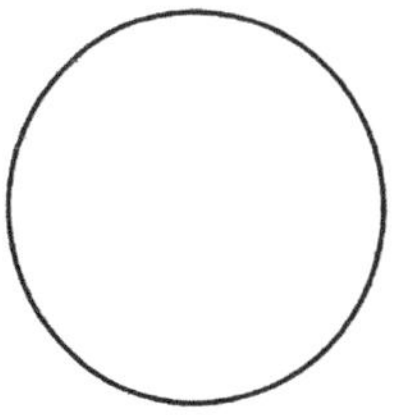

円（直径3cm）

図1　カードのデザイン

図3　カードのイメージ

花　子：１ｍの長さのモールが６本あるね。

太　郎：私《わたし》は１本のモールを切って、直角三角形を作るよ。

花　子：できるだけ多く作ってね。

太　郎：直角三角形が８個作れたよ。箱に入れておくね。

花　子：私は別の１本のモールを切って、正三角形をできるだけ多く作ったよ。できた正三角形も同じ箱に入れておくね。

太　郎：次は、円をできるだけ多く作ってみようかな。

花　子：でも１枚《まい》のカードを作るのに、円は１個しか使わないよ。

太　郎：それなら１本のモールから、直角三角形と正三角形と円を作ってみようかな。それぞれ３個ずつ作れそうだね。

花　子：それぞれ３個ずつ作る切り方だとモールの余りがもったいないよ。できるだけ余りの長さが短くなるような切り方にしよう。

太　郎：そうだね。残りのモール４本を切る前に、カードは何枚作れるか考えよう。

〔問題１〕　１ｍのモールが４本と箱の中の図形があります。４本のモールで**図２**の直角三角形と正三角形と円を作り、箱の中の図形と組み合わせて**図３**のカードを作ります。モールの余りをつなげて図形を作ることはできないこととします。できるだけ多く**図３**のカードを作るとき、以下の問いに答えなさい。

ただし、円周率は３．１４とし、モールの太さは考えないこととします。

（１）　４本のモールの余りの長さの合計を求めなさい。

（２）　箱の中の図形のほかに、直角三角形と正三角形と円はそれぞれ何個ずつ必要か求めなさい。そのとき、それぞれのモールからどの図形を何個ずつ切るか、文章で説明しなさい。

花子さんと太郎さんは、お花のかざりや**図3**のロケットのカードをふくめて６種類のプレゼントを作りました。

花　子：プレゼントをどのように選んでもらおうか。
太　郎：６種類あるから、さいころを使って決めてもらったらどうかな。
花　子：それはいいね。でも、さいころは別のゲームでも使うから、ちがう立体を使おうよ。
太　郎：正三角形を６個組み合わせてみたら、こんな立体ができたよ。それぞれの面に数字を書いてみるね。

太郎さんは**図4**のような立体を画用紙で作り、**1**から**6**までの数字をそれぞれの面に１個ずつ書きました。

図4　３方向から見た立体

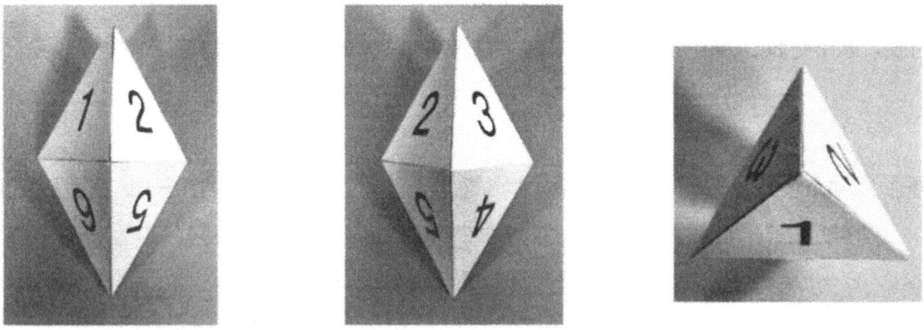

花　子：この立体を机《つくえ》の上で転がしてみよう。
太　郎：机に接する面は一つに決まるね。
花　子：転がし方が分かるように、画用紙に立体の面と同じ大きさの正三角形のマスをたくさん書いて、その上を転がしてみよう。

太郎さんは画用紙に**図5**のような正三角形のマスを書き、**図4**の立体の面が正三角形のマスと接するように置きました。置いた面の正三角形の１辺が動かないように立体を転がしてみると、あることに気づきました。

図5

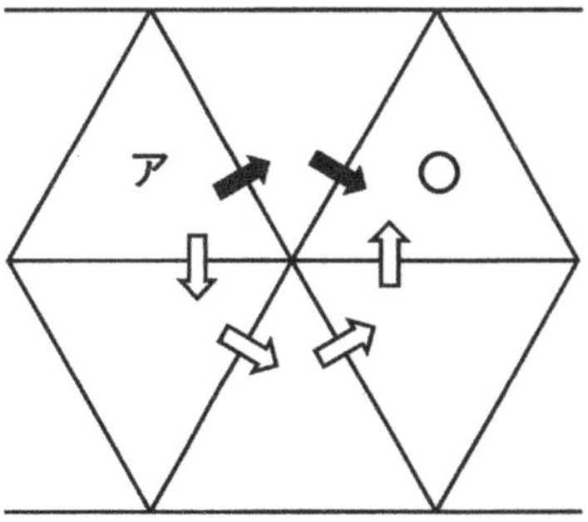

➡ は花子さんの転がし方
⇨ は太郎さんの転がし方

太　郎：立体の**1**の面が、**ア**のマスに数字と文字が同じ向きで接するように置いたよ。転がして**ア**から○のマスまで移動させてみよう。
花　子：私は２回転《ころ》がして○のマスまで移動させたよ。○のマスに接する面が**4**になったよ。
太　郎：私は４回転《ころ》がして移動させてみたけど、○のマスに接する面は**4**ではなかったよ。
花　子：転がし方を変えると同じマスへの移動でも、接する面の数字が変わるんだね。

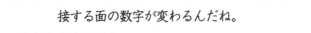

太郎さんは画用紙に**図6**のような正三角形のマスを書きました。花子さんと太郎さんは、**図4**の立体を**イ**のマスから●のマスまでどのように転がすことができるか考えました。

図6

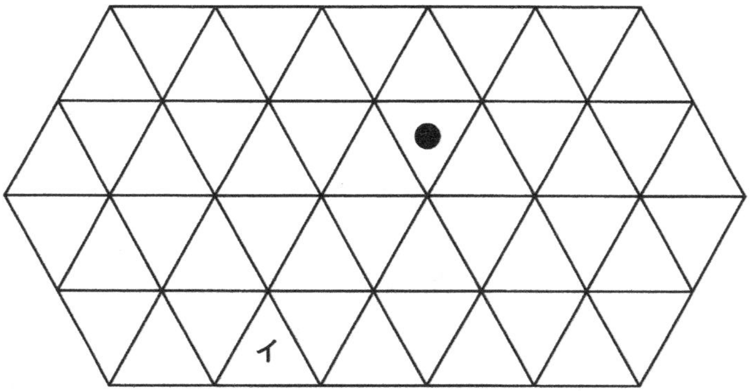

花　子：転がしているとき、一つ前のマスにはもどれないことにしよう。

太　郎：５回転《ころ》がすと、**イ**のマスから●のマスまで移動させることができたよ。

花　子：でも６回転《ころ》がして、**イ**のマスから●のマスまで移動させることはできなかったよ。

太　郎：けれど７回転《ころ》がしたら、**イ**のマスから●のマスまで移動させることができたよ。

花　子：５回の転がし方は１通りだけど、７回の転がし方は何通りかあるね。

太　郎：７回転《ころ》がしたら、●のマスに接する面の数字も何種類かありそうだから、●のマスに接する面の数字に応じて、プレゼントを決められるね。

花　子：でも、**イ**のマスに**1**の面を置いたとき、どのように転がしても●のマスに接しない面があるね。

太　郎：全ての面が●のマスに接するようにするには、くふうが必要だね。

〔問題２〕　**図4**の立体の**1**の面を、**図6**の**イ**のマスに数字と文字が同じ向きで接するように置きます。**図4**の立体を７回転《ころ》がして、**イ**のマスから●のマスまで移動させます。ただし、転がしているとき、一つ前のマスにはもどれないこととします。以下の問いに答えなさい。

（１）　転がし方はいくつかありますが、そのうちの１通りについて、マスに接する面の数字を順に書きなさい。

（２）　**図4**の立体を７回転《ころ》がして、**イ**のマスから●のマスまで移動させたときに、●のマスに接する面の数字を全て書きなさい。

2 **花子**さんと**太郎《たろう》**さんは、休み時間に、給食の**献立表《こんだてひょう》**を見ながら話をしています。

花　子：今日の給食は何だろう。
太　郎：いわしのつみれ汁《じる》だよ。千葉県の郷土料理《きょうどりょうり》だね。郷土料理とは、それぞれの地域《ちいき》で、昔から親しまれてきた料理のことだと書いてあるよ。
花　子：千葉県の海沿《うみぞ》いでは、魚を使った郷土料理が食べられているんだね。日本は周囲を海に囲まれている国だから、他の地域でも、魚を使った郷土料理が食べられてきたのかな。
太　郎：そうかもしれないね。でも、毎日魚がとれたわけではないだろうし、大量にとれた日もあるだろうから、魚を保存《ほぞん》する必要があっただろうね。
花　子：それに、今とちがって冷蔵庫《れいぞうこ》や冷凍庫《れいとうこ》がなかったから、魚を保存するのに大変苦労したのではないかな。
太　郎：次の家庭科の時間に、日本の伝統的な食文化を調べることになっているから、さまざまな地域で、昔から親しまれてきた魚を使った料理と保存方法を調べてみよう。

花子さんと**太郎**さんは、家庭科の時間に、三つの地域の魚を使った料理と保存方法を調べ、**図1**にまとめました。

図1　花子さんと太郎《たろう》さんが調べた魚を使った料理と保存《ほぞん》方法の資料

①北海道小樽《おたる》市　料理名：サケのルイベ	
 サケのルイベ  サケ	材　　料：サケ 保存方法：内臓《ないぞう》をとり除《のぞ》いたサケを、切り身にして雪にうめた。サケを雪にうめて、こおらせることで、低い温度に保ち、傷《いた》みが進まないようにした。
②神奈川県小田原《おだわら》市　料理名：マアジのひもの	
 マアジのひもの  マアジ	材　　料：マアジ 保存方法：地元でとれるマアジを開き、空気がかわいた時期に、日光に当てて干《ほ》した。マアジを干すことで水分が少なくなり、傷みが進まないようにした。
③石川県金沢《かなざわ》市　料理名：ブリのかぶらずし	
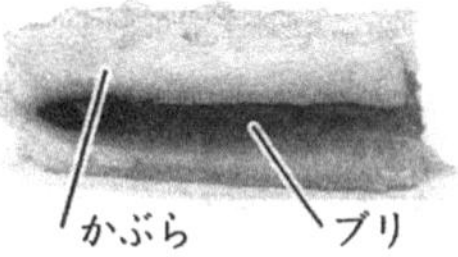 ブリのかぶらずし  ブリ	材　　料：ブリ、かぶら（かぶ）、＊1甘酒《あまざけ》など 保存方法：かぶら（かぶ）でブリをはさみ、甘酒につけた。空気が冷たく、しめった時期に、甘酒につけることで＊2発酵《はっこう》をうながし、傷みが進まないようにした。 ＊の付いた言葉の説明 ＊1 甘酒《あまざけ》：米にこうじをまぜてつくる甘《あま》い飲み物。 ＊2 発酵《はっこう》：細菌《さいきん》などの働きで物質が変化すること。発酵は、気温0度以下では進みにくくなる。

（農林水産省《のうりんすいさんしょう》ホームページなどより作成）

花　子：どの料理に使われる魚も、冬に保存されているけれど、地域ごとに保存方法がちがうね。

太　郎：保存方法が異《こと》なるのは、地域の気候に関係しているからかな。

花　子：そうだね。では、**図1**の地域の気温と降水量《こうすいりょう》を調べてみよう。

花子さんと**太郎**さんは、**図1**の地域の月ごとの平均気温と降水量を調べました。

花　子：各地域の月ごとの平均気温と降水量をまとめてみると、**図2**のようになったよ。

図2　月ごとの平均気温と降水量《こうすいりょう》

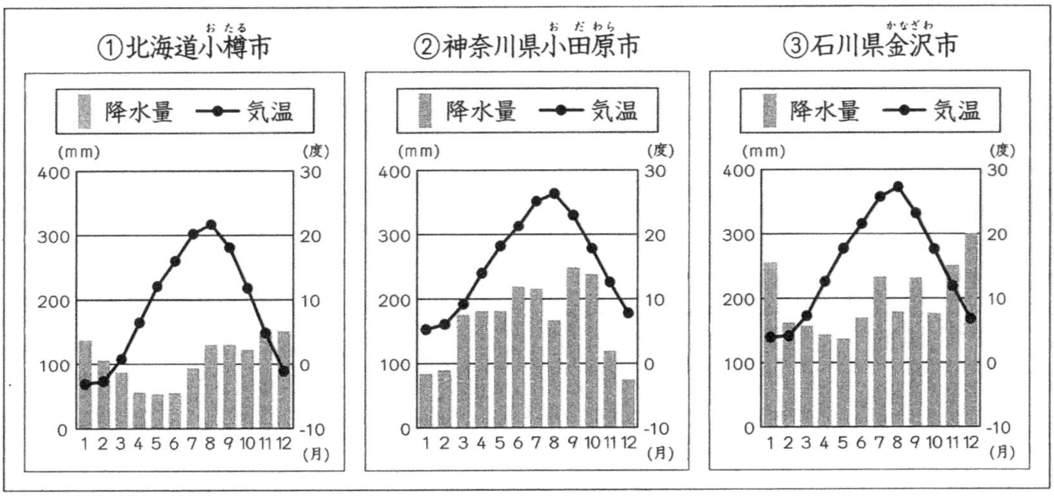

（気象庁《きしょうちょう》ホームページより作成）

太　郎：同じ月でも、地域によって平均気温や降水量がちがうし、同じ地域でも、月によって平均気温や降水量がちがうことが分かるね。

花　子：それぞれの地域で、月ごとの平均気温や降水量に適した保存方法が用いられているのだね。

〔問題1〕　花子さんは「それぞれの地域で、月ごとの平均気温や降水量に適した保存方法が用いられているのだね。」と言っています。**図1**の魚を使った料理は、それぞれどのような保存方法が用いられていますか。それらの保存方法が用いられている理由を、会話文を参考に、**図1**、**図2**と関連させて説明しなさい。

花子さんと**太郎**さんは、調べたことを**先生**に報告しました。

先　生：魚の保存方法と気温、降水量の関係についてよく調べましたね。

花　子：気温と降水量のちがいは、保存方法以外にも、郷土料理に影響《えいきょう》をあたえたのでしょうか。

先　生：では、次の資料を見てください。

図3　先生が示した地域《ちいき》

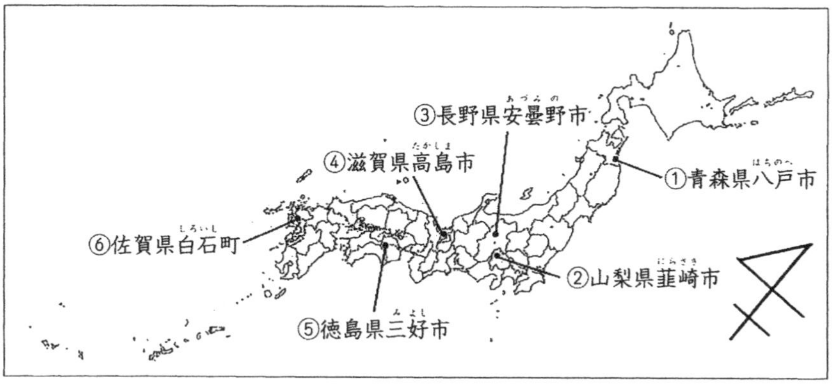

図4　先生が示した地域《ちいき》の郷土料理《きょうどりょうり》

①青森県八戸《はちのへ》市 せんべい汁の画像	せんべい汁《じる》：鶏肉《とりにく》でだしをとったスープに、小麦粉で作ったせんべいと、野菜を入れたなべ料理。	②山梨県韮崎《にらさき》市 ほうとうの画像	ほうとう：小麦粉で作っためんを、かぼちゃなどの野菜といっしょにみそで煮《に》こんだ料理。
③長野県安曇野《あづみの》市 手打ちそばの画像	手打ちそば：そば粉で作っためんを、特産品のわさびなどの薬味が入ったそばつゆにつけて食べる料理。	④滋賀県高島《たかしま》市 しょいめしの画像	しょいめし：野菜と千切りにした油揚《あぶらあ》げをしょうゆなどで煮て、そこに米を入れて炊《た》いた料理。
⑤徳島県三好《みよし》市 そば米雑すいの画像	そば米雑《ごめぞう》すい：米の代わりに、そばの実を塩ゆでし、からをむき、かんそうさせて、山菜などと煮こんだ料理。	⑥佐賀県白石《しろいし》町 すこずしの画像	すこずし：炊いた米に酢《す》などで味付けし、その上に野菜のみじん切りなどをのせた料理。

（農林水産省《のうりんすいさんしょう》ホームページなどより作成）

太　郎：先生が示された郷土料理の主な食材に注目すると、それぞれ米、小麦、そばのいずれかが活用されていることが分かりました。保存方法だけではなく、食材のちがいにも、気温と降水量が関係しているということでしょうか。

先　生：地形、標高、水はけ、土の種類など、さまざまな要因がありますが、気温と降水量も大きく関係しています。米、小麦、そばを考えるなら、その地域の年平均気温と年間降水量に着目する必要があります。

花　子：では、今度は月ごとではなく、それぞれの地域の年平均気温と年間降水量を調べてみます。

花子さんと**太郎**さんは**先生**が**図３**で示した地域の年平均気温と年間降水量を調べ、**表１**にまとめました。

表１　花子さんと太郎《たろう》さんが調べた地域《ちいき》の年平均気温と年間降水量《こうすいりょう》

	年平均気温（度）	年間降水量（mm）
① 青森県八戸《はちのへ》市	10.5	1045
② 山梨県韮崎《にらさき》市	13.8	1213
③ 長野県安曇野《あづみの》市	9.6	1889
④ 滋賀県高島《たかしま》市	14.1	1947
⑤ 徳島県三好《みよし》市	12.3	2437
⑥ 佐賀県白石《しろいし》町	16.1	1823

（気象庁《きしょうちょう》ホームページより作成）

先　生：よく調べましたね。

太　郎：ですが、**表１**では、**図４**の主な食材との関係が分かりにくいです。

花　子：そうですね。年平均気温が高い地域と低い地域、年間降水量が多い地域と少ない地域を、さらに分かりやすく表したいのですが、どうすればよいですか。

先　生：縦軸《たてじく》を年平均気温、横軸《よこじく》を年間降水量とした図を作成してみましょう。**表１**の地域の年平均気温と年間降水量をそれぞれ図に示し、主な食材が同じものを丸で囲んでみると、**図５**のようになります。

太　郎：**図４**と**図５**を見ると、主な食材と年平均気温や年間降水量との関係が見て取れますね。

花　子：そうですね。他の主な食材についても調べてみると面白そうですね。

図５　先生が示した図

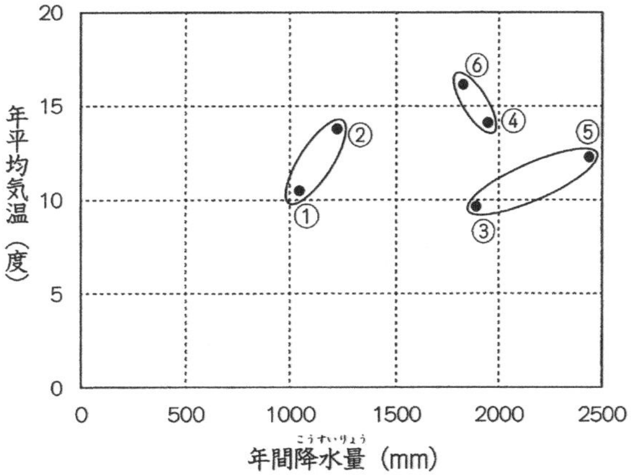

〔問題２〕　太郎さんは「**図４**と**図５**を見ると、主な食材と年平均気温や年間降水量との関係が見て取れますね。」と言っています。**図４**の郷土料理の中で主な食材である米、小麦、そばから二つを選びなさい。選んだ二つの食材がとれる地域の年平均気温、年間降水量を比べながら、それらの地域の年平均気温、年間降水量がそれぞれ選んだ食材とどのように関係しているのか、**図５**と会話文を参考にし、説明しなさい。

3 **花子**さん、**太郎《たろう》**さん、**先生**が石けんと洗剤《せんざい》について話をしています。

花　子：家でカレーライスを食べた後、すぐにお皿を洗《あら》わなかったので、カレーのよごれを落としにくかったよ。食べた後に、お皿を水につけておくとよかったのかな。

太　郎：カレーのよごれを落としやすくするために、お皿を水だけにつけておくより、水に石けんやいろいろな種類の洗剤を入れてつけておく方がよいのかな。調べてみたいな。

先　生：それを調べるには、**図1**のようなスポイトを用いるとよいです。スポイトは液体ごとに別のものを使うようにしましょう。同じ種類の液体であれば、このスポイトから液体をたらすと、1滴《てき》の重さは同じです。

図1　スポイト

二人は、先生のアドバイスを受けながら、次のような**実験1**を行いました。

実験1

手順1　カレールウをお湯で溶《と》かした液体を、**図2**のようにスライドガラスにスポイトで4滴たらしたものをいくつか用意し、12時間おく。

図2　スライドガラス

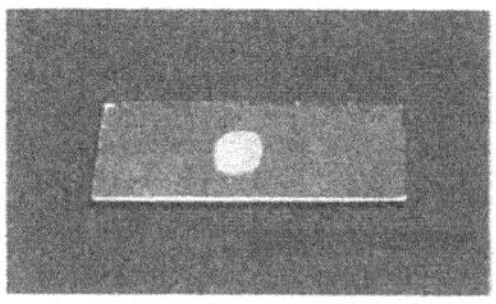

手順2　水100gが入ったビーカーを4個用意する。1個は水だけのビーカーとする。残りの3個には、スポイトを使って次の**ア**～**ウ**をそれぞれ10滴たらし、ビーカーの中身をよくかき混ぜ、液体**ア**、液体**イ**、液体**ウ**とする。

ア　液体石けん　　**イ**　台所用の液体洗剤　　**ウ**　食器洗い機用の液体洗剤

手順3　手順1で用意したスライドガラスを、手順2で用意したそれぞれの液体に、**図3**のように1枚《まい》ずつ入れ、5分間つけておく。

図3　つけておく様子

手順4　スライドガラスを取り出し、その表面を観察し、記録する。

手順5　観察したスライドガラスを再び同じ液体に入れ、さらに55分間待った後、手順4のように表面を観察し、記録する。

実験1の記録は、**表1**のようになりました。

表1　スライドガラスの表面を観察した記録

	水だけ	液体**ア**	液体**イ**	液体**ウ**
5分後	よごれがかなり見える。	よごれがほぼ見えない。	よごれが少し見える。	よごれがほぼ見えない。
60分後	よごれが少し見える。	よごれが見えない。	よごれが見えない。	よごれが見えない。

花　子：よごれが見えなくなれば、カレーのよごれが落ちているといえるのかな。

先　生：カレーのよごれには色がついているものだけでなく、でんぷんもふくまれます。

太　郎：でんぷんのよごれを落とすことができたか調べるために、ヨウ素液が使えるね。
先　生：けんび鏡で観察すると、でんぷんの粒《つぶ》を数えることができます。でんぷんのよごれの程度を、でんぷんの粒の数で考えるとよいです。

二人は、先生のアドバイスを受けながら、次のような**実験２**を行いました。

実験２

手順１　**実験１**の手順１と同様に、カレーがついたスライドガラスを新たにいくつか用意する。その１枚にヨウ素液を１滴たらし、けんび鏡を用いて１５０倍で観察する。**図４**のように接眼レンズを通して見えたでんぷんの粒の数を、液体につける前の粒の数とする。

図４　でんぷんの粒《つぶ》

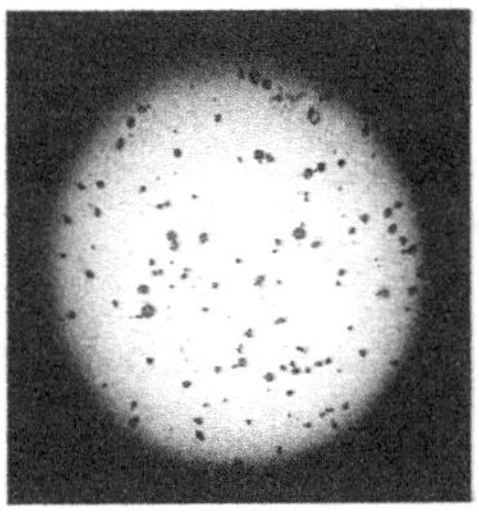

手順２　手順１で用意したスライドガラスについて、**実験１**の手順２～３を行う。そして、手順１のように観察し、それぞれのでんぷんの粒の数を５分後の粒の数として記録する。

手順３　手順２で観察したそれぞれのスライドガラスを再び同じ液体に入れ、さらに５５分間待った後、手順２のようにでんぷんの粒の数を記録する。

実験２の記録は、**表２**のようになりました。

表２　接眼レンズを通して見えたでんぷんの粒《つぶ》の数

	水だけ	液体**ア**	液体**イ**	液体**ウ**
５分後の粒の数（粒）	８０４	６３２	５０４	４７６
６０分後の粒の数（粒）	４８４	８２	６８	１６６

花　子：手順１で、液体につける前の粒の数は１７７２粒だったよ。
先　生：どのスライドガラスも液体につける前の粒の数は１７７２粒としましょう。
太　郎：５分後と６０分後を比べると、液体**ウ**より水だけの方が粒の数が減少しているね。

〔問題１〕（１）　よごれとして、色がついているよごれとでんぷんのよごれを考えます。**実験１**と**実験２**において、５分間液体につけておくとき、よごれを落とすために最もよいと考えられるものを液体**ア**～**ウ**から一つ選びなさい。また、その理由を、**実験１**と**実験２**をもとに書きなさい。

（２）　**実験２**において、５分後から６０分後までについて考えます。水だけの場合よりも液体**ウ**の場合の方が、でんぷんのよごれの程度をより変化させたと考えることもできます。なぜそう考えることができるのかを、**実験２**をもとに文章を使って説明しなさい。

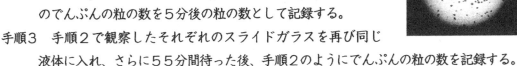

花　子：台所にこぼしたサラダ油を綿のふきんでふき取ったのだけれど、ふきんから油を落とすために洗剤《せんざい》の量をどれぐらいにするとよいのかな。

太　郎：洗剤の量を多くすればするほど、油をより多く落とすことができると思うよ。

先　生：**図１**のようなスポイトを用いて、水に入れる洗剤の量を増やしていくことで、落とすことができる油の量を調べることができます。

二人は、次のような**実験３**を行い、サラダ油５ｇに対して洗剤の量を増やしたときに、落とすことができる油の量がどのように変化するのか調べました。

実験３

手順１　２０．６ｇの綿のふきんに、サラダ油５ｇをしみこませたものをいくつか用意する。

手順２　**図５**のような容器に水1kgを入れ、洗剤を**図１**のスポイトで４滴《てき》たらす。そこに、手順１で用意したサラダ油をしみこませたふきんを入れる。容器のふたを閉《し》め、上下に５０回ふる。

図５　容器

手順３　容器からふきんを取り出し、手でしぼる。容器に残った液体を外へ流し、容器に新しい水1kgを入れ、しぼった後のふきんを入れる。容器のふたを閉め、上下に５０回ふる。

手順４　容器からふきんを取り出し、よくしぼる。ふきんを日かげの風通しのよいところで２４時間おき、乾燥《かんそう》させる。乾燥させた後のふきんの重さを電子てんびんではかる。

手順５　手順１～４について、**図１**のスポイトでたらす洗剤の量を変化させて、乾燥させた後のふきんの重さを調べる。

実験３の結果は、**表３**のようになりました。

表３　洗剤《せんざい》の量と乾燥《かんそう》させた後のふきんの重さ

洗剤の量（滴《てき》）	４	８	１２	１６	２０	２４	２８	３２	３６	４０
ふきんの重さ（ｇ）	24.9	24.6	23.5	23.5	23.0	22.8	23.8	23.8	23.8	23.9

花　子：調理の後、フライパンに少しの油が残っていたよ。少しの油を落とすために、最低どのくらい洗剤の量が必要なのか、調べてみたいな。

太　郎：洗剤の量をなるべく減らすことができると、自然環境《かんきょう》を守ることになるね。洗剤に水を加えてうすめていって、調べてみよう。

先　生：洗剤に水を加えてうすめた液体をつくり、そこに油をたらしてかき混ぜた後、液体の上部に油が見えなくなったら、油が落ちたと考えることにします。

二人は、次のような**実験４**を行いました。

実験４

手順１　ビーカーに洗剤１ｇと水１９ｇを加えて２０ｇの液体をつくり、よくかき混ぜる。この液体を液体Ａとする。液体Ａを半分に分けた１０ｇを取り出し、試験管**Ａ**に入れる。液体Ａの残り半分である１０ｇは、ビーカーに入れたままにしておく。

手順２　手順１でビーカーに入れたままにしておいた液体Ａ１０ｇに水１０ｇを加えて２０ｇにし、よくかき混ぜる。これを液体Ｂとする。液体Ｂの半分を試験管**Ｂ**に入れる。

手順３　ビーカーに残った液体Ｂ１０ｇに、さらに水１０ｇを加えて２０ｇとし、よくかき混ぜる。これを液体Ｃとする。液体Ｃの半分を試験管**Ｃ**に入れる。

手順４　同様に手順３をくり返し、試験管**Ｄ**、試験管**Ｅ**、試験管**Ｆ**、試験管**Ｇ**を用意する。

手順５　試験管**Ａ**～**Ｇ**に**図１**のスポイトでそれぞれサラダ油を１滴入れる。ゴム栓《せん》をして試験管**Ａ**～**Ｇ**を１０回ふる。試験管をしばらく置いておき、それぞれの試験管の液体の上部にサラダ油が見えるか観察する。

手順６　もし、液体の上部にサラダ油が見えなかったときは、もう一度手順５を行う。もし、液体の上部にサラダ油が見えたときは、そのときまでに試験管にサラダ油を何滴入れたか記録する。

実験４の記録は、**表４**のようになりました。

表４　加えたサラダ油の量

	試験管**Ａ**	試験管**Ｂ**	試験管**Ｃ**	試験管**Ｄ**	試験管**Ｅ**	試験管**Ｆ**	試験管**Ｇ**
サラダ油の量（滴《てき》）	５９	４１	３８	１７	５	１	１

〔問題２〕（１）　太郎さんは、「洗剤の量を多くすればするほど、油をより多く落とすことができると思うよ。」と予想しました。その予想が正しくないことを、**実験３**の結果を用いて説明しなさい。

（２）　フライパンに残っていたサラダ油０．４ｇについて考えます。新たに用意した**実験４**の試験管**Ａ**～**Ｇ**の液体１０ｇに、サラダ油０．４ｇをそれぞれ加えて１０回ふります。その後、液体の上部にサラダ油が見えなくなるものを、試験管**Ａ**～**Ｇ**からすべて書きなさい。また、**実験４**から、サラダ油０．４ｇを落とすために、**図１**のスポイトを用いて洗剤は最低何滴《てき》必要ですか。整数で答えなさい。

ただし、**図１**のスポイトを用いると、サラダ油１００滴の重さは２．５ｇ、洗剤１００滴の重さは２ｇであるものとします。

適性検査Ⅲ

注　　意

1　問題は **1** から **2** までで、**9ページ**にわたって印刷してあります。

2　検査時間は**４５分**で、終わりは**午後０時３５分**です。

3　声を出して読んではいけません。

4　計算が必要なときは、この問題用紙の余白を利用しなさい。

5　答えは全て解答用紙に明確に記入し、**解答用紙だけを提出しなさい。**

6　答えを直すときは、きれいに消してから、新しい答えを書きなさい。

7　**受検番号**を解答用紙の決められたらんに記入しなさい。

東京都立富士高等学校附属中学校

1 小学６年生の**ノボル**さんは、自由研究で日本の科学技術について調べることになったので、同じ班《はん》の**キミオ**さんとフジ図書館に来ています。

ノボル：たくさん本があるね。ここから自然科学の本を探《さが》そう。
キミオ：自然科学の本だけでもたくさんの本があるね。
ノボル：図書館の人に聞いて、全ての本の数における自然科学の本の数を聞いてみて、自然科学の本の数の割合《わりあい》を出してみようよ。

〔問題１〕 **表１**はフジ図書館の本の分類と冊数《さっすう》です。全ての本の数における自然科学の本の数の割合を百分率で求めなさい。答えは百分率で表した数の小数第二位を四捨五入《ししゃごにゅう》して小数第一位まで求めなさい。

表１ フジ図書館の本の分類別の冊数《さっすう》

分類	冊数
文学	５７８
総記	４７８
歴史	３４２
自然科学	８６２
その他	１２４８

ノボルさんと**キミオ**さんが本を探していると、フジ図書館の**司書**さんが本を修ぜんするために、本だなの本を運び出そうとしていました。**司書**さんが持ってきたカート（**図１**）には、内側のはばが３０ｃｍのケースがついており、そこに本を入れて順番に運ぶようです。

図１　司書さんが持ってきたカート

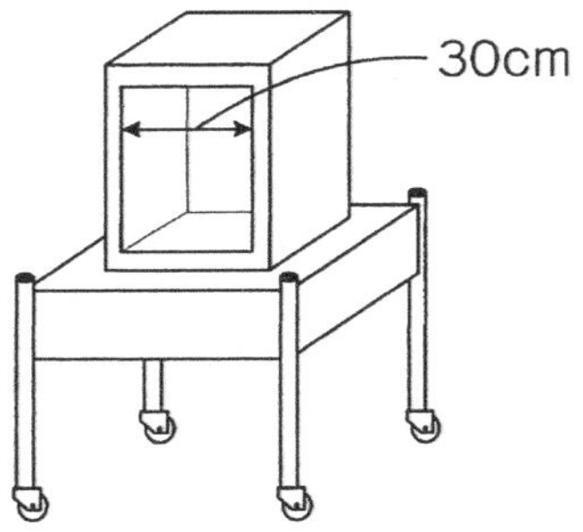

ノボル：本をケースに入れて運ぶんですよね。

キミオ：何か入れ方の決まりはありますか。

司　書：ここには厚さが３ｃｍ、４ｃｍ、１１ｃｍの本がそれぞれたくさんあるんだ。修ぜんには機械を使うんだよ。その機械を使うためにすべての厚さの本をそれぞれ１冊《さつ》以上入れて、さらに厚さの合計がちょうど３０ｃｍになるように本を立ててケースに入れるんだ。ためしに入れてみるかい。

キミオ：やってみようか。

ノボル：とりあえず本をケースに入れてみよう。まず、厚さが３ｃｍの本を１冊入れてみると、残りは２７ｃｍになるね。次に厚さが４ｃｍの本を１冊入れてみると残りは２３ｃｍだね。

キミオ：残りのすき間に厚さが１１ｃｍの本が２冊入るけど、１ｃｍのすき間ができてしまったよ。やり直そう。

ノボル：厚さが３ｃｍの本を２冊入れてみると、残りは２４ｃｍになるね。厚さが４ｃｍの本を６冊入れるとすき間なくぴったり入るけど、これだと厚さが１１ｃｍの本が入っていないね。次は厚さが３ｃｍの本を３冊入れてみようかな。

キミオ：このやり方は大変そうだね。もっと良いやり方はないかな。

〔問題２〕　厚さがそれぞれ３ｃｍ、４ｃｍ、１１ｃｍの本を、内側のはばが３０ｃｍのケースにすき間がないように入れます。本の入れ方にはどのような場合があるでしょうか。何ｃｍの厚さの本が何冊ずつ入るのか、すべての場合を答えなさい。なお、ケースの中にはどの厚さの本も１冊以上入るものとします。答えはかじょう書きで以下の**例**のように答えなさい。ただし、○、△、□には実際には数字が入ります。

例　厚さ３ｃｍの本○さつ、厚さ４ｃｍの本△さつ、厚さ１１ｃｍの本□さつ

ノボルさんと**キミオ**さんは自由研究に使えそうな本を見つけ、貸し出しカウンターに持って行くことにしました。フジ図書館では、三つの貸し出しカウンターがあり、利用者番号ごとに使えるカウンターが一つ決まっているので、他のカウンターを使うことはできません。三つのカウンターをそれぞれカウンター１、カウンター２、カウンター３とします。貸し出し担当《たんとう》としてＡさん、Ｂさん、Ｃさん、Ｄさん、Ｅさんの５人がいます。

ノボル：利用者番号によって使えるカウンターがちがうんだね。

キミオ：カウンターを見ていたら、一番少ない人は３０分間で２人分の貸し出しをしていたけど、一番多い人は３０分間で６人分の貸し出しをしていたよ。

ノボル：貸し出し希望の利用者が次々に来るね。どのカウンターにも、３０分ごとに４人の利用者が新しく来るよ。

〔問題３〕 フジ図書館の貸し出しカウンターの、担当者の当番表を考え、解答らんの表を完成させなさい。ただし、当番表とは、だれが、いつ、どこのカウンターを担当するかをまとめた表のことをいいます。３０分間で貸し出しする利用者の数は、以下の**表２**のようになっています。また、当番表を作る際は以下の**条件**をよく読み、**条件**を守った表を作りなさい。

表２ フジ図書館の貸し出し担当者《たんとうしゃ》が３０分間で貸し出しする利用者の人数

Ａさん	Ｂさん	Ｃさん	Ｄさん	Ｅさん
２人	３人	４人	５人	６人

条件

・当番表は午前１０時から正午までの２時間のものを作る。
・一つのカウンターを１人が担当する。担当する時間は３０分間で、３０分たつと交代できる。
・１人が連続して担当できる時間は1時間までとする。なお、連続して1時間担当するときは、同じカウンターを1時間担当する場合と、３０分ごとに異なるカウンターを担当する場合がある。
・２時間のうち、貸し出し担当者全員が１回はどこかのカウンターを担当するものとする。
・午前１０時、午前１０時半、午前１１時、午前１１時半になったときに、全てのカウンターにそれぞれ４人ずつ新しい利用者が来る。
・午前１０時から午前１１時半までの間は、どこかのカウンターには常に利用者がいた。
・正午になった時点では、どのカウンターにも利用者はいなくなっていた。
・午前１０時から午前１０時半までの当番は、カウンター１がＡさん、カウンター２がＣさん、カウンター３がＥさんである。

2　小学６年生の**ジュン**さんは、夏休みの算数の宿題で、三角形の特ちょうと三角形がどのように使われているかを調べることにしました。調べているうちに、中学生の**レイコ**さんが、三角グラフというものを教えてくれました。

ジュン：この**図１**の三角形のグラフはいったい何を表しているのだろう。

レイコ：これは三角グラフと呼《よ》ばれるグラフだよ。三つの要素をもつデータの割合《わりあい》を表すためのもので、正三角形の特ちょうを使うことで、三つの要素の割合の変化が一目で見やすくなるんだ。円グラフや帯グラフだといくつもグラフを用意しなければいけないけど、三角グラフを使うと一つのグラフだけで割合の変化が視覚的《しかくてき》にわかりやすく表せるよ。

ジュン：そうなんだ。こんなグラフ初めて見たよ。三大栄養素をとった割合のグラフなんだね。三大栄養素というのはタンパク質、脂質《ししつ》、炭水化物のことか。

レイコ：タンパク質は主に体を作る栄養素で、脂質と炭水化物は主にエネルギーの元となる栄養素なんだ。グラフの読み取り方だけど、正三角形の辺の上に等しい間かくで目盛《めも》りがついているでしょう。上の頂点《ちょうてん》から右下の頂点に向かって０％から１００％へと書かれている目盛りが、脂質をとった割合を表す目盛りだよ。同じように右下の頂点から左下の頂点へ向かっている目盛りが炭水化物をとった割合を表す目盛りで、左下の頂点から上の頂点に向かっている目盛りがタンパク質をとった割合を表す目盛りだね。

ジュン：日本人における理想的な三大栄養素をとった割合は、タンパク質の割合が１５％、脂質の割合が２５％、炭水化物の割合が６０％と言われていて、それが**図１**のグラフ上の点①で表されているんだね。１９６５年と２０１７年の日本人における三大栄養素をとった割合は、**図１**のグラフ上でそれぞれ点②、点③で表されているのか。

解答用紙

適性検査Ⅰ

1

〔問題1〕

10点

〔問題2〕

30点

〔問題3〕

60点

20

100

※100点満点

受検番号

得点
※

※

※

※

※

※

※のらんには、記入しないこと。

解答用紙　適性検査Ⅱ

※100点満点

受検番号

得点
※

※のらんには、記入しないこと

1

〔問題１〕20点

（１）	ｃｍ		
（２）	〔直角三角形〕 個	〔正三角形〕 個	〔円〕 個
	〔説明〕		

※

〔問題２〕20点

（１）	イ 1 → □ → □ → □ → □ → □ → □ → □ ●
（２）	

※

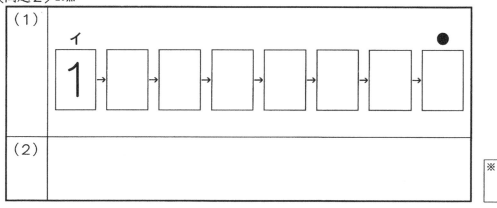

2

〔問題１〕 15点

タンパク質をとった割合《わりあい》がおよそ〔　　　　〕ポイント（増加し・減少し）、

脂質《ししつ》をとった割合がおよそ〔　　　　〕ポイント（増加し・減少し）、

炭水化物をとった割合がおよそ〔　　　　〕ポイント（増加した・減少した）。

※

〔問題２〕 15点

前［　・　］：後［　・　］

※

〔問題３〕 20点

面積が３ｃｍ^{2}の三角形

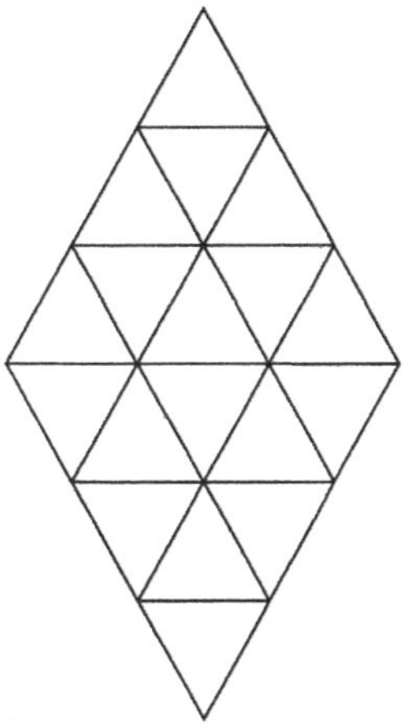

面積が７ｃｍ^{2}の三角形

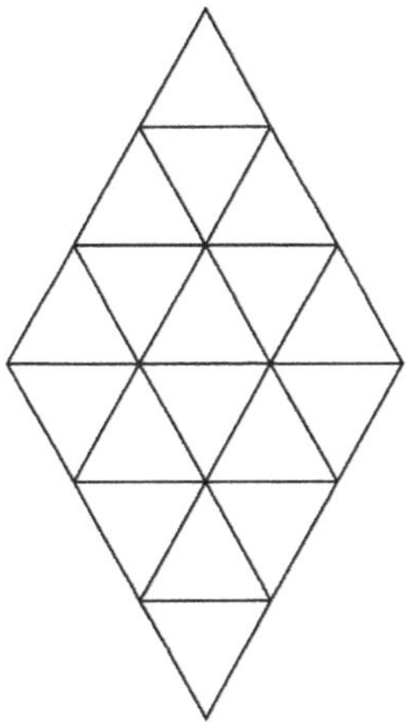

※

※100点満点

受　検　番　号	得　　点
	※

※のらんには、記入しないこと

解答用紙　**適性検査 Ⅲ**

1

〔問題１〕15点

%

※

〔問題２〕15点

※

〔問題３〕20点

	カウンター１	カウンター２	カウンター３
午前１０時から 午前１０時半	Ａ さん	Ｃ さん	Ｅ さん
午前１０時半から 午前１１時	さん	さん	さん
午前１１時から 午前１１時半	さん	さん	さん
午前１１時半から 正午	さん	さん	さん

※

2

〔問題1〕15点

〔サケのルイベ〕
〔マアジのひもの〕
〔ブリのかぶらずし〕

※

〔問題2〕15点

（選んだ二つを◯で囲みなさい。） 米　・　小麦　・　そば

※

3

〔問題１〕14点

（１）〔選んだもの〕

〔理由〕

（２）

※

〔問題２〕16点

（１）

（２）〔サラダ油が見えなくなるもの〕

〔洗剤《せんざい》〕　滴《てき》

※

（4　富士）

440　400　300　200

図1　日本人における三大栄養素をとった割合《わりあい》

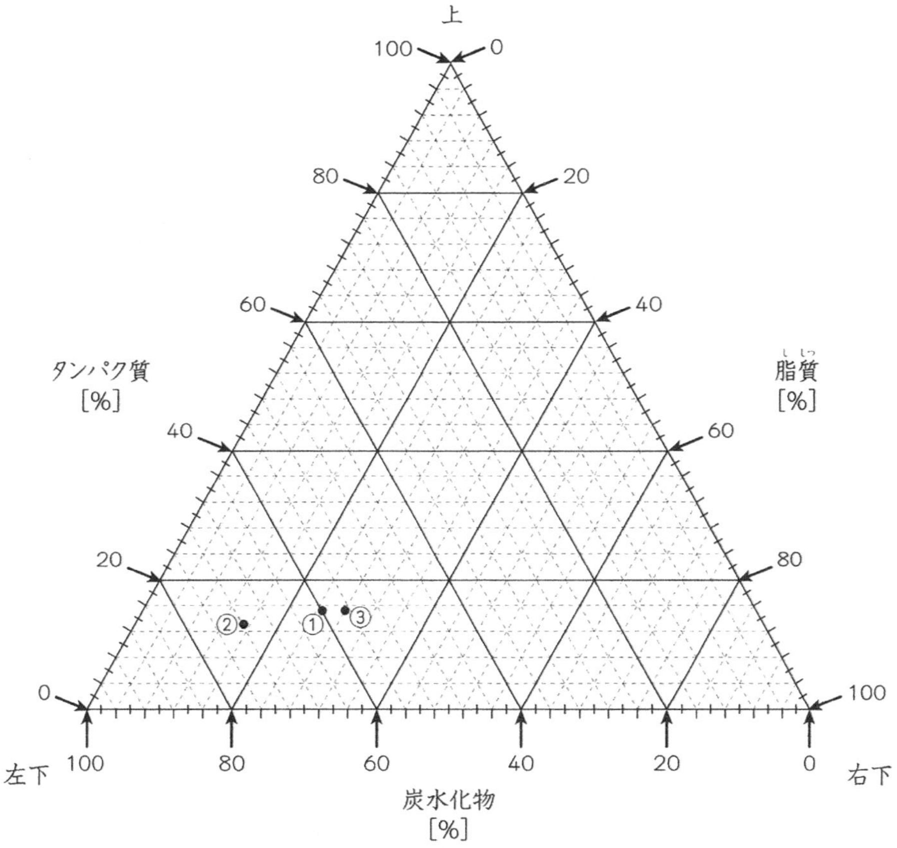

(厚生労働省《こうせいろうどうしょう》「日本の栄養政策《せいさく》」より作成)

点①：日本人における理想的な三大栄養素をとった割合

点②：１９６５年の日本人における三大栄養素をとった割合

点③：２０１７年の日本人における三大栄養素をとった割合

〔問題１〕　以下の説明は、**図１**のグラフから１９６５年をもとにして２０１７年を比かくし、三大栄養素の中からそれぞれの栄養素に注目し、割合の変化を説明したものです。〔　〕に整数を入れ、増加したか減少したかのどちらかを丸で囲み、説明文を完成させなさい。例えば１２％から１６％へと変化したときは４ポイント増加したと表します。

説明

１９６５年をもとにして２０１７年を比かくすると、
タンパク質をとった割合がおよそ〔　　　　〕ポイント（増加し・減少し）、
脂《し》質《しつ》をとった割合がおよそ〔　　　　〕ポイント（増加し・減少し）、
炭水化物をとった割合がおよそ〔　　　　〕ポイント（増加した・減少した）。

ジュンさんは**レイコ**さんから図形の話を聞く中で、立体にも興味をもち始めました。

ジュン： 見る方向によっては三角形に見える立体もあるよね。
レイコ： 三角形に見えても、実際の立体は様々な形の場合があるからおもしろいよ。せっかくだから「ｆｕｊｉ」を使ってみようか。

レイコさんはパソコンをつけて、３Ｄモデリングソフト「ｆｕｊｉ」を起動しました。「ｆｕｊｉ」はパソコンを使って、画面の中で様々な図形をえがいたり、加工したりすることができるソフトです。

レイコ： 今、ここに一辺の長さが９ｃｍの立方体の辺の部分をえがいてみたよ。
ジュン： よく見ると辺の一つ一つに目盛りがついていて、１目盛りの長さは１ｃｍということになるんだね。
レイコ： 各頂点を**図２**のようにそれぞれ点Ａから点Ｈとし、この立体を立体Ｘと呼ぶことにしよう。

図２ 「ｆｕｊｉ」で作った立体Ｘの図

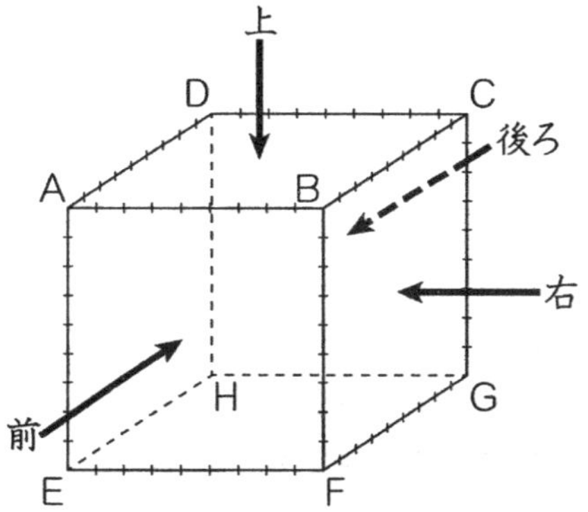

レイコ： 今、**図２**において前と書かれた方向から見ると、立方体ではなく、正方形ＡＥＦＢのように見えるよね。この見方を「前から見る」と言おう。立体Ｘを前から見た図を**図３**で示しておくね。この図において、頂点Ｅを出発点として右に４目盛り、上に５目盛り進んだ点を前［４・５］と表すよ。同じように、今度は後ろから見た場合、正方形ＣＧＨＤのように見えて、Ｇから右に２目盛り、上に５目盛り進んだ点を後［２・５］と表すよ。立体Ｘを後ろから見た図が**図４**だよ。

図3　立体Xを前から見た図

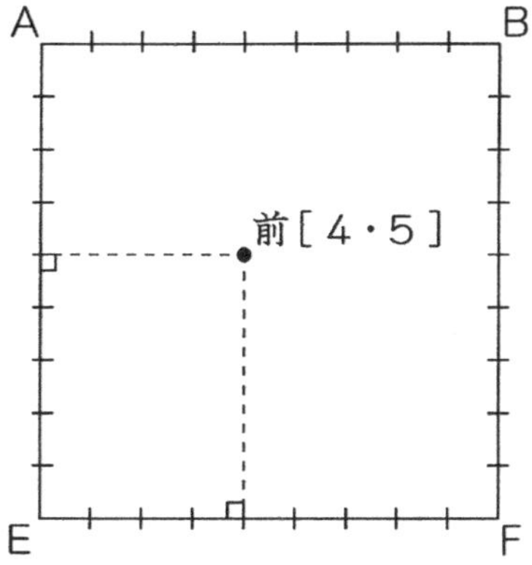

図4　立体Xを後ろから見た図

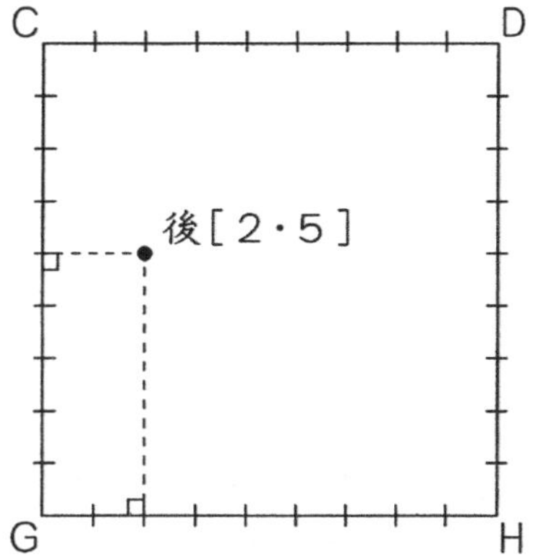

ジュン：なるほど、今見えている正方形の左下の頂点を出発点として、右と上にいくつ進んだかをかっこの中の数字で表すのか。かっこの前の文字は、今自分が立体Xをどちら側から見ているかを表しているんだね。

レイコ：このように表した点を二つ使って線を結ぶことができるよ。前［4・5］と後［2・5］の2点をまっすぐ結んだ線を前［4・5］：後［2・5］と表すんだ。

〔問題2〕　立体Xに前から見た点と後ろから見た点の2点を選び、まっすぐ結んだ線を作ったとき、出来《でき》上《あ》がった線が以下の**図5**、**図6**でぬりつぶした三角形で表されるはん囲に引かれました。引いた線を以下の**例**のように答えなさい。

例　前［4・3］：後［2・5］

図5　立体Xを上から見て、はん囲を示した図

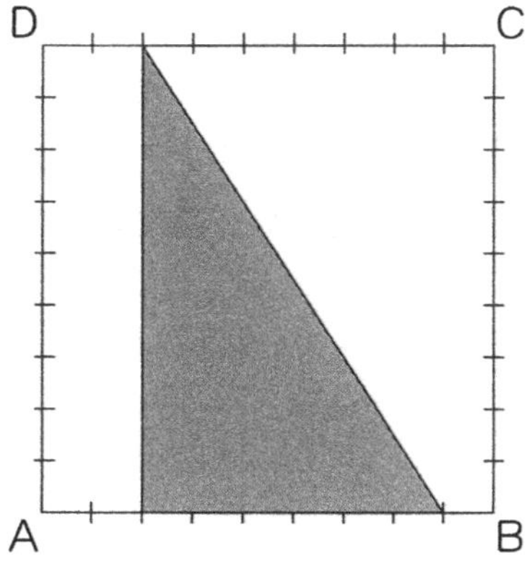

図6　立体Xを右から見て、はん囲を示した図

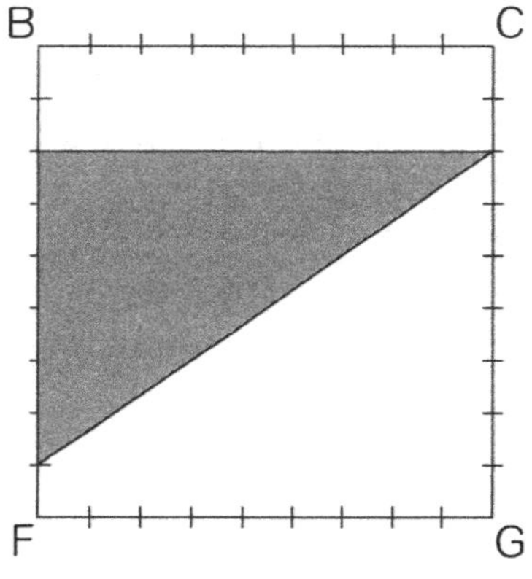

ジュンさんは引き続き**レイコ**さんといっしょに三角形について話をしています。

ジュン：何か三角形でおもしろい問題はないかな。
レイコ：こんな問題があるよ。この**図７**を見てごらん。
ジュン：正三角形を１８個しきつめてひし形を作ったんだね。
レイコ：この小さな正三角形一つの面積は１ｃｍ^{2}なんだけど、この図の中から好きな頂点を３点選んで、決められた面積の三角形を作るという問題なんだ。例えば、点A、点B、点Cをつなぐと面積はいくつになるかな。
ジュン：三角形ＡＢＣの面積は三角形ＢＣＤと三角形ＡＢＤに分けて考えればいいのか。三角形ＡＢＤの面積は、１ｃｍ^{2}の正三角形二つ分の平行四辺形の半分だから１ｃｍ^{2}になるね。三角形ＢＣＤの面積と合わせると、三角形ＡＢＣの面積は２ｃｍ^{2}だね。

図７　**レイコ**さんが用意した正三角形を１８個しきつめたひし形の図

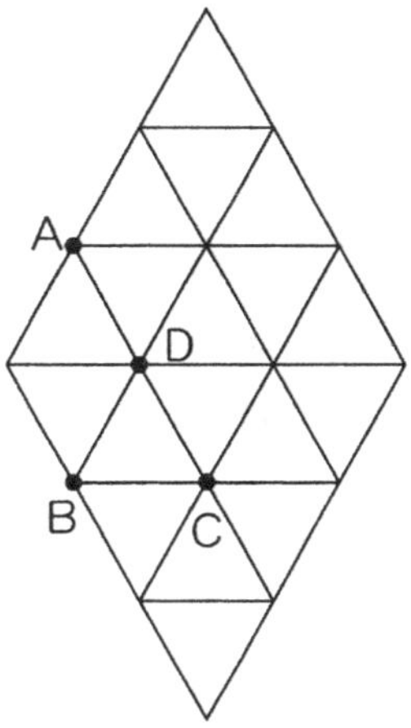

〔問題３〕　**図７**の中にある、面積が１ｃｍ^{2}の正三角形の各頂点のうち３点を選んで面積が３ｃｍ^{2}となるような三角形と、面積が７ｃｍ^{2}となるような三角形を作ります。それぞれどのように３点を選べばよいでしょうか。解答らんの図の中の正三角形の各頂点の中から３点を選び、三角形を作り、ぬりつぶしなさい。図は本当の長さではないので注意すること。

適性検査Ⅰ

注意

1　問題は **1** のみで、**6ページ**にわたって印刷してあります。
2　検査時間は**四十五分**で、終わりは**午前九時四十五分**です。
3　声を出して読んではいけません。
4　答えは全て解答用紙に明確に記入し、**解答用紙だけを提出しなさい。**
5　答えを直すときは、きれいに消してから、新しい答えを書きなさい。
6　**受検番号**を解答用紙の決められたらんに記入しなさい。

③

東京都立富士高等学校附属中学校

1 次の **文章1** と **文章2** とを読み、あとの問題に答えなさい。
（＊印の付いている言葉には、本文のあとに〈注〉があります。）

文章1

中国を最近、訪問《ほうもん》した。中国の人たちと話し合っていて、＊孔子《こうし》の教えが今も生きていることが感じられた。それにつけても思い出したのは、＊桑原武夫《くわばらたけお》先生の『論語《ろんご》』である。桑原先生の名解説で、＊『論語』が「孔子とその一門とのいきいきとした＊言行録」として捉《とら》えられ、いわゆる＊道学者としてではなく、人間、孔子の姿《すがた》を生き生きと浮《う》かびあがらせてくる書物であることが示される。

いろいろ好きな言葉があるが、ここに掲《かか》げたのは、＊雍也《ようや》第六 二十の＊「子曰《いわ》く、之《こ》れを知る者は之れを好む者に如《し》かず、之れを好む者は之れを楽しむ者に如かず」の後半である。ここには、知る、好む、楽しむ、という三つの動詞《どうし》があげられており、その重みが異《こと》なることを＊端的《たんてき》に示している。

最近は情報化社会という表現がもてはやされて、誰《だれ》もが新しい情報をできるだけ多く、そして早くキャッチすることに力をつくしている。確かに「知る」ことは大切だ。しかし、そのことに心を使いすぎると、それに疲《つか》れてしまったり、情報量の多さに押《お》し潰《つぶ》されてしまって、それに主体的にかかわっていく力がなくなってしまう。

「好む」者は、つまり「やる気」をもっているので、積極性がある。情報は与《あた》えられてくるので、人を受動的にする。人間の個性というものは、何が好きかというその人の積極的な姿勢《しせい》のなかに現れやすい。＊私《わたし》はカウンセリングのときに、何か好きなものがあるかを問うことがよくある。好きなことを中心に、その人の㋐個性が開花してくる。

孔子は、「好む」の上に「楽しむ」があるという。これはなかなか味わいのある言葉である。桑原先生の解説によれば、『楽』は＊客体の中に入ってあるいはそれと一体化して安住することであろう。最初の二つの段階《だんかい》を経て、第三段階の安らぎの理想像に達するとする」ということになる。

「好む」は積極的だが、下手《へた》をすると気負いすぎになる。それは「近《きん》所迷惑《じょめいわく》」を引き起こすことさえある。「楽しむ」はそれを超《こ》え、あくまで積極性を失ってはいないが安らぎがある。これはまさに「理想像」である。これを提示するのに、「知」、「好」の段階を置いたところに孔子の知恵《ちえ》が感じられる。

（河合隼雄《かわいはやお》「『出会い』の不思議」による）

〈注〉

孔子《こうし》――古代中国の思想家。

桑原武夫《くわばらたけお》先生の『論語《ろんご》』――フランス文学者である桑原武夫氏による『論語』の解説書。

『論語』――中国の古典。

言行録――言ったことや行《おこな》ったことを書き記したもの。

道学者――道徳を説く人。

雍也《ようや》第六 二十――『論語』の章の一つ。

「子曰《いわ》く、之《こ》れを知る者は之れを好む者に如《し》かず、之れを好む者は之れを楽しむ者に如かず」――孔子が言う、知るということだけでは、まだ、これを愛好することに及《およ》ばない。愛好するということは、これを楽しむことには及ばない。

端的《たんてき》――遠回しでなく、はっきりと表すさま。

私《わたし》はカウンセリングのときに――筆者はカウンセリングを仕事としている。

客体――はたらきかけるさいの、目的となるもの。対象。

文章2

（以前からあこがれのあった小鼓《こつづみ》を京都で習ってみることになった筆者は、着物をきちんと着付けてもらい、緊張《きんちょう》しながらお稽古《けいこ》の場にのぞんだ。）

いよいよ部屋を移動して*小鼓《こつづみ》に触《さわ》ってみることになった。

「まずは簡単《かんたん》に小鼓について説明します。鼓は馬の皮でできておりまして、表と裏《うら》があります。桜の木でできた胴《どう》という部分があり、麻《あさ》の紐《ひも》を縦《たて》と横に組み合わせただけの打楽器です」

目の前に小鼓を置いていただくと、「本物だあ」という無邪気《むじゃき》な感動があった。

「構えると打撃《だげき》面が見えないというのが、小鼓の特徴《とくちょう》です」

打撃面が見えない、というのがどういうことなのか咄嗟《とっさ》には理解できないまま頭の中で必死にメモをとる。

「まずは固定観念なしでいっぺん打っていただきます」

とはいえ、どう持っていいのかもわからない。手をこうやって、親指はこの形にして、くるりとまわして、と言われるままにおそるおそる小鼓を持ち上げて、右肩《みぎかた》に掲《かか》げた。

「イメージ通りに打ってみてください」

勢いよく腕《うで》を振《ふ》って、小鼓を手のひらでばしりと叩《たた》いた。テレビなどでよく見る映像《えいぞう》の真似《まね》っこだ。イメージと勢いに反して、ぺん、という間抜《まぬ》けな音が出た。

「いろいろやってみてください」

何度打っても、ぺん、ぱん、という、机《つくえ》を叩いているような間の抜《ぬ》けた音しか出ない。

打撃面が見えない、という意味が打ってみてわかった。自分の手のひらがどんな動きをしているのか、鼓のどの辺を打っているのか自分ではわからないのだ。

「案外、鳴らないものでしょう」

先生の言葉に、「はい」としみじみ頷《うなず》いた。

じゃあ、と、先生が姿勢《しせい》と持ち方を正してくださった。

「手をぶらぶらにして」

言われた通りに手首から力を抜く。先生が腕をもって一緒《いっしょ》に打ってくださった。

ぽん！　ぽん！

さっきとは比べ物にならない大きな音が出て驚《おどろ》いた。周りの空気がぶるぶる震《ふる》える感じがする。騒音《そうおん》の振動《しんどう》とはまったく違《ちが》う、部屋の空気がびりっと引《ひ》き締《し》まるような震えだ。

「鼓はいかに力を抜くことができるかということが大事です。鼓は、実はこの打った面ではなく、こっちの後ろから音が出ていきます。ちょっと私《わたし》の言うことを聞いていただけると、すぐ鳴るんです」

本当にその通りで、魔法《まほう》みたいだったので、感動して何度も「はい！」と頷いた。

「息を吸《す》ったり吐《は》いたりすると、もっといい音が出ます。吸う、ぽん」

息を吸《す》い込《こ》んで打つと、ぽん、という音がもっと大きくなった。

「村田さんらしい鼓の音というのが必ずあって、同じ道具を打っても人によって違う音が出ます。ここにいらっしゃる方がそれぞれ手に取ったら、それぞれ違う音が出ます」

上手《じょうず》な人はみんな完璧《かんぺき》な音を打っていて、それは同じ音色なのだろうと勝手に想像していたので、驚くと同時に、自分らしい音とはどんな音なのか、と胸《むね》が高鳴った。

「今、村田さんが打った鼓を、何もすることなしに私が打ってみます」

先生が打つと、美しい響《ひび》きに、部屋の空気がびりびりと気持ちよく震えた。凛《りん》とした振動に呼応《こおう》して、部屋の空気が変化して一つの世界として完成された感覚があった。

「鼓には五種類の音があります」

説明をしながら先生が鼓を打つ。さっきまで自分が触っていた鼓から、魔法のように複雑に、いろいろな音が飛び出す。

「今日みたいに湿気《しっけ》がある日は、小鼓にとってはとってもいい日なんです」

たまたま来た日がよく音が出る日だという偶然《ぐうぜん》が、なんだか自分が小鼓とご縁《えん》があったみたいでうれしくなった。

今度は掛《か》け声《ごえ》をかけて鼓を打ってみた。

「掛け声も音の一つです」

少し恥《は》ずかしかったが、自分の身体も楽器の一つだと思うと、少し勇気が出た。先生の＊謡《うたい》に合わせて、

「よー」

と掛け声を出し、ぽん、と打った。もっと大きく響かせたいと思っても、なかなかお腹《なか》から力が出なかった。声に気をとられて、鼓の音もまた間抜けになってしまった。

「音が出ないのも楽しさの一つです。少しのアドバイスで音が鳴るようになります、素直《すなお》な人ほどぽんと鳴ります」

先生の言葉に、とにかく素直に！　としっかり心に刻《きざ》み付《つ》けた。

「村田さんが来てくれて一番の喜びは、これで鼓を触ったことがない人が一人減ったということです。日本の楽器なのに、ドレミは知っていても小鼓のことはわからないという人が多い。鼓を触ったことのない人が減っていくというのが、自分の欲《よく》というか野望です」

先生の中にごく自然に宿っている言葉が、何気なくこちらに渡《わた》されてくる。先生の言葉も、鼓と同じように、生徒によって違う音で鳴るのだろうと感じた。

「＊お能の世界は非日常の世界なのですけれど、やはり日常に全て通じているんです」

最後にもう一度、鼓を構えて音を鳴らした。

とにかく素直に、素直に、と自分に言い聞かせて、身体の全部を先生の言葉に任せるような感覚で、全身から力を抜いた。

ぽん！

今日、自分ひとりで出した中で一番の大きな音が、鼓からぽーんと飛んでいった。

「とても素直な音ですね」

先生の言葉にうれしくなってしまい、もっと鳴らそうと思うと、㋑今度は変な音が出た。

「今度はちょっと欲張《よくば》ってきましたね」

音でなんでもわかってしまうのだなと恥ずかしくなった。

「ありがとうございました」

お稽古《けいこ》の最後に、敬意《けいい》を込《こ》めて先生に深く頭を下げた。お礼の言葉は日常でも使っているが、先生に向かって、「学ばせてくださってありがとうございました」という気持ちを込めて発するその言葉は、普段《ふだん》とは意味合いが違っていた。

その夜はずっと鼓のことを考えていた。ぽーんと気持ちよく鳴った音だけではなく、先生の言葉に込められた「日本らしさ」ということ。鼓を触ったことのない人間が、今日一人減って、それが私だということ。

短い時間だったけれど、私の中に何かが宿った気がした。思った以上に忘《わす》れられない経験として、自分の中に刻まれていた。

鼓から飛んでいった私だけの「音」の感覚が、今も身体に残っている。ぽーん、と響いた、私だけの音。あの音にもう一度会いたいと、東京に戻《もど》った今も、たまに手首をぶらぶらさせながら想《おも》い続けている。

（村田沙耶香《むらたさやか》「となりの脳《のう》世界」朝日新聞出版による）

〔注〕 小鼓《こつづみ》——日本の伝統的な打楽器の一つ。（図1）

図1

謡《うたい》——日本の古典的芸能の一つである能楽の歌詞《かし》をうたうこと。

お能——能楽。室町時代《むろまちじだい》に完成した。

〈問題1〉 ㋐個性 とありますが、これは、文章2 ではどのような形で表れていますか。会話文以外の部分から、五字以上十字以内でぬき出しなさい。

〈問題2〉 ㋑今度は変な音が出た。 とありますが、それはなぜですか。ただし、文章1 の十五字以上二十字以内で説明しなさい。ただし、文章1 の表現も用いること。

〈問題3〉 文章2 のお稽古《けいこ》の場面では、文章1 の「知る、好む、楽しむ」のどの段階《だんかい》まで表されていると言えるでしょうか。あなたの考えを四百字以上四百四十字以内で書きなさい。ただし、次の条件と下の〈きまり〉にしたがうこと。

条件　次の三段落構成《さんだんらくこうせい》にまとめて書くこと

①第一段落では、「知る」、「好む」、「楽しむ」のどの段階まで表されていると考えるか、自分の意見を明確に示す。

②第二段落では、「①」の根拠《こんきょ》となる箇所《かしょ》を 文章2 から具体的に示し、文章1 と関係付けて説明する。

③第三段落では、「①」で示したものとはちがう段階だと考える人にも分かってもらえるよう、その人の考え方を想像してそれにふれながら、あなたの考えを筋道《すじみち》立てて説明する。

〈きまり〉

○題名は書きません。

○最初の行から書き始めます。

○各段落《だんらく》の最初の字は一字下げて書きます。

○行をかえるのは、段落をかえるときだけとします。

○、や。や」などもそれぞれ字数に数えます。これらの記号が行の先頭に来るときには、前の行の最後の字と同じますめに書きます（ますめの下に書いてもかまいません）。

○。と」が続く場合には、同じますめに書いてもかまいません。この場合、。」で一字と数えます。

○段落をかえたときの残りのますめは、字数として数えます。

○最後の段落の残りのますめは、字数として数えません。

適性検査Ⅱ

注　　意

1　問題は **1** から **3** までで、**１２ページ**にわたって印刷してあります。

2　検査時間は**４５分**で、終わりは**午前１１時１０分**です。

3　声を出して読んではいけません。

4　計算が必要なときは、この問題用紙の余白を利用しなさい。

5　答えは全て解答用紙に明確に記入し、**解答用紙だけを提出しなさい。**

6　答えを直すときは、きれいに消してから、新しい答えを書きなさい。

7　**受検番号**を解答用紙の決められたらんに記入しなさい。

東京都立富士高等学校附属中学校

問題は次のページからです。

問題を解くときに、問題用紙や解答用紙、ティッシュペーパーなどを実際に折ったり切ったりしてはいけません。

1　**花子**さん、**太郎**《たろう》さん、**先生**が、２年生のときに習った九九の表を見て話をしています。

花　子：２年生のときに、１の段《だん》から９の段までを何回もくり返して覚えたね。

太　郎：九九の表には、たくさんの数が書かれていて、規則がありそうですね。

先　生：どのような規則がありますか。

花　子：９の段に出てくる数は、一の位と十の位の数の和が必ず９になっています。

太　郎：そうだね。９も十の位の数を０だと考えれば、和が９になっているね。

先　生：ほかには何かありますか。

表1

	1	2	3	4	5	6	7	8	9
1	1	2	3	4	5	6	7	8	9
2	2	4	6	8	10	12	14	16	18
3	3	6	9	12	15	18	21	24	27
4	4	8	12	16	20	24	28	32	36
5	5	10	15	20	25	30	35	40	45
6	6	12	18	24	30	36	42	48	54
7	7	14	21	28	35	42	49	56	63
8	8	16	24	32	40	48	56	64	72
9	9	18	27	36	45	54	63	72	81

太　郎：表1のように４個の数を太わくで囲むと、左上の数と右下の数の積と、右上の数と左下の数の積が同じ数になります。

花　子：４×９＝３６、６×６＝３６で、確かに同じ数になっているね。

先　生：では、**表2**のように６個の数を太わくで囲むと、太わくの中の数の和はいくつになるか考えてみましょう。

表2

	1	2	3	4	5	6	7	8	9
1	1	2	3	4	5	6	7	8	9
2	2	4	6	8	10	12	14	16	18
3	3	6	9	12	15	18	21	24	27
4	4	8	12	16	20	24	28	32	36
5	5	10	15	20	25	30	35	40	45
6	6	12	18	24	30	36	42	48	54
7	7	14	21	28	35	42	49	56	63
8	8	16	24	32	40	48	56	64	72
9	9	18	27	36	45	54	63	72	81

花　子：６個の数を全て足したら、２７３になりました。

先　生：そのとおりです。では、同じように囲んだとき、６個の数の和が１３５になる場所を見つけることはできますか。

太　郎：６個の数を全て足せば見つかりますが、大変です。何か規則を用いて探《さが》すことはできないかな。

花　子：規則を考えたら、６個の数を全て足さなくても見つけることができました。

〔問題１〕　６個の数の和が１３５になる場所を一つ見つけ、解答らんの太わくの中にその６個の数を書きなさい。

　また、花子さんは「規則を考えたら、６個の数を全て足さなくても見つけることができました。」と言っています。６個の数の和が１３５になる場所をどのような規則を用いて見つけたか、**図1**の**A**から**F**までを全て用いて説明しなさい。

図1

A	B	C
D	E	F

先　生：九九の表（**表3**）は、１から９までの２個の数をかけ算した結果を表にしたものです。ここからは、１けたの数を４個かけて、九九の表にある全ての数を表すことを考えてみましょう。次の〔**ルール**〕にしたがって、考えていきます。

表3　九九の表

	1	2	3	4	5	6	7	8	9
1	1	2	3	4	5	6	7	8	9
2	2	4	6	8	10	12	14	16	18
3	3	6	9	12	15	18	21	24	27
4	4	8	12	16	20	24	28	32	36
5	5	10	15	20	25	30	35	40	45
6	6	12	18	24	30	36	42	48	54
7	7	14	21	28	35	42	49	56	63
8	8	16	24	32	40	48	56	64	72
9	9	18	27	36	45	54	63	72	81

〔**ルール**〕

(1)　立方体を４個用意する。
(2)　それぞれの立方体から一つの面を選び、「●」を書く。
(3)　**図2**のように全ての立方体を「●」の面を上にして置き、左から順に**ア**、**イ**、**ウ**、**エ**とする。
(4)　「●」の面と、「●」の面に平行な面を底面とし、そのほかの４面を側面とする。
(5)　「●」の面に平行な面には何も書かない。
(6)　それぞれの立方体の全ての側面に、１けたの数を１個ずつ書く。ただし、数を書くときは、**図3**のように数の上下の向きを正しく書く。
(7)　**ア**から**エ**のそれぞれの立方体から側面を一つずつ選び、そこに書かれた４個の数を全てかけ算する。

図2

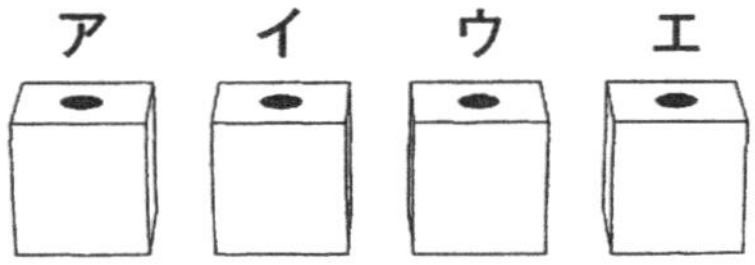

図3

先　生：例えば**図4**のように選んだ面に２、１、２、３と書かれている場合は、２×１×２×３＝１２を表すことができます。側面の選び方を変えればいろいろな数を表すことができます。４個の数のかけ算で九九の表にある数を全て表すには、どのように数を書けばよいですか。

図4

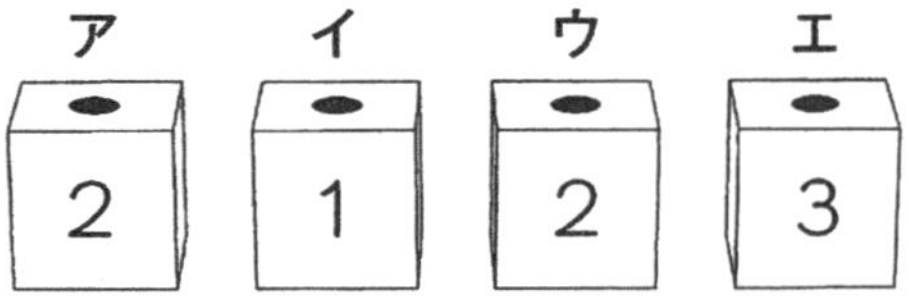

太　郎：４個の立方体の全ての側面に１個ずつ数を書くので、全部で１６個の数を書くことになりますね。

花　子：１けたの数を書くとき、同じ数を何回も書いてよいのですか。

先　生：はい、よいです。それでは、やってみましょう。

太郎さんと花子さんは、立方体に数を書いてかけ算をしてみました。

太　郎：先生、側面の選び方をいろいろ変えてかけ算をしてみたら、九九の表にない数も表せてしまいました。それでもよいですか。

先　生：九九の表にある数を全て表すことができていれば、それ以外の数が表せてもかまいません。

太　郎：それならば、できました。

花　子：私《わたし》もできました。私は、立方体の側面に１から７までの数だけを書きました。

〔問題２〕**〔ルール〕**にしたがって、**ア**から**エ**の立方体の側面に１から７までの数だけを書いて、九九の表にある全ての数を表すとき、側面に書く数の組み合わせを１組、解答らんに書きなさい。ただし、使わない数があってもよい。

　また、**ア**から**エ**の立方体を、**図５**の展開図《てんかいず》のように開いたとき、側面に書かれた４個の数はそれぞれどの位置にくるでしょうか。数の上下の向きも考え、解答らんの展開図に４個の数をそれぞれ書き入れなさい。

図５　展開図《てんかいず》

ア

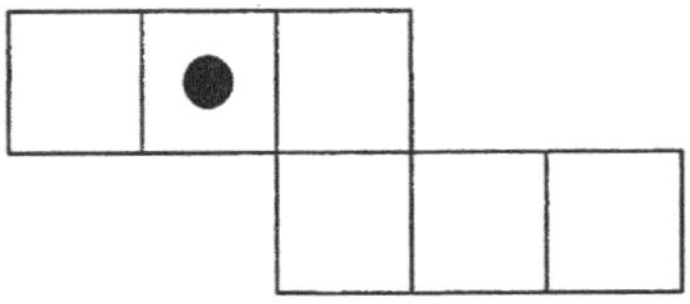

イ

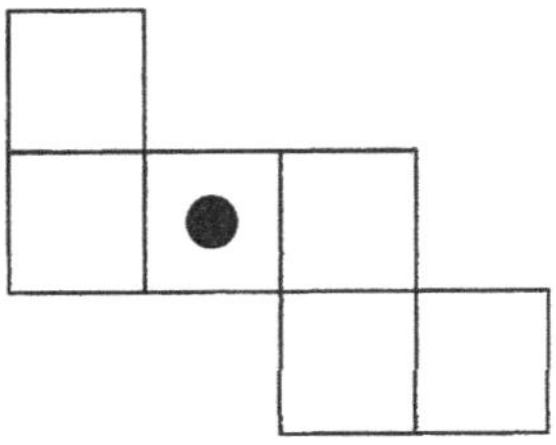

ウ

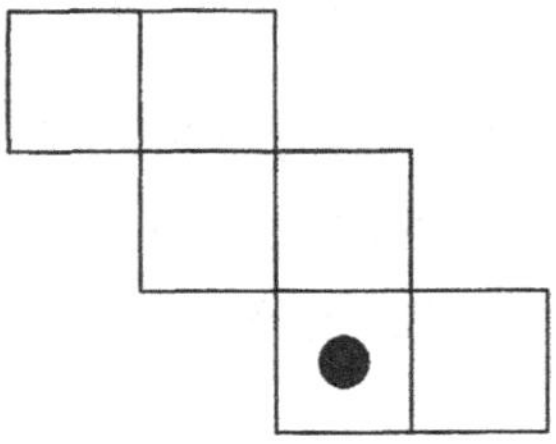

エ

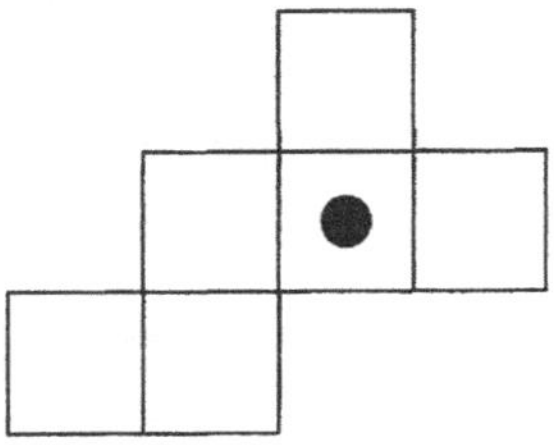

2 **太郎《たろう》**さんと**花子**さんは、木材をテーマにした調べ学習をする中で、**先生**と話をしています。

太　郎：社会科の授業で、森林は、主に天然林と人工林に分かれることを学んだね。

花　子：天然林は自然にできたもので、人工林は人が植林して育てたものだったね。

太　郎：調べてみると、日本の森林面積のうち、天然林が約５５％、人工林が約４０％で、残りは竹林などとなっていることが分かりました。

先　生：人工林が少ないと感じるかもしれませんが、世界の森林面積にしめる人工林の割合《わりあい》は１０％以下ですので、それと比べると、日本の人工林の割合は高いと言えます。

花　子：昔から日本では、生活の中で、木材をいろいろな使い道で利用してきたことと関係があるのですか。

先　生：そうですね。木材は、建築材料をはじめ、日用品や燃料など、重要な資源《しげん》として利用されてきました。日本では、天然林だけでは木材資源を持続的に得ることは難《むずか》しいので、人が森林を育てていくことが必要だったのです。

太　郎：それでは、人工林をどのように育ててきたのでしょうか。

先　生：**図１**は、人工林を育てる森林整備サイクルの例です。

図１　人工林を育てる森林整備サイクルの例

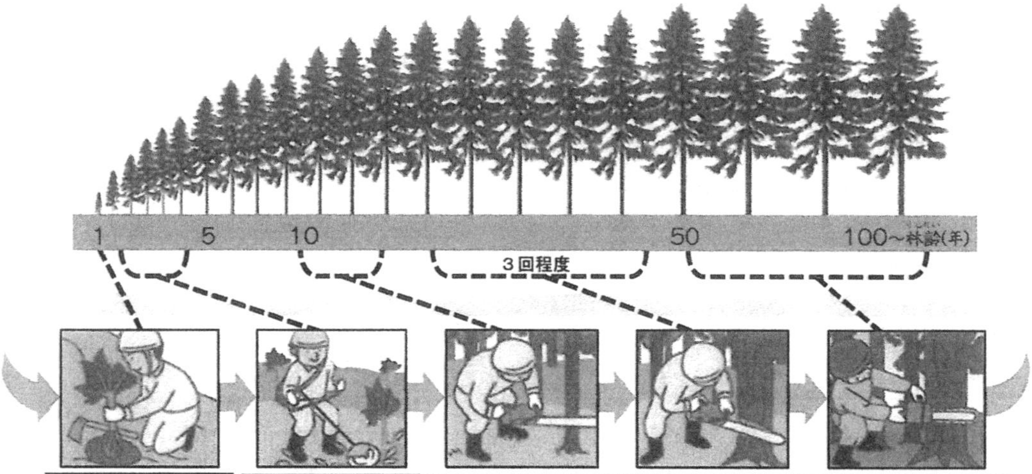

植さい	下《した》がり	除《じょ》ばつ	間ばつ	主ばつ
ばっ採したあとの土地を整理し、なえ木を植え付ける。	植えたなえ木の生育をさまたげる雑草などをかる。	植えた木の生育をさまたげる形の悪い木などをばっ採する。	植えた木の一部をばっ採して、本数を調整し、残った木を育成させる。	木材として利用するために、育成した樹木《じゅもく》をばっ採し、はん出する。

（林野庁《りんやちょう》「森林・林業・木材産業の現状と課題」より作成）

先　生：これを見ると、なえ木の植え付けをしてから、木材として主ばつをするまでの木の成長過程と、植え付けてからの年数、それにともなう仕事の内容が分かりますね。一般的《いっぱんてき》に、森林の年齢《ねんれい》である林齢《りんれい》が、５０年を経過した人工林は、太さも高さも十分に育っているため、主ばつに適していると言われます。

花　子：今年植えたなえ木は、５０年後に使うことを考えて、植えられているのですね。

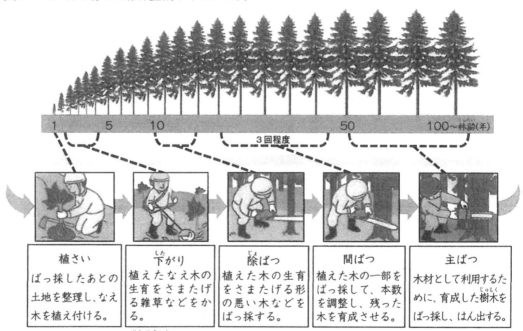

先　生： 人工林を育てるには、長い期間がかかることが分かりましたね。次は、これを見てください。

図2　人工林の林齢《りんれい》別面積の構成

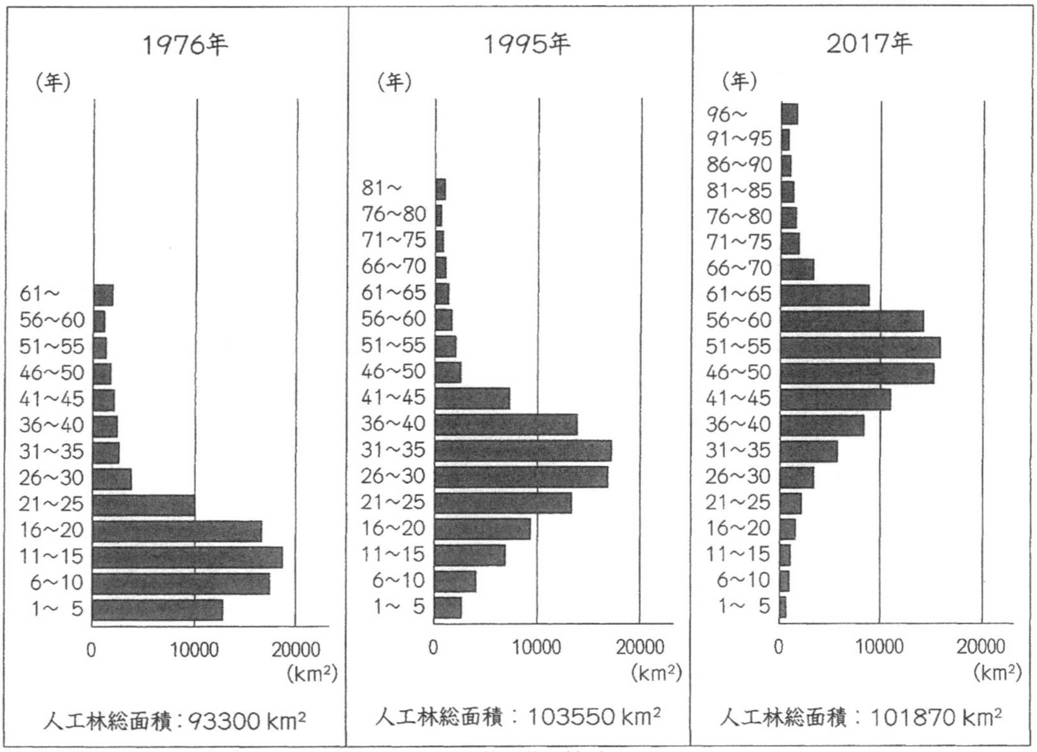

（林野庁《りんやちょう》「森林資源《しんりんしげん》の現況《げんきょう》調査《ちょうさ》」より作成）

先　生： **図2**は、人工林の林齢別面積の移り変わりを示しています。

太　郎： ２０１７年では、林齢別に見ると、４６年から６０年の人工林の面積が大きいことが分かります。

花　子： 人工林の総面積は、１９９５年から２０１７年にかけて少し減っていますね。

先　生： 日本の国土の約3分の2が森林で、森林以外の土地も都市化が進んでいることなどから、これ以上、人工林の面積を増やすことは難しいのです。

太　郎： そうすると、人工林を維持《いじ》するためには、主ばつした後の土地に植林をする必要があるということですね。

先　生： そのとおりです。では、これらの資料から、２０年後、４０年後といった先を予想してみると、これからも安定して木材を使い続けていく上で、どのような課題があると思いますか。

〔問題１〕　先生は「２０年後、４０年後といった先を予想してみると、これからも安定して木材を使い続けていく上で、どのような課題があると思いますか。」と言っています。持続的に木材を利用する上での課題を、これまでの会話文や**図１**の人工林の林齢と成長に着目し、**図２**から予想される人工林の今後の変化にふれて書きなさい。

花　子：人工林の育成には、森林整備サイクルが欠かせないことが分かりました。**図1**を見ると、林齢が５０年以上の木々を切る主ばつと、それまでに３回程度行われる間ばつがあります。高さや太さが十分な主ばつされた木材と、成長《せいちょう》途中《とちゅう》で間ばつされた木材とでは、用途《ようと》にちがいはあるのですか。

先　生：主ばつされた木材は、大きな建築材として利用できるため、価格も高く売れます。間ばつされた木材である間ばつ材は、そのような利用は難しいですが、うすい板を重ねて作る合板や、紙を作るための原料、燃料などでの利用価値《りようかち》があります。

太　郎：間ばつ材は、多く利用されているのですか。

先　生：いいえ、そうともいえません。間ばつ材は、ばっ採作業や運ぱんに多くのお金がかかる割《わり》に、高く売れないことから、間ばつ材の利用はあまり進んでいないのが現状です。間ばつは、人工林を整備していく上で、必ず行わなければならないことです。間ばつ材と呼《よ》ばれてはいますが、木材であることに変わりはありません。

花　子：そうですね。間ばつ材も、重要な木材資源として活用することが、資源の限られた日本にとって大切なことだと思います。

先　生：**図3**は、間ばつ材を使った商品の例です。

図3　間ばつ材を使用した商品

かまぼこの板

木製のおもちゃ

太　郎：小さい商品なら、間ばつ材が使えますね。おもちゃは、プラスチック製のものをよく見ますが、間ばつ材を使った木製のものもあるのですね。

花　子：**図3**で取り上げられたもの以外にも、間ばつ材の利用を進めることにつながるものはないか調べてみよう。

太　郎：私《わたし》も間ばつ材に関する資料を見つけました。

図4　間ばつ材に関する活動

紙コップに印刷された間ばつ材マーク

（全国森林組合連合会　間伐材《かんばつざい》マーク事務局《じむきょく》ホームページより）

小学生向け間ばつ体験

（和歌山県観光連盟《わかやまけんかんこうれんめい》ホームページより）

太　郎：**図4**の間ばつ材マークは、間ばつ材を利用していると認《みと》められた製品に表示されるマークです。間ばつや、間ばつ材利用の重要性などを広く知ってもらうためにも利用されるそうです。

花　子：**図4**の間ばつ体験をすることで、実際に林業にたずさわる人から、間ばつの作業や、間ばつ材について聞くこともできるね。私も間ばつ材の利用を進めることに関する資料を見つけました。

図5　林業に関する資料

高性能の林業機械を使った間ばつの様子

（中部森林管理局ホームページより）

間ばつ材の運ぱんの様子

（長野《ながの》森林組合《しんりんくみあい》ホームページより）

花　子：木材をばっ採し運び出す方法は、以前は、小型の機具を使っていましたが、**図5**のような大型で高性能の林業機械へと変わってきています。

先　生：間ばつ材の運ぱんの様子も、**図5**をみると、大型トラックが大量の木材を運んでいることが分かります。国としても、このような木材を運び出す道の整備を推進《すいしん》しているのですよ。

太　郎：機械化が進み、道が整備されることで、効率的な作業につながりますね。

先　生：これらの資料を見比べてみると、間ばつ材についての見方が広がり、それぞれ関連し合っていることが分かりますね。

花　子：間ばつ材の利用を進めるためには、さまざまな立場から取り組むことが大切だと思いました。

〔問題２〕　花子さんは、「間ばつ材の利用を進めるためには、さまざまな立場から取り組むことが大切だと思いました。」と言っています。「**図３**　間ばつ材を使用した商品」、「**図４**　間ばつ材に関する活動」、「**図５**　林業に関する資料」の三つから二つの図を選択《せんたく》した上で、選択した図がそれぞれどのような立場の取り組みで、その二つの取り組みがどのように関連して、間ばつ材利用の促進《そくしん》につながるのかを説明しなさい。

3 **花子**さん、**太郎**《たろう》さん、**先生**が磁石《じしゃく》について話をしています。

花　子：磁石の力でものを浮《う》かせる技術が考えられているようですね。

太　郎：磁石の力でものを浮かせるには、磁石をどのように使うとよいのですか。

先　生：**図１**のような円柱の形をした磁石を使って考えてみましょう。この磁石は、一方の底面が**N**極になっていて、もう一方の底面は**S**極になっています。この磁石をいくつか用いて、ものを浮かせる方法を調べることができます。

図１　円柱の形をした磁石《じしゃく》

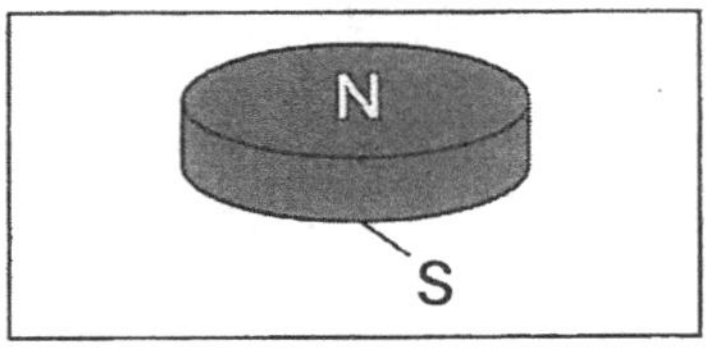

花　子：どのようにしたらものを浮かせることができるか実験してみましょう。

二人は先生のアドバイスを受けながら、次の手順で**実験１**をしました。

実験１

手順１　**図１**のような円柱の形をした同じ大きさと強さの磁石をたくさん用意する。そのうちの１個の磁石の底面に、**図２**のように底面に対して垂直《すいちょく》にえん筆を接着する。

手順２　**図３**のようなえん筆がついたつつを作るために、透明《とうめい》なつつを用意し、その一方の端《はし》に手順１でえん筆を接着した磁石を固定し、もう一方の端に別の磁石を固定する。

手順３　**図４**のように直角に曲げられた鉄板を用意し、一つの面を地面に平行になるように固定し、その鉄板の上に４個の磁石を置く。ただし、磁石の底面が鉄板につくようにする。

手順４　鉄板に置いた４個の磁石の上に、手順２で作ったつつを**図５**のように浮かせるために、えん筆の先を地面に垂直な鉄板の面に当てて、手をはなす。

手順５　鉄板に置いた４個の磁石の表裏《おもてうら》や位置を変えて、つつを浮かせる方法について調べる。ただし、上から見たとき、４個の磁石の中心を結ぶと長方形になるようにする。

図２　磁石とえん筆

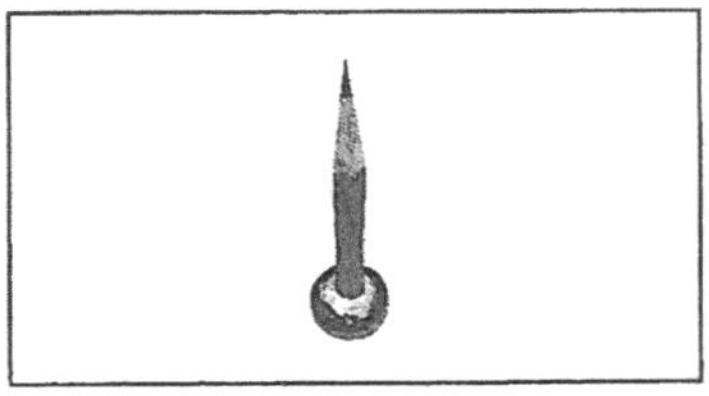

図３　えん筆がついたつつ

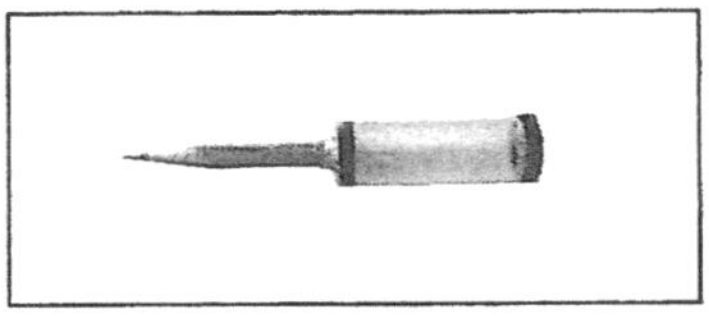

図４　鉄板と磁石４個

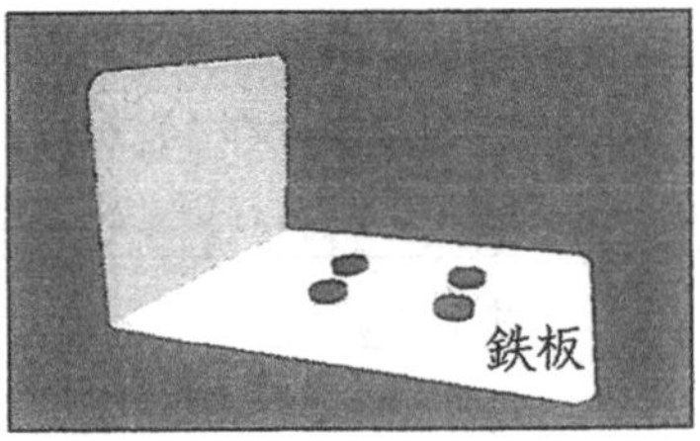

図５　磁石の力で浮《う》かせたつつ

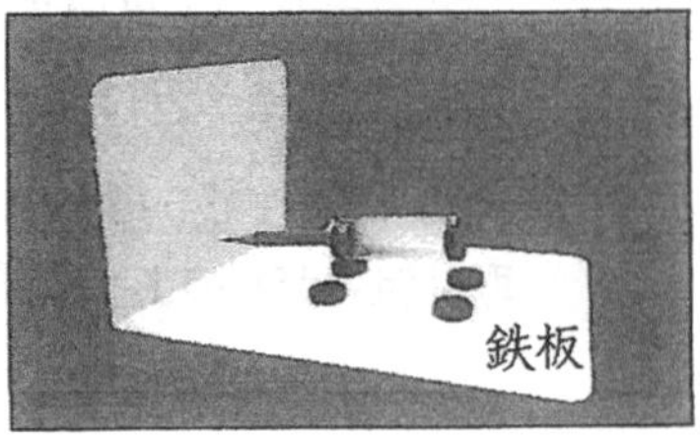

太　郎： つつに使う２個の磁石の**N**極と**S**極の向きを変えると、**図6**のように(あ)～(え)の４種類のえん筆がついたつつをつくることができるね。

図6　４種類のつつ

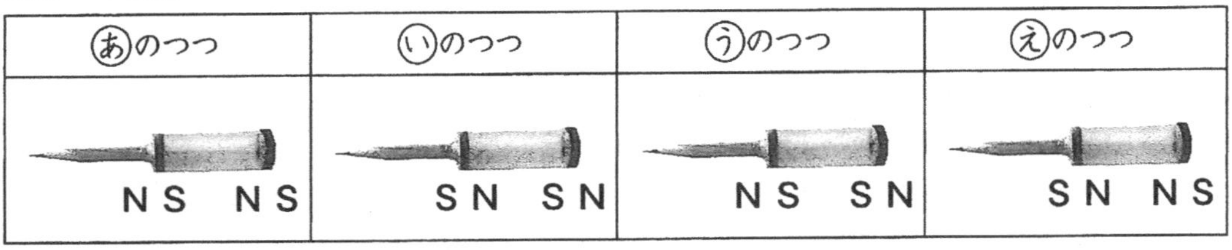

花　子：(あ)のつつを浮かせてみましょう。

太　郎： 鉄板を上から見たとき、**図7**の**ア**や**イ**のようにすると、**図5**のように(あ)のつつを浮かせることができたよ。

図7　上から見た(あ)のつつと、鉄板に置いた４個の磁石の位置と上側の極

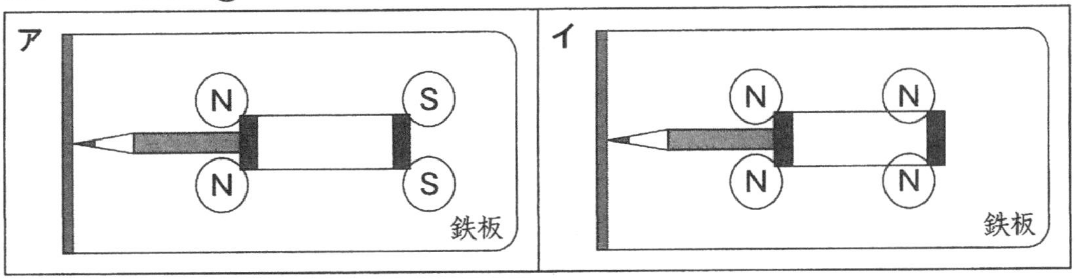

花　子：(あ)のつつを浮かせる方法として、**図7**の**ア**と**イ**の他にも組み合わせがいくつかありそうだね。

太　郎： そうだね。さらに、(い)や(う)、(え)のつつも浮かせてみたいな。

〔問題１〕（１）　**実験１**で**図7**の**ア**と**イ**の他に(あ)のつつを浮かせる組み合わせとして、４個の磁石をどの位置に置き、上側をどの極にするとよいですか。そのうちの一つの組み合わせについて、解答らんにかかれている８個の円から、磁石を置く位置の円を４個選び、選んだ円の中に磁石の上側が**N**極の場合は**N**、上側が**S**極の場合は**S**を書き入れなさい。

（２）　**実験１**で(え)のつつを浮かせる組み合わせとして、４個の磁石をどの位置に置き、上側をどの極にするとよいですか。そのうちの一つの組み合わせについて、（１）と同じように解答らんに書き入れなさい。また、書き入れた組み合わせによって(え)のつつを浮かせることができる理由を、(あ)のつつとのちがいにふれ、**図7**の**ア**か**イ**をふまえて文章で説明しなさい。

花　子：黒板に画用紙をつけるとき、**図8**のようなシートを使うことがあるね。

太　郎：そのシートの片面《かためん》は磁石になっていて、黒板につけることができるね。反対の面には接着剤《せっちゃくざい》がぬられていて、画用紙にそのシートを貼《は》ることができるよ。

花　子：磁石となっている面は、N極とS極のどちらなのですか。

先　生：磁石となっている面にまんべんなく鉄粉をふりかけていくと、鉄粉は**図9**のように平行なすじを作って並《なら》びます。これは、**図10**のようにN極とS極が並んでいるためです。このすじと平行な方向を、A方向としましょう。

太　郎：接着剤がぬられている面にさまざまな重さのものを貼り、磁石となっている面を黒板につけておくためには、どれぐらいの大きさのシートが必要になるのかな。

花　子：シートの大きさを変えて、**実験2**をやってみましょう。

図8　シートと画用紙

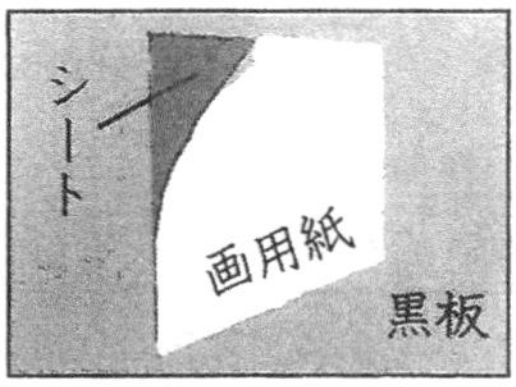

図9　鉄粉の様子

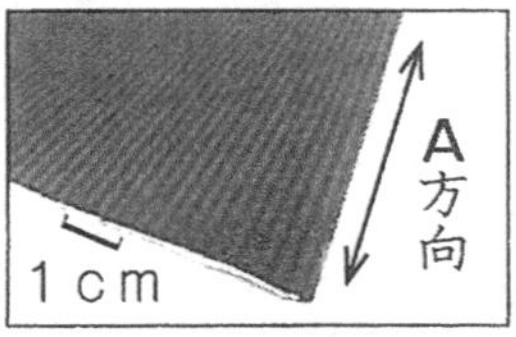

図10　N極とS極

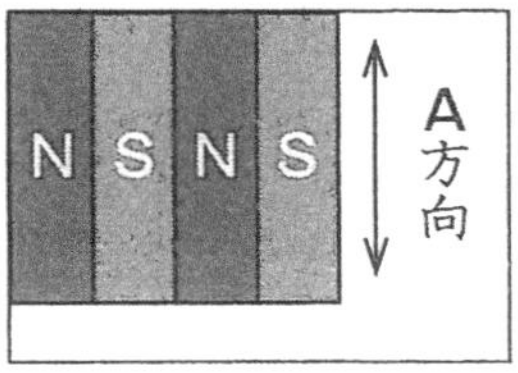

二人は次の手順で**実験2**を行い、その記録は**表1**のようになりました。

実験2

手順1　表面が平らな黒板を用意し、その黒板の面を地面に垂直に固定する。

手順2　シートの一つの辺がA方向と同じになるようにして、1辺が1cm、2cm、3cm、4cm、5cmである正方形に、シートをそれぞれ切り取る。そして、接着剤がぬられている面の中心に、それぞれ10cmの糸の端《はし》を取り付ける。

手順3　**図11**のように、1辺が1cmの正方形のシートを、A方向が地面に垂直になるように磁石の面を黒板につける。そして糸に10gのおもりを一つずつ増やしてつるしていく。おもりをつるしたシートが動いたら、その時のおもりの個数から一つ少ない個数を記録する。

手順4　シートをA方向が地面に平行になるように、磁石の面を黒板につけて、手順3と同じ方法で記録を取る。

手順5　1辺が2cm、3cm、4cm、5cmである正方形のシートについて、手順3と手順4を行う。

図11　**実験2**の様子

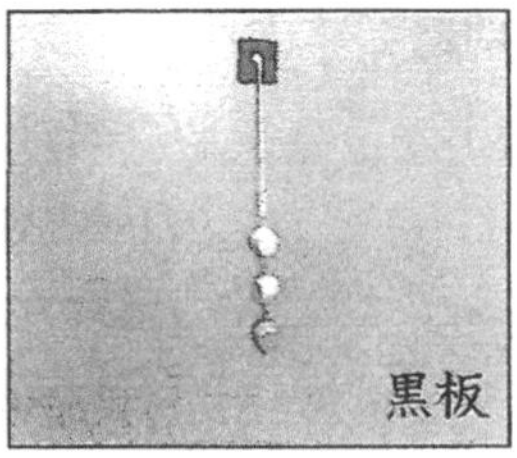

表1　**実験2**の記録

正方形のシートの1辺の長さ（cm）	1	2	3	4	5
A方向が地面に垂直《すいちょく》なときの記録（個）	0	2	5	16	23
A方向が地面に平行なときの記録（個）	0	2	5	17	26

太　郎： さらに多くのおもりをつるすためには、どうするとよいのかな。

花　子： おもりをつるすシートとは別に、シートをもう１枚《まい》用意し、磁石の面どうしをつけるとよいと思うよ。

先　生： それを確かめるために、**実験２**で用いたシートとは別に、一つの辺が**A**方向と同じになるようにして、１辺が１ｃｍ、２ｃｍ、３ｃｍ、４ｃｍ、５ｃｍである正方形のシートを用意しましょう。次に、そのシートの接着剤がぬられている面を動かないように黒板に貼って、それに同じ大きさの**実験２**で用いたシートと磁石の面どうしをつけてみましょう。

太　郎： それぞれのシートについて、**A**方向が地面に垂直であるときと、**A**方向が地面に平行であるときを調べてみましょう。

　二人は新しくシートを用意しました。そのシートの接着剤がぬられている面を動かないように黒板に貼りました。それに、同じ大きさの**実験２**で用いたシートと磁石の面どうしをつけて、**実験２**の手順３～５のように調べました。その記録は**表２**のようになりました。

表２　磁石の面どうしをつけて調べた記録

正方形のシートの１辺の長さ（ｃｍ）	１	２	３	４	５
A方向が地面に垂直なシートに、 **A**方向が地面に垂直なシートをつけたときの記録（個）	０	３	７	１６	２７
A方向が地面に平行なシートに、 **A**方向が地面に平行なシートをつけたときの記録（個）	１	８	１９	４３	５０
A方向が地面に垂直なシートに、 **A**方向が地面に平行なシートをつけたときの記録（個）	０	０	１	２	３

〔問題２〕（１）　１辺が１ｃｍの正方形のシートについて考えます。**A**方向が地面に平行になるように磁石の面を黒板に直接つけて、**実験２**の手順３について２ｇのおもりを用いて調べるとしたら、記録は何個になると予想しますか。**表１**をもとに、考えられる記録を一つ答えなさい。ただし、糸とシートの重さは考えないこととし、つりさげることができる最大の重さは、１辺が３ｃｍ以下の正方形ではシートの面積に比例するものとします。

（２）　次の①と②の場合の記録について考えます。①と②を比べて、記録が大きいのはどちらであるか、解答らんに①か②のどちらかを書きなさい。また、①と②のそれぞれの場合について**A**方向とシートの面の**N**極や**S**極にふれて、記録の大きさにちがいがでる理由を説明しなさい。

① **A**方向が地面に垂直なシートに、**A**方向が地面に平行なシートをつける。

② **A**方向が地面に平行なシートに、**A**方向が地面に平行なシートをつける。

適性検査Ⅲ

注　　意

1　問題は **1** から **2** までで、10ページにわたって印刷してあります。

2　検査時間は**45分**で、終わりは**午後0時35分**です。

3　声を出して読んではいけません。

4　計算が必要なときは、この問題用紙の余白を利用しなさい。

5　答えは全て解答用紙に明確に記入し、**解答用紙だけを提出しなさい。**

6　答えを直すときは、きれいに消してから、新しい答えを書きなさい。

7　**受検番号**を解答用紙の決められたらんに記入しなさい。

東京都立富士高等学校附属中学校

1　小学６年生の**キミオ**さんと**シンヤ**さんは、学年行事である３クラス対抗《たいこう》の体育大会を行っています。２人のクラスは２組です。玉入れをする前の時点での各クラスの順位と得点は、１位が１組で１０４点、２位が２組で１００点、３位が３組で９６点です。２人は、玉入れが終わり、結果発表を待っています。

キミオ：この種目を終えたところで１位になりたいね。玉入れの得点はどう決まるのかな。

シンヤ：１個の玉を入れるとクラスの得点に１点加えられるよ。私《わたし》たち２組は、１位の１組に４点差だから、１組の入れた玉の個数より少なくとも５個以上多く入れないと１組をぬいて、１位になれないね。ただ、３位の３組も私たちのクラスとは４点差しかないからそこにもぬかれてはいけないね。

キミオ：玉は３クラス合計で２５個入っていたらしいよ。

〔問題１〕　玉入れを終えたとき、３クラスの順位が、１位２組、２位３組、３位１組となるには、３クラスの入れた玉の個数がどのようなときですか。考えられる個数の組み合わせの一つを解答らんに答えなさい。なお、３クラスの入れた玉の個数の合計は２５個とします。

小学６年生の**レイコ**さんと**タケオ**さんは、クラスの団長と副団長になりました。２人は、優勝《ゆうしょう》に向けて騎馬戦《きばせん》の作戦を一緒《いっしょ》に立てた後、作戦の伝達方法について話し合っています。

レイコ：私たちが一緒に考えた作戦を、相手にもれないように自分のクラスの人に伝えるには暗号を使ったらどうかな。

タケオ：暗号で伝えるには、文字の並《なら》びとそれを読み取る方法を作ることが必要だね。

レイコ：まず、文字の並びを作る紙（**図１**）に、あいうえお表（**図２**）の中に含《ふく》まれる文字を使って書き入れるよ。次に、かぎの紙（**図３**）の□には左か右を、○には１から９までの整数を書き入れるよ。

レイコさんは**図１**、**図２**の紙に次の**図４**、**図５**のように書き入れ、**タケオ**さんにわたしました。

図１　文字の並《なら》びを作る紙

＜　　　　＞

図２　あいうえお表

あいうえおかきくけこさしすせそたちつてとなにぬねのはひふへほまみむめもやゆよらりるれろわをん゛゜

図３　かぎの紙

【□：○】

図4　レイコさんが書き入れた文字の並びを作る紙

＜えあすいか＞

図5　レイコさんが書き入れたかぎの紙

【左：３】

タケオ：図４の紙には＜えあすいか＞という５文字が書き入れられているね。**図２**の表には「あ」から「゜」までの文字が右に向かって横１列に書かれていて、**図５**の紙には【左：３】と書き入れられているんだね。これらをどのように読み取ればいいかな。

レイコ：図５の【左：３】とは、**図４**の紙に書き入れられた文字を**図２**の中からそれぞれ探《さが》し、その文字の一つ左側の文字から数えて、左へ３文字めの文字として読むという意味だよ。つまり、「え」「あ」「す」「い」「か」は、**表１**のように「あ」「ん」「こ」「゛」「う」となるので、＜えあすいか＞は≪あんこ゛う≫と読み取ることができるね。今回は書き入れたかぎの紙が１枚《まい》なので、これでこの暗号が解読できたよ。「゛」と「゜」もそれぞれ一つの文字として考えるよ。「あ」の一つ左の文字は「゜」になるからね。

タケオ：かぎの紙の枚数を増やせば解読が難《むずか》しくなるね。

表１　【左：３】の場合の**図４**の紙に書き入れられた文字の対応

「え」	「あ」	「す」	「い」	「か」
↓	↓	↓	↓	↓
「あ」	「ん」	「こ」	「゛」	「う」

２人は、以下のようにルールをいくつか付け加えました。

ルール

・**図３**のかぎの紙を３枚用意し、それぞれ書き入れたものをかぎの紙１、かぎの紙２、かぎの紙３とする。かぎの紙１の□には左、かぎの紙２の□には右、かぎの紙３の□には左とそれぞれ書き入れられている。

・かぎの紙１の○に書き入れられた数字と、かぎの紙２の○に書き入れられた数字と、かぎの紙３の○に書き入れられた数字をすべてかけ合わせると１２になる。

・文字の並びを作る紙に書き入れられた文字を、かぎの紙１を使って読み取り、次にかぎの紙１を使って読み取った文字をかぎの紙２を使って読み取り、さらにかぎの紙２を使って読み取った文字をかぎの紙３を使って読み取る。これで暗号の解読となる。

〔問題２〕　文字の並びを作る紙に書き入れられた文字の並びをこのルールで解読すると≪みぎ゛≫となりました。文字の並びを作る紙に書き入れられた文字の並びを答え、このときのかぎの紙１、かぎの紙２、かぎの紙３の○に書き入れられた数字を、１から９までの整数の中からそれぞれ選んで答えなさい。

暗号に夢中になった２人のところに、**タケオ**さんの**おじさん**が次の**図6**のような暗号機械（以下、富士サイファー）を持ってきてくれました。

図6　富士サイファー

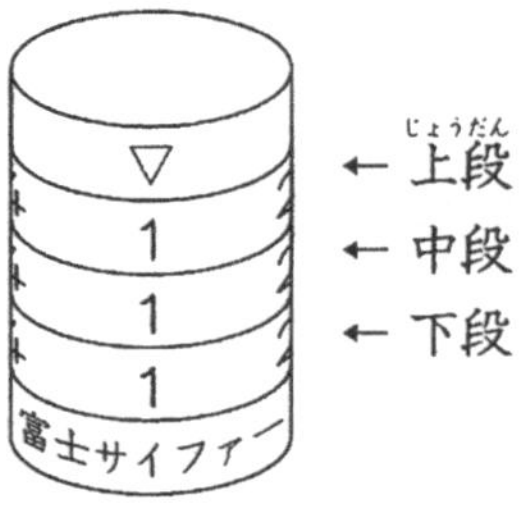

タケオ：おじさん、ありがとうございます。富士サイファーは、三つのダイヤルがうめこまれた機械なんですね。

おじさん：そうだよ。上段《じょうだん》・中段・下段の三つのダイヤルにはそれぞれ１から４の数字が一つずつ順に書かれていて、上段を回転させると中段・下段も連動して回転するんだ。

レイコ：上段の上にある、▽のマークを目印に数字を見るんですね。上段は９０度ずつ回転して、マークの下に必ず数字が来るようになっていて、最初は3段とも１になっているんですね。

以下は、**おじさん**から聞いた富士サイファーの仕組みです。

富士サイファーの仕組み

・上段は上から見たときに時計回りに９０度ずつ回転することができる。
（※なお、このように上段を時計回りに９０度回転させることを“１回まわす”という。）
・上段を４回まわした後、中段は連動して、時計回りに９０度だけ回転する。
・上段を２回まわした後、下段は連動して、反時計回りに９０度だけ回転する。

表2　上段をまわしたときの上段、中段、下段の数字

上段をまわす回数	上段の数字	中段の数字	下段の数字
0回	1	1	1
1回	2	1	1
2回	3	1	4
3回	4	1	4
4回	1	2	3

おじさん：ここに文字の並びを作る紙（**図7**）とまわす回数を書き入れる紙（**図8**）があるよ。

図7　文字の並びを作る紙

< 　　　　>

図8　まわす回数を書き入れる紙

《　　　　》

おじさん：「ア」「イ」「ウ」「エ」「オ」の５文字の中から、３文字を選び、文字の並びを作る紙に書き入れるんだ。左から順に上段、中段、下段に対応するものとするよ。そして、まわす回数を書き入れる紙には１から１６までの整数を書き入れるんだ。

おじさんは次の**図９**、**図１０**のように書き入れ、２人にわたしました。

図９　おじさんが書き入れた文字の並びを作る紙

＜イ イ オ＞

図１０　おじさんが書き入れたまわす回数を書き入れる紙

《　１３　》

おじさん：その紙（**図１０**）に書かれた数字の分だけ富士サイファーの上段をまわしてごらん。
タ ケ オ：上段が２、中段が４、下段が３になりました。
おじさん：この富士サイファー用暗号表（**表３**）を見てごらん。

表３　富士サイファー用暗号表

		上段に対応する語					中段に対応する語					下段に対応する語				
		ア	イ	ウ	エ	オ	ア	イ	ウ	エ	オ	ア	イ	ウ	エ	オ
各段の数字	1	は	ひ	ふ	へ	ほ	さ	し	す	せ	そ	わ	を	ん	゛	ー
	2	ほ	は	ひ	ふ	へ	そ	さ	し	す	せ	ー	わ	を	ん	゛
	3	へ	ほ	は	ひ	ふ	せ	そ	さ	し	す	゛	ー	わ	を	ん
	4	ふ	へ	ほ	は	ひ	す	せ	そ	さ	し	ん	゛	ー	わ	を

おじさん：上段に対応する文字は「イ」だったね。富士サイファーの上段の数字は２だから、上段に対応する文字「イ」は「は」に対応するよ。他の段はどうかな。
レ イ コ：中段に対応する文字「イ」は「せ」、下段に対応する文字「オ」は「ん」に対応するんですね。つまり、＜イイオ＞は≪はせん≫と解読できます。

〔問題３〕　文字の並びを作る紙に書き入れられた文字の並びを富士サイファーを使って解読したところ、≪ふじ゛≫となりました。文字の並びを作る紙に書き入れられた文字の並びと、まわす回数を書き入れる紙に書き入れられた数字を、それぞれ答えなさい。

問題を解くときに、問題用紙や解答用紙をちぎったり、問題用紙や解答用紙、その他のものを回転させて考えてはいけません。

2 小学6年生の**ショウ**さんと**ユミコ**さんは真上から見ると正三角形となるように切った工作用紙とつまようじを使ってコマを作りました。正三角形の各頂点《ちょうてん》から等しいきょりにある切った工作用紙上の点Oに、工作用紙の面と垂直《すいちょく》になるようにつまようじをさしました。工夫《くふう》をして、たおれないように回転させることができるようにし、つまようじと地面は常に垂直であるものとしました。コマを上から見たとき、正三角形の頂点をそれぞれA、B、Cとします。出来上がったコマは以下の**図1**、**図2**のようになります。

図1　2人が作ったコマ

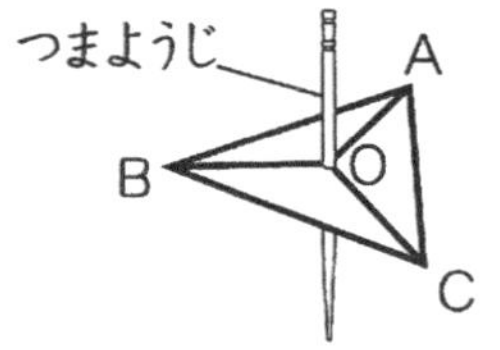

図2　コマを上から見た図

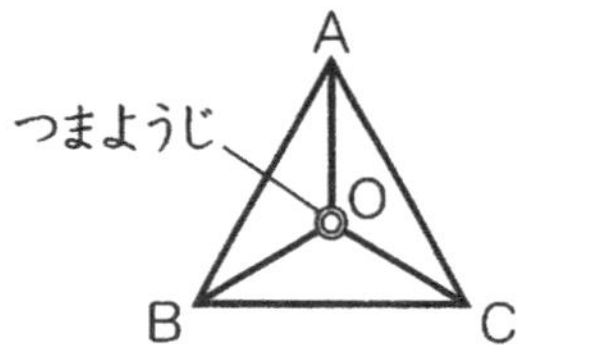

ショウ：つまようじをじくにコマを決まった角度で回転させると頂点が別の頂点の場所に移動するんだ。

ユミコ：コマを上から見た図を**図2**として最初の位置と考えて、それを【A・B・C】と表すことにしよう。最初の位置と各頂点がぴったりと重なるときだけ位置に名前を付けることにするよ。ここから反時計回りに120度回転させると、頂点Aが頂点Bの位置に、頂点Bが頂点Cの位置に、頂点Cが頂点Aの位置に来るから、**図3**のようになって【C・A・B】と表せるね。

ショウ：反対に、【A・B・C】から時計回りに120度回転させると、頂点Aが頂点Cの位置に、頂点Bが頂点Aの位置に、頂点Cが頂点Bの位置に来るから、**図4**のようになって【B・C・A】と表せるんだね。位置に名前が付けられるのは【A・B・C】、【B・C・A】、【C・A・B】の3種類しかないんだね。

図3　位置【C・A・B】

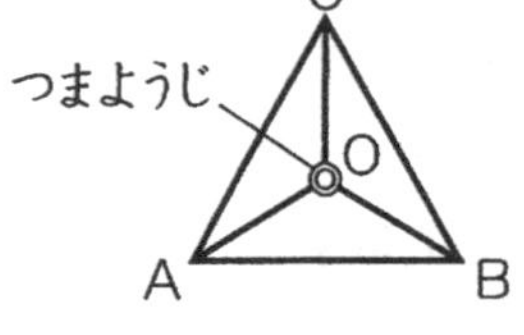

図4　位置【B・C・A】

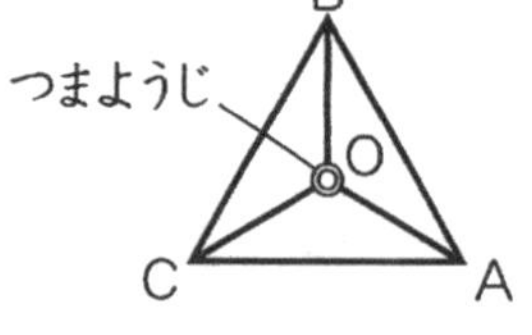

解答用紙

適性検査 I

1

〔問題1〕 10点

5

10

〔問題2〕 20点

15

20

〔問題3〕 70点

20

100

※100点満点

受検番号

得点
※

※のらんには、記入しないこと。

解答用紙　適性検査Ⅱ

※100点満点

受検番号	得点
	※

※のらんには、記入しないこと

1

〔問題１〕 16点

〔説明〕

※

〔問題２〕 24点

〔アの側面に書く４個の数〕				〔イの側面に書く４個の数〕			

〔ウの側面に書く４個の数〕				〔エの側面に書く４個の数〕			

〔アの展開図《てんかいず》〕

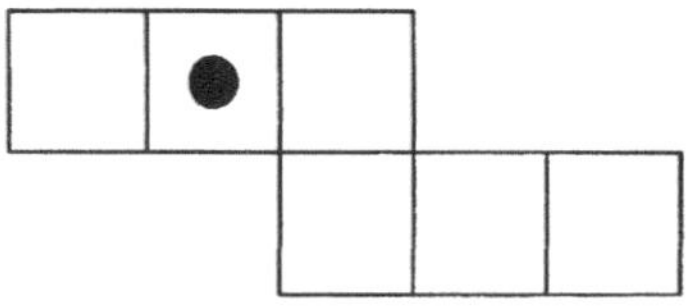

〔イの展開図〕

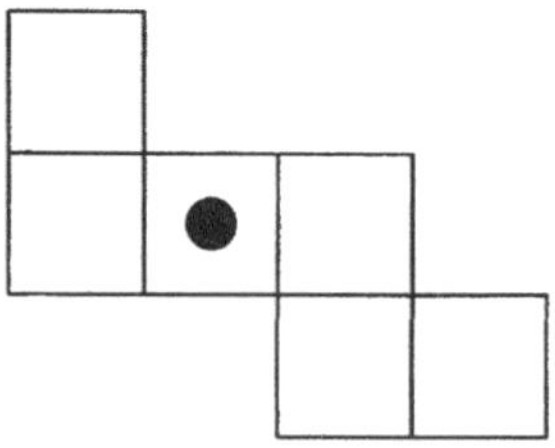

〔ウの展開図〕

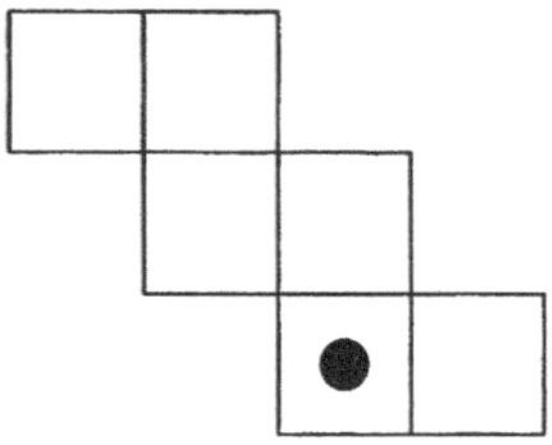

〔エの展開図〕

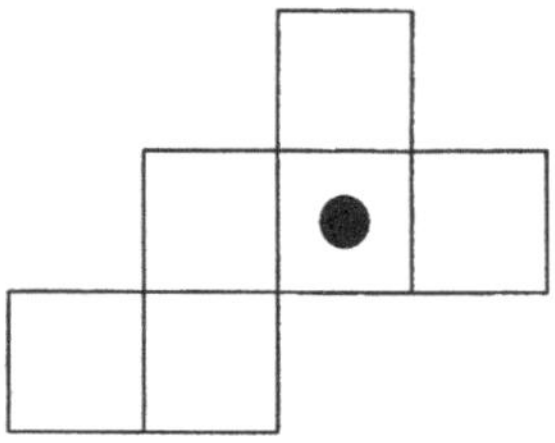

※

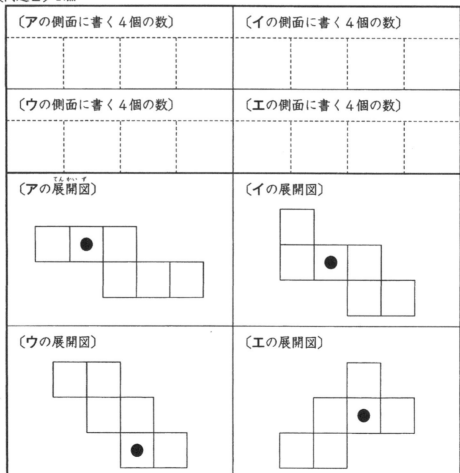

2

〔問題1〕10点

時計回りに６０度回転	回
反時計回りに９０度回転	回

※

〔問題2〕15点

最　初	→	2番め	→	3番め	→	4番め	→	5番め	→	6番め	→	最　後
（　）		（５）		（　）		（　）		（　）		（　）		（６）

※

〔問題3〕25点

回転の合計が２回のもの

「　　」→「　　」

回転の合計が４回のもの

「　　」→「　　」→「　　」→「　　」

※

※100点満点

受　検　番　号	得　　点
	※

※のらんには、記入しないこと

解答用紙　適性検査Ⅲ

1

〔問題１〕15点

１組の入れた玉の個数	２組の入れた玉の個数	３組の入れた玉の個数
個	個	個

※

〔問題２〕15点

文字の並《なら》びを作る紙に書き入れられた文字の並び	
かぎの紙１の○に書き入れられた数字	
かぎの紙２の○に書き入れられた数字	
かぎの紙３の○に書き入れられた数字	

※

〔問題３〕20点

文字の並びを作る紙に書き入れられた文字の並び	
まわす回数を書き入れる紙に書き入れられた数字	

※

2

〔問題１〕15点

※

〔問題２〕15点

（選んだ二つを○で囲みなさい。）

図3	図4	図5

※

3

〔問題１〕14点

（1）

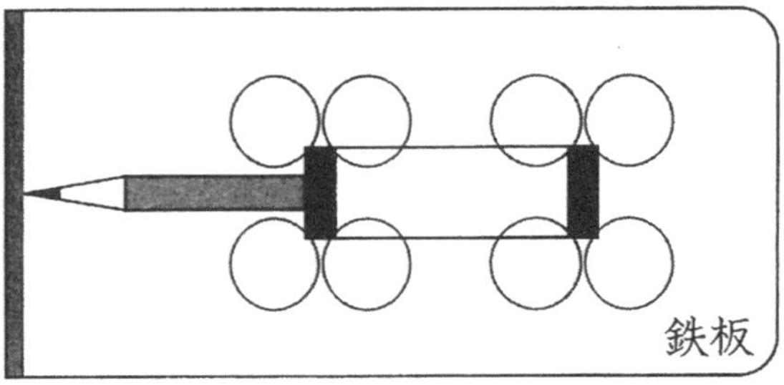

（2）

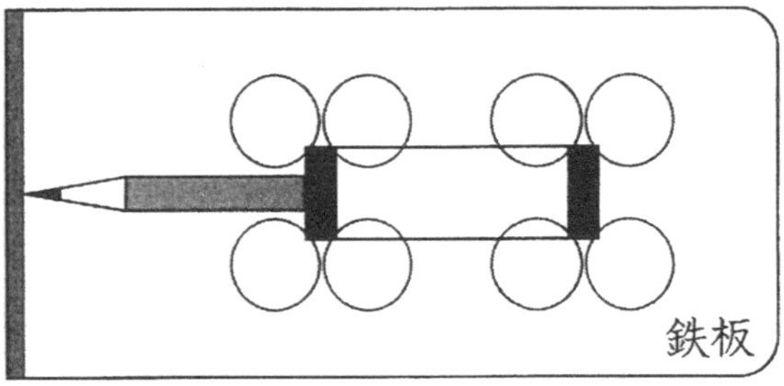

〔理由〕

※

〔問題２〕16点

（1）　個

（2）〔大きい場合〕

〔理由〕

※

（３　富士）

440　400　300　200

〔問題１〕 ショウさんとユミコさんは位置が【Ａ・Ｂ・Ｃ】のコマを２人で合わせて何回か回転させた結果、位置が【Ｃ・Ａ・Ｂ】となりました。ショウさんはコマを時計回りに６０度ずつ回転させ、ユミコさんはコマを反時計回りに９０度ずつ回転させるものとします。２人はそれぞれ何回ずつコマを回転させたでしょうか。考えられる回数の組み合わせを１種類答えなさい。ただしショウさんとユミコさんは少なくとも１回ずつコマを回転させたものとし、２人がコマを回転させた回数の合計は８回以内とします。

コマの回転について考えた**ショウ**さんと**ユミコ**さんは、ほかの形のものに、たおしたり、起こしたり、回転させたりする、机《つくえ》につく面が変わる動きをさせてみることにしました。初めに何かめずらしい形のものを動かしたいと思い、しょうぎのコマを参考にした五角柱について考えることにしました。

ショウ：この五角柱はさっきのコマとはちがってさまざまな方向に机につく面が変わる動きができそうだね。

ユミコ：五角柱を机の上で、常に一つの辺が机についた状態で机につく面が変わる動きをするようにしよう。

ショウ：五角柱には7個の面があるから、それぞれの面に**図5**、**図6**のように番号を付けよう。五角形の面の一つを「1」、その反対側の五角形の面に「7」、ほかに5個ある四角形の面にそれぞれ「2」「3」「4」「5」「6」と番号を付けてみたよ。

図5　「1」の面を正面に向けた五角柱

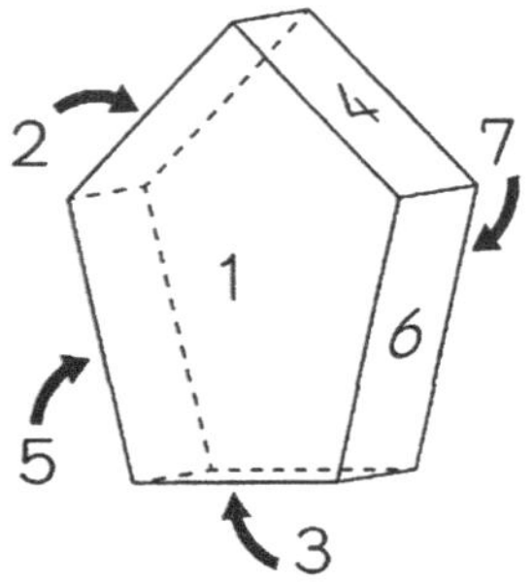

図6　**図5**を反対側から見た図

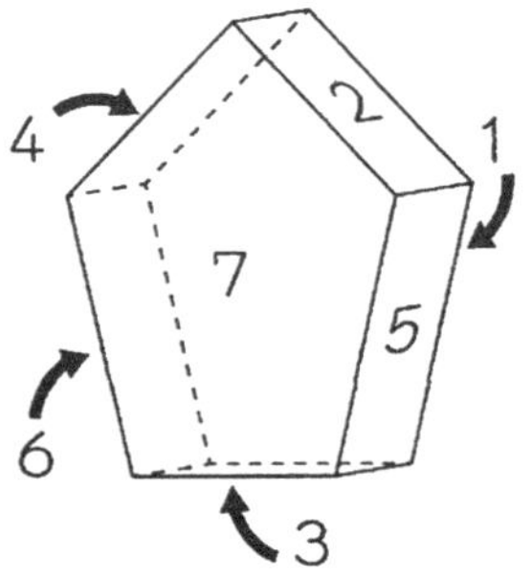

ユミコ：今、**図5**のように「3」の面が机についた状態で五角柱が置いてあるから、1回机につく面が変わるように動かすと「1」か「5」か「6」か「7」の面が机につくようになるんだね。

ショウ：「1」の面が机についた状態から1回机につく面が変わるように動かすと、机につく面は「2」「3」「4」「5」「6」の五つの可能性があるよ。五角形の面が机についていれば、1回机につく面が変わるように動かしたときに机につく可能性がある面は5通りだね。でも、四角形の面が机についていると、1回机につく面が変わるように動かしたときに机につく可能性がある面は4通りなんだ。

〔問題２〕 五角柱を机の上で、常に一つの辺が机についた状態で机につく面が変わるように動かします。最初に机についていた面に書かれていた数字と、そこからどのように動かしていったのかが分かるように、解答用紙の（　　）の中に、机についた面に書かれていた数字を書き入れなさい。ただし、全ての面が１回ずつ机につくものとし、五角柱を動かす際の２番めの数字は５、最後の数字は６とします。また、机につく面に書かれていた数字の向きは考えないこととします。

五角柱の机につく面が変わる動きからヒントを得た２人は、さまざまな向きの回転について考えてみることにしました。

ショウ： 五角柱で試《ため》してみてわかったけど、回転といってもさまざまな方向の回転があるんだね。

空間における、ある３種類の回転について考えるため、２人は、中学生の**ヒカル**さんに相談して、**図７**のような二つの向かい合う面が平行で合同な正方形となる模《も》型《けい》を作りました。一方の正方形の面の各頂点をＡ、Ｂ、Ｃ、Ｄとし、模型を裏返《うらがえ》すとＡの裏がＥ、Ｂの裏がＦ、Ｃの裏がＧ、Ｄの裏がＨとなるようにします。**図８**は**図７**の模型を正面から見た図で、**図９**は**図７**の模型を反対側から見た図です。

図７　２人が作った模《も》型《けい》

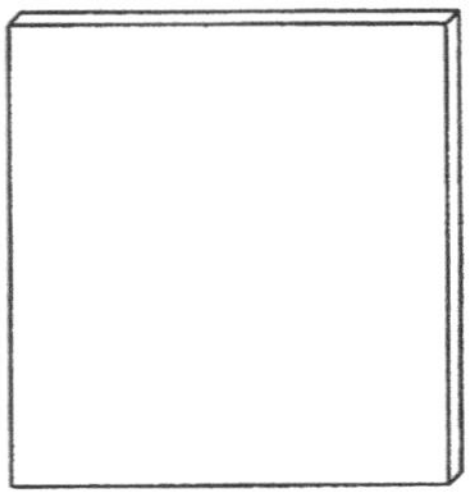

図８　**図７**の模型を正面から見た図

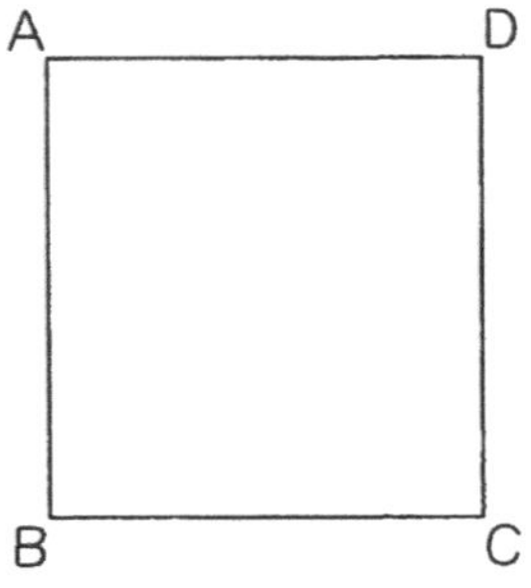

図９　**図７**の模型を反対側から見た図

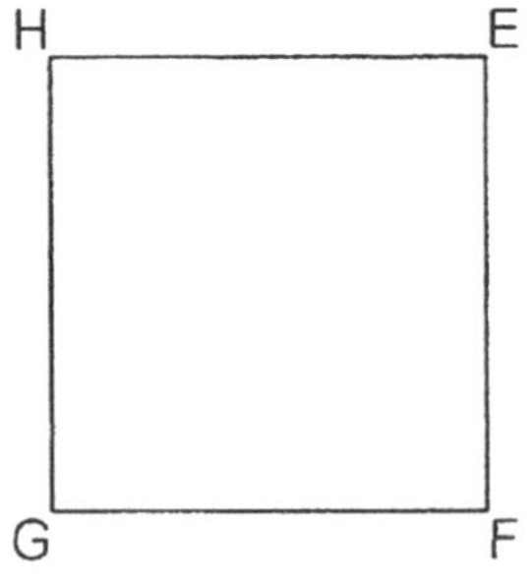

ヒカル： **図７**の模型を正面から見たときに**図１０**となるような回転を回転「ア」、**図７**の模型を正面から見たときに**図１１**となるような回転を回転「イ」、**図７**の模型を正面から見たときに**図１２**となるような回転を回転「ウ」とそれぞれ呼《よ》ぶことにするよ。

図１０　**図7**の模型に回転「ア」をさせた後、正面から見た図

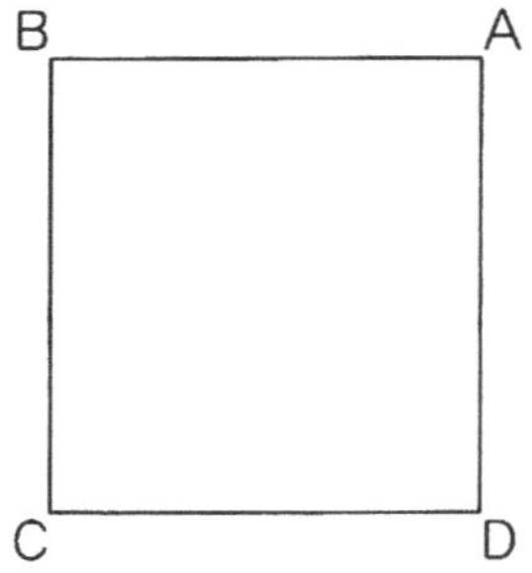

図１１　**図7**の模型に回転「イ」をさせた後、正面から見た図

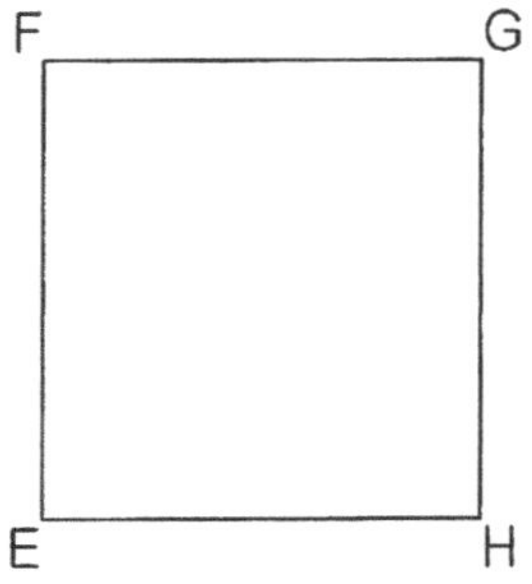

図１２　**図7**の模型に回転「ウ」をさせた後、正面から見た図

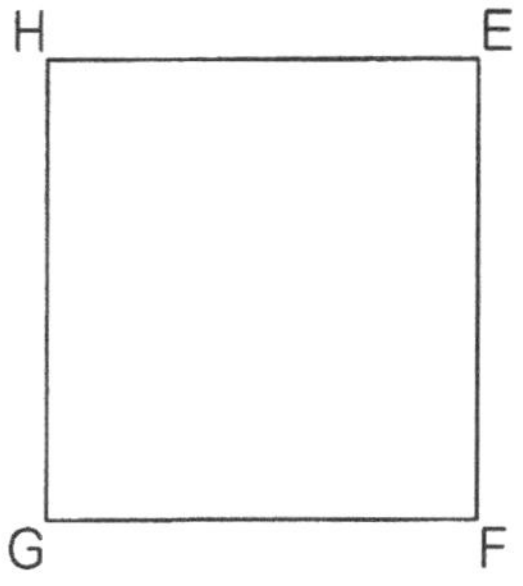

ショウ：３種類の回転が整理できたね。あれ、回転「ア」、回転「イ」の順で回転させた時と回転「イ」、回転「ア」の順で回転させた時では、模型を正面から見たときの図がちがうみたいだ。

ヒカル：それが回転のおもしろいところだね。同じ結果にたどり着くために、どのように回転させるか、何種類も可能性が考えられるんだ。

〔問題３〕　**図7**の模《も》型《けい》に対して、回転「ア」、回転「イ」、回転「ウ」を合計で何回か行います。回転させたあと、模型を正面から見た図は**図１３**のようになりました。どのように回転したのか、その順番を２通り考え、答えなさい。ただし、一つめは回転の合計が２回とし、二つめは回転の合計が４回で全ての種類の回転をさせることとします。

図１３　回転を終えた模型を正面から見た図

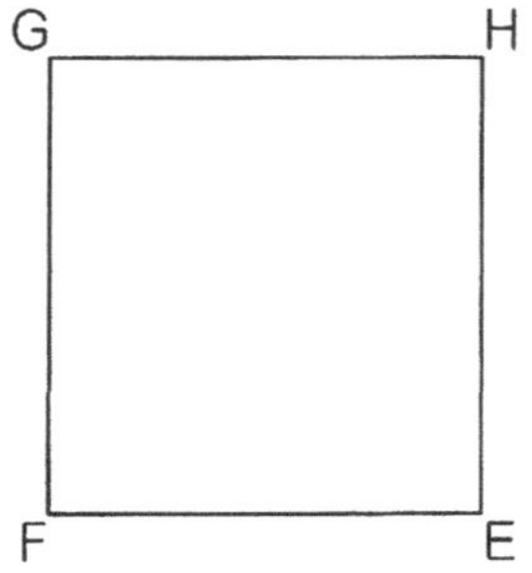

適性検査Ⅰ

注意

1. 問題は **1** のみで、**5ページ**にわたって印刷してあります。
2. 検査時間は**四十五分**で、終わりは**午前九時四十五分**です。
3. 声を出して読んではいけません。
4. 答えは全て解答用紙に明確に記入し、**解答用紙だけを提出しなさい。**
5. 答えを直すときは、きれいに消してから、新しい答えを書きなさい。
6. **受検番号**を解答用紙の決められたらんに記入しなさい。

東京都立富士高等学校附属中学校

②

1

次の 文章1 と 文章2 とを読み、あとの問題に答えなさい。
（＊印の付いている言葉には、本文のあとに〔注〕があります。）

文章1

T大学で植物学の研究をしている本村紗英《もとむらさえ》は、研究室の仲間や出入りの洋食店店員である藤丸陽太《ふじまるようた》とともに、構内の植え込《うこ》みの一角に植えられているサツマイモの収穫《しゅうかく》を手伝うことになった。自分もこれまで何度となく目にしていた植え込みにサツマイモが植えられているとは思いもしなかったことに気づき、本村はもっと植物というものに敏感《びんかん》にならなければ、と考える。

反省した本村《もとむら》は、しゃがみこんで植え込《うこ》みのサツマイモの葉を眺《なが》めた。地表に近い場所で、大小の葉が一生懸命《いっしょうけんめい》に太陽へ顔を向けている。ひしめきあいながらも、互《たが》いの邪魔《じゃま》にならぬようにということなのか、＊葉柄《ようへい》の長さはさまざまだ。長い葉柄を持ち、周囲の葉から飛びだしたもの。葉柄は短いけれど、ほかの葉のあいだからうまく顔を覗《のぞ》かせているもの。

けなげだ、とつい＊擬人化《ぎじんか》して感情移入してしまう。頭がいいなあ、と感心もする。植物に脳《のう》はないから、頭もお尻《しり》もないわけだが、それでもうまく調和して、生存《せいぞん》のための工夫《くふう》をこらす。人間よりもよっぽど頭がいいなと思うことしきりだ。

だが、植物と人間のあいだの断絶も感じる。本村は人間だから、なんとなく人間の理屈《りくつ》や感情に引きつけて、植物を解釈《かいしゃく》しようとする癖《くせ》が抜《ぬ》けない。けれど、脳も感情もない植物は、本村のそんな思惑《おもわく》とはまったく＊隔絶《かくぜつ》したところで、ただ淡々《たんたん》と葉を繁《しげ》らせ、葉柄の長さを互いに調節し、地中深くへと根をのばす。より多く光と水と養分を取りこみ、次代に命をつなぐために。言葉も表情も身振《みぶ》りも使わずに、人間には推《お》し量《はか》りきれない複雑な機構を稼働《かどう》させて。

そう考えると、どれだけ望んでも本村には永遠に理解できない、気味悪く得体《えたい》の知れぬ生き物のように、植物が思われてくるのだった。サツマイモの葉っぱのほうは、本村が「ちょっとこわいな」と思っていることなど、もちろんまるで感知していないだろう。これからイモを掘《ほ》られるとは＊微塵《みじん》も予想せず、この㋐瞬間《しゅんかん》も元気に光合成を行っている様子だ。

本村とは少し距離《きょり》を置き、藤丸《ふじまる》もしゃがんでサツマイモの葉を眺《なが》めていた。「うお」と藤丸が小さく声を上げたので、本村は顔をそちらに向けた。

「葉っぱの筋《すじ》がサツマイモの皮の色してる。すげえ」

藤丸は独り言のようにつぶやき、よりいっそう葉に顔を近づけて、何枚《なんまい》かを熱心に見比べている。

本村は手もとの葉を改めて眺めた。言われてみれば、たしかに。ハート型の葉に張りめぐらされた＊葉脈は、ほのかな臙脂色《えんじいろ》だった。「こういう色のイモが、土のなかで育ってますよ」と予告するみたいに。

血管のような葉脈を見ていたら、＊最前感じた気味の悪さは薄《うす》らいだ。たしかに植物は、ひととはまったくちがう仕組みを持っている。人間の

「常識」が通じない世界を生きている。けれど、同じ地球上で進化してきた生き物だから、当然ながら共通する点も多々《たた》あるのだ。

自分の理解が及《およ》ばないもの、自分とは異《こと》なる部分があるものを、すぐに「気味が悪い」「なんだかこわい」と締《し》めだし遠ざけようとしてしまうのは、私《わたし》の悪いところだ。ううん、人類全般《ぜんぱん》に通じる、悪いところかもしれない。本村はまたも反省した。人間に感情と思考があるからこそ生じる悪癖《あくへき》だと言えるが、「気味が悪い」「なんだかこわい」という気持ちを乗《の》り越《こ》えて、相手を真に理解するために必要なのもまた、感情と思考だろう。どうして「私」と「あなた」はちがうのか、分析《ぶんせき》し受け入れるためには理性と知性が要求される。ちがいを認《みと》めあうためには、相手を思いやる感情が不可欠だ。

植物みたいに、脳も愛もない生き物になれれば、一番面倒《めんどう》がなくて気楽なんだけど。本村はため息をつく。思考も感情もないはずの植物が、人間よりも他者を受容し、*飄々《ひょうひょう》と生きているように見えるのはなんとも皮肉だ。

それにしても、藤丸さんはすごい。と本村は思った。私がうだうだ考えているそばで、藤丸さんはサツマイモの葉っぱをあるがまま受け止め、イモの皮の色がそこに映《うつ》しだされていることを発見した。なんてのびやかで、でも鋭《するど》い観察眼なんだろう。きっと㋑藤丸さんは、だれかを、なにかを、「気味悪い」なんて思わないはずだ。一瞬《いっしゅん》そう感じることがあったとしても、「いやいや、待てよ」と熱心に観察し、いろいろ考えて、最終的には相手をそのまま受け止めるのだろう。おおらかで優《やさ》しいひとだから。

*感嘆《かんたん》をこめて藤丸を見ていると、視線《しせん》に気づいた藤丸が顔を上げ、照れたように笑った。

（三浦《みうら》しをん「愛なき世界」による）

〔注〕

葉柄《ようへい》――――葉の一部。柄《え》のように細くなったところ。（図1）

擬人化《ぎじんか》して――人間以外のものを人間と同じに見立てて。

隔絶《かくぜつ》した――かけはなれた。

微塵《みじん》も――すこしも。

葉脈――――葉の根もとからこまかく分かれ出て、水分や養分の通路となっている筋《すじ》。（図2）

最前――――さきほど。さっき。

飄《ひょう》々《ひょう》と――こだわりをもたず、自分のペースで。

感嘆《かんたん》をこめて――感心し、ほめたたえたいような気持ちになって。

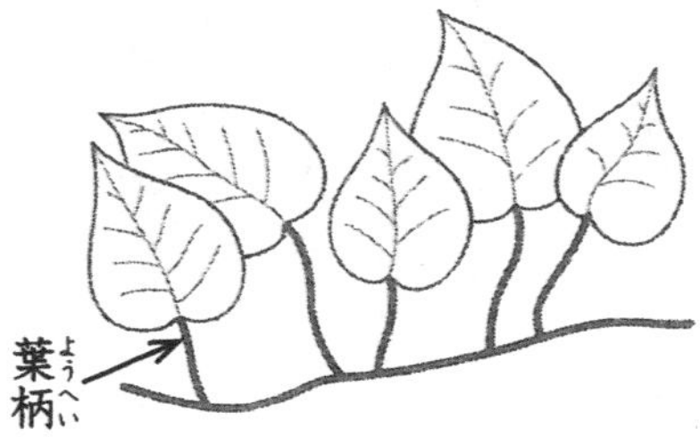

図1

図2

文章2

ぼくは昔からガという虫が好きだ。そもそも、なぜ昼間飛ばないで夜飛ぶのだろうというところに興味がある。

昼間飛んだらいいじゃないか。暗いと敵がいなくて安全だというが、夜に出てきてエサを探《さが》す敵もいる。暗ければ安全とは決していえないだろう。

実際に、昼間飛ぶガもいる。それは夜飛ぶガの苦労はしていないはずだ。それでも夜飛ぶなら、昼間飛ぶよりどこがいいのだろう、などと考えているとますますなぜ夜飛ぶのか、わからなくなってくる。

それぞれに、それぞれの生き方があるのだ、といういいかげんな答えしか残らない。

それなりに苦労しているんだ、としかいいようがない。

しかし、それなりに、どういう苦労をしているのだろうということを、いろいろ考えてみるのがおもしろい。それは哲学的《てつがくてき》な*思考実験に似ている。

*エポフィルスにせよ、ガにせよ、苦労するには苦労するだけの原因があり、仕組みがある。それは何かということを探《さぐ》るのだ。

たとえば*節足動物は、なぜ節足動物になってしまったか、ということから考える。たまたま祖先がそうだったから、彼《かれ》らは*体節を連ねる外骨格《がいこっかく》の動物になっていった。

すると体の構造上、頭の中を食道が通《とお》り抜《ぬ》けることになり、脳《のう》を発達させると食道にしわ寄せがいくようになった。ではどうしたらいいか。

樹液《じゅえき》や体液、血液といった液状のエサを採ることにした。それが、その形で何とか生《い》き延《の》びる方法だった。節足動物といういきものは、そういう苦労をしている。

動物学では、現在の動物の形が必ずしも最善《さいぜん》とは考えない。そうならざるをえない原因があり、その形で何とか生きているのだと考える。

なぜそういう格好をして生きているのか、その結果、どういう生き方をしているのか。そういった根本の問題を追究するのが動物学という学問なのだと思う。

いろいろないきものを見ていくと、こんな生き方もできるんだなあ、そのためにはこういう仕組みがあって、こういう苦労があるのか、なるほど、それでやっと生きていられるのか、ということが、それぞれにわかる。

わかってみると感激《かんげき》する。その形でしか生きていけない理由を、たくさん知れば知るほど感心する。

その感激は、原始的といわれるクラゲのような*腔腸動物《こうちょうどうぶつ》でも、高等といわれるほ乳類《にゅうるい》でもまったく同じだ。

このごろ、よく、*生物多様性はなぜ大事なのですかと聞かれる。ぼくは、簡単《かんたん》に説明するときはこんなふうにいう。

*生態系《せいたいけい》の豊かさが失われると人間の食べものもなくなります。食べものも、もとは全部いきもので、人間がそれを一から作れるわけではないのですから、いろんなものがいなければいけないのです、と。

ただそれは少し説明を省略したいい方で、ほんとうは、あらゆるいきものにはそれぞれに生きる理由があるからだと思っている。

理由がわかって何の役に立つ、といわれれば、別に何の役にも立ちませんよ、というほかない。しかし役に立てるためだったら、こんな格好をしていないほうがいいというものがたくさんある。

人間も、今こういう格好をしているが、それが優《すぐ》れた形かどうかはわからない。これでも生きていけるという説明はつくけれども。

だからこそ動物学では、海の底のいきものも人間も、どちらが進化していてどちらが上、という発想をしない。

㋒いろんないきものの生き方をたくさん勉強するといいと思う。ぼくはそれでとてもおもしろかったし、そうすることで、不思議に広く深く、静かなものの見方ができるようになるだろう。

いきものは全部、いろいろあるんだな、あっていいんだな、ということになる。つまりそれが、生物多様性ということなのだと思う。

（日高敏隆《ひだかとしたか》「世界を、こんなふうに見てごらん」による）

〔注〕

思考実験――（起こりにくいことが）もし実際に起こったらどうなるか、考えてみること。

エポフィルス――カメムシの仲間。水中に住みながら空気呼吸《こきゅう》をする。

節足動物――ガやクモなど、足にたくさんの節をもつ動物。

体節を連ねる外骨格《がいこっかく》の動物――体のじくに沿《そ》って連なった、からやこうでおおわれている動物。

腔腸動物《こうちょうどうぶつ》――クラゲやサンゴなど、口から体内までの空所をもつ、かさやつつのような形をした水中の動物。

生物多様性――いろいろなちがった種類の生物が存在《そんざい》すること。

生態系《せいたいけい》――生物とまわりの環境《かんきょう》とから成り立つ、たがいにつながりのある全体。

〈問題1〉　㋐藤丸《ふじまる》、㋑藤丸さん　というように、同一の人物について、書き分けがされていますが、その理由について、四十五字程度で分かりやすくまとめなさい。

〈問題2〉　㋒いろんないきものの生き方をたくさん勉強するといいと思う。とありますが、筆者がそう思うのは、どのようなものの見方ができるようになるからでしょうか。**文章1** の表現を用いて、解答らんに合うよう四十字程度で答えなさい。

〈問題3〉　次に示すのは、**文章1** と **文章2** についての、**ひかる**さんと**かおる**さんのやりとりです。このやりとりを読んだ上で、あなたの考えを四百字以上四百四十字以内で書きなさい。ただし、下の条件と〈**きまり**〉にしたがうこと。

ひかる――**文章1** を読んで、「ちがい」ということについて、いろいろと考えさせられました。

かおる――「ちがい」という言葉が直接使われてはいませんが、**文章2** にもそういったことが書いてあると思います。

ひかる――わたしも、みんなはそれぞれちがっていると感じるときがあります。

かおる――学校生活のなかでも、「ちがい」を生かしていった方がよい場面がありそうですね。

条件　次の三段落構成《さんだんらくこうせい》にまとめて書くこと

① 第一段落では、**文章1**、**文章2** それぞれの、「ちがい」に対する向き合い方について、まとめる。

② 第二段落では、「ちがい」がなく、みなが全く同じになってしまった場合、どのような問題が起こると思うか、考えを書く。

③ 第三段落では、①と②の内容に関連づけて、これからの学校生活のなかで「ちがい」を生かして活動していくとしたら、あなたはどのような場面で、どのような言動をとるか、考えを書く。

〈**きまり**〉

○題名は書きません。
○最初の行から書き始めます。
○各段落《だんらく》の最初の字は一字下げて書きます。
○行をかえるのは、段落をかえるときだけとします。
○、や。や」などもそれぞれ字数に数えます。これらの記号が行の先頭に来るときには、前の行の最後の字と同じますめに書きます。（ますめの下に書いてもかまいません。）
○。と」が続く場合には、同じますめに書いてもかまいません。この場合、。」で一字と数えます。
○段落をかえたときの残りのますめは、字数として数えます。
○最後の段落の残りのますめは、字数として数えません。

適性検査Ⅱ

注　意

1　問題は **1** から **3** までで、１７ページにわたって印刷してあります。

2　検査時間は４５分で、終わりは**午前１１時００分**です。

3　声を出して読んではいけません。

4　計算が必要なときは、この問題用紙の余白を利用しなさい。

5　答えは全て解答用紙に明確に記入し、**解答用紙だけを提出しなさい。**

6　答えを直すときは、きれいに消してから、新しい答えを書きなさい。

7　**受検番号**を解答用紙の決められたらんに記入しなさい。

東京都立富士高等学校附属中学校

1　**先生**、**花子**さん、**太郎《たろう》**さんが、校内の６年生と４年生との交流会に向けて話をしています。

先　生：今度、学校で４年生との交流会が開かれます。６年生５９人は、制作した作品を展示《てんじ》して見てもらいます。また、４年生といっしょにゲームをします。

花　子：楽しそうですね。私《わたし》たち６年生は、この交流会に向けて一人１枚《まい》画用紙に動物の絵をかいたので、それを見てもらうのですね。絵を展示する計画を立てましょう。

先　生：みんなが絵をかいたときに使った画用紙の辺の長さは、短い方が４０ｃｍ、長い方が５０ｃｍです。画用紙を横向きに使って絵をかいたものを横向きの画用紙、画用紙を縦向《たてむ》きに使って絵をかいたものを縦向きの画用紙とよぶことにします。

太　郎：**図１**の横向きの画用紙と、**図２**の縦向きの画用紙は、それぞれ何枚《なんまい》ずつあるか数えてみよう。

花　子：横向きの画用紙は３８枚あります。縦向きの画用紙は２１枚です。全部で５９枚ですね。

太　郎：先生、画用紙はどこにはればよいですか。

先　生：学校に、**図３**のような縦《たて》２ｍ、横１．４ｍのパネルがあるので、そこにはります。
絵はパネルの両面にはることができます。

花　子：分かりました。ところで、画用紙をはるときの約束はどうしますか。

先　生：作品が見やすいように、画用紙をはることができるとよいですね。昨年は、次の〔**約束**〕にしたがってはりました。

図１　横向きの画用紙

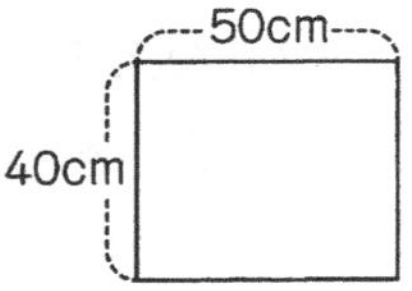

図２　縦向《たてむ》きの画用紙

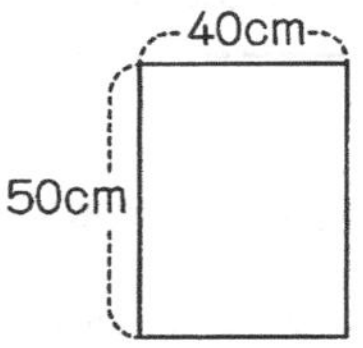

図３　パネル

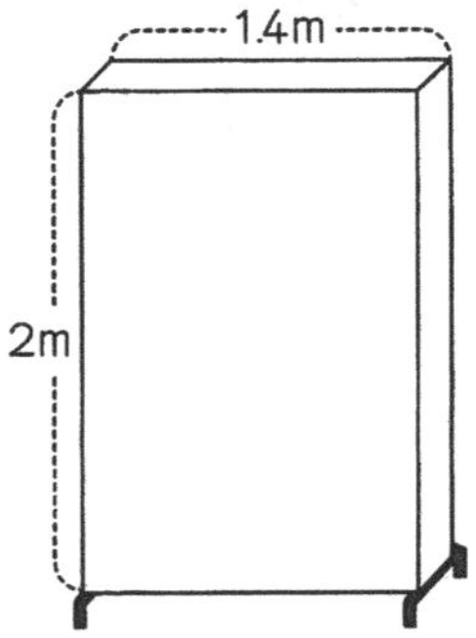

〔約束〕

(1)　**図4**のように、画用紙はパネルの外にはみ出さないように、まっすぐにはる。

(2)　パネルの一つの面について、どの行（横のならび）にも同じ枚数《まいすう》の画用紙をはる。また、どの列（縦《たて》のならび）にも同じ枚数の画用紙をはる。

(3)　１台のパネルに、はる面は２面ある。一つの面には、横向きの画用紙と縦向きの画用紙を混ぜてはらないようにする。

(4)　パネルの左右のはしと画用紙の間の長さを①、左の画用紙と右の画用紙の間の長さを②、パネルの上下のはしと画用紙の間の長さを③、上の画用紙と下の画用紙の間の長さを④とする。

図4　画用紙のはり方

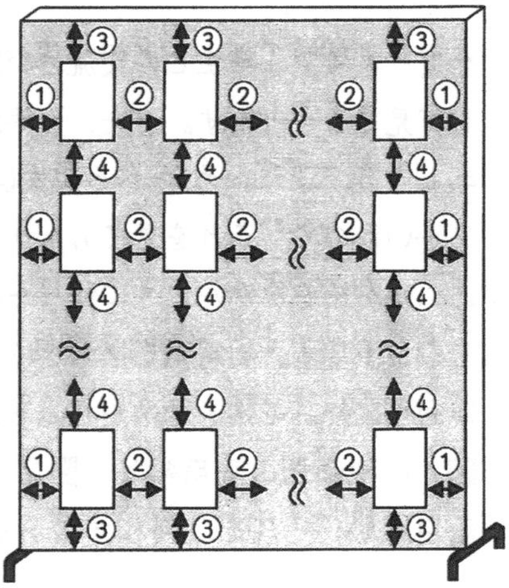

(5)　長さ①どうし、長さ②どうし、長さ③どうし、長さ④どうしはそれぞれ同じ長さとする。

(6)　長さ①～④はどれも５ｃｍ以上で、５の倍数の長さ（ｃｍ）とする。

(7)　長さ①～④は、面によって変えてもよい。

(8)　一つの面にはる画用紙の枚数は、面によって変えてもよい。

花　子：今年も、昨年の**〔約束〕**と同じように、パネルにはることにしましょう。

太　郎：そうだね。例えば、**図2**の縦向きの画用紙６枚を、パネルの一つの面にはってみよう。いろいろなはり方がありそうですね。

〔問題１〕**〔約束〕**にしたがって、**図3**のパネルの一つの面に、**図2**で示した縦向《たてむ》きの画用紙６枚《まい》をはるとき、あなたなら、はるときの長さ①～④をそれぞれ何ｃｍにしますか。

花　子： 次に、６年生の作品の、横向きの画用紙３８枚と、縦向きの画用紙２１枚のはり方を考えていきましょう。

太　郎： 横向きの画用紙をパネルにはるときも、**〔約束〕** にしたがってはればよいですね。

花　子： 先生、パネルは何台ありますか。

先　生： 全部で８台あります。しかし、交流会のときと同じ時期に、５年生もパネルを使うので、交流会で使うパネルの台数はなるべく少ないほうがよいですね。

太　郎： パネルの台数を最も少なくするために、パネルの面にどのように画用紙をはればよいか考えましょう。

〔問題２〕 **〔約束〕** にしたがって、６年生の作品５９枚をはるとき、パネルの台数が最も少なくなるときのはり方について考えます。そのときのパネルの台数を答えなさい。

　また、その理由を、それぞれのパネルの面に、どの向きの画用紙を何枚ずつはるか具体的に示し、文章で説明しなさい。なお、長さ①～④については説明しなくてよい。

先　生： 次は４年生といっしょに取り組むゲームを考えていきましょう。何かアイデアはありますか。

花　子： はい。図画工作の授業で、**図５**のような玉に竹ひごをさした立体を作りました。
この立体を使って、何かゲームができるとよいですね。

太　郎： 授業のあと、この立体を使ったゲームを考えていたのですが、しょうかいしてもいいですか。

図５　玉に竹ひごをさした立体

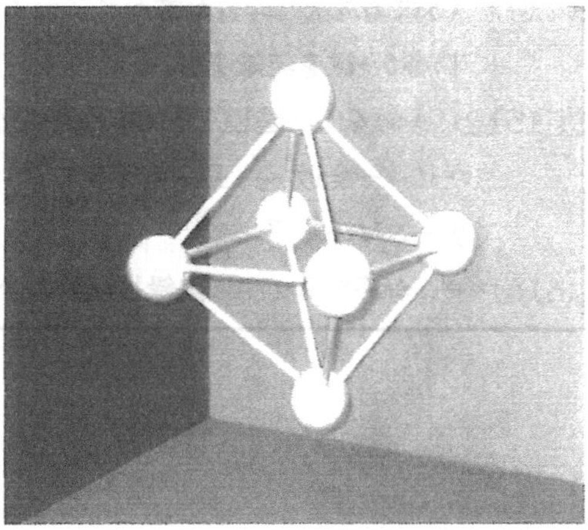

花　子：太郎さんは、どんなゲームを考えたのですか。

太　郎：図6のように、6個の玉に、**あ**から**か**まで一つずつ記号を書きます。また、12本の竹ひごに、0、1、2、3の数を書きます。**あ**からスタートして、サイコロをふって出た目の数によって進んでいくゲームです。

花　子：サイコロには**1**、**2**、**3**、**4**、**5**、**6** の目がありますが、竹ひごに書いた数は0、1、2、3です。どのように進むのですか。

太　郎：それでは、ゲームの〔**ルール**〕を説明します。

図6　記号と数を書いた立体

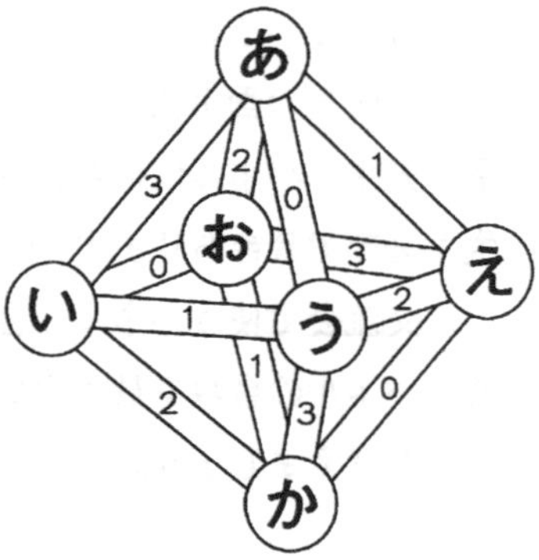

〔**ルール**〕

(1)　**あ**をスタート地点とする。

(2)　六つある面に、**1**～**6**の目があるサイコロを1回ふる。

(3)　(2)で出た目の数に20を足し、その数を4で割《わ》ったときの余りの数を求める。

(4)　(3)で求めた余りの数が書かれている竹ひごを通り、次の玉へ進む。また、竹ひごに書かれた数を記録する。

(5)　(2)～(4)をくり返し、**か**に着いたらゲームは終わる。
ただし、一度通った玉にもどるような目が出たときには、先に進まずに、その時点でゲームは終わる。

(6)　ゲームが終わるまでに記録した数の合計が得点となる。

太　郎：例えば、サイコロをふって出た目が**1**、**3** の順のとき、**あ→え→お**と進みます。その次に出た目が**5**のときは、**か**に進み、ゲームは終わります。そのときの得点は５点となります。

花　子：**5**ではなく、**6**の目が出たときはどうなるのですか。

太　郎：そのときは、**あ**にもどることになるので、先に進まずに、**お**でゲームは終わります。得点は４点となります。それでは、３人でやってみましょう。

まず私がやってみます。サイコロをふって出た目は、**1**、**3**、**4**、**5**、**3** の順だったので、サイコロを５回ふって、ゲームは終わりました。得点は８点でした。

先　生：私がサイコロをふって出た目は、**1**、**2**、**5**、**1** の順だったので、サイコロを4回ふって、ゲームは終わりました。得点は **ア** 点でした。

花　子：最後に私がやってみます。

サイコロをふって出た目は、 **イ、ウ、エ、オ** の順だったので、サイコロを４回ふって、ゲームは終わりました。得点は７点でした。３人のうちでは、太郎さんの得点が一番高くなりますね。

先　生：では、これを交流会のゲームにしましょうか。

花　子：はい。太郎さんがしょうかいしたゲームがよいと思います。

太　郎：ありがとうございます。交流会では、４年生と６年生で協力してできるとよいですね。４年生が楽しめるように、準備していきましょう。

〔問題３〕 **〔ルール〕**と会話から考えられる **ア** に入る数を答えなさい。また、**イ、ウ、エ、オ** にあてはまるものとして考えられるサイコロの目の数を答えなさい。

2　**花子**さんと**太郎**《たろう》さんは、図書室でバスについて**先生**と話をしています。

花　子：昨日、バスに乗ってとなりの駅に行ったとき、たくさんのバスが行き来していましたよ。
太　郎：たくさんのバスがあるということは、行き先がちがっていたり、バスの種類もいろいろあったりするのでしょうか。バスの種類や台数はどれぐらいあるのでしょう。
花　子：バスのことについて、調べてみましょう。

花子さんと太郎さんは、次の資料（**図1**、**図2**、**表1**）を見つけました。

図1　日本国内の乗合《のりあい》バスの合計台数の移り変わり

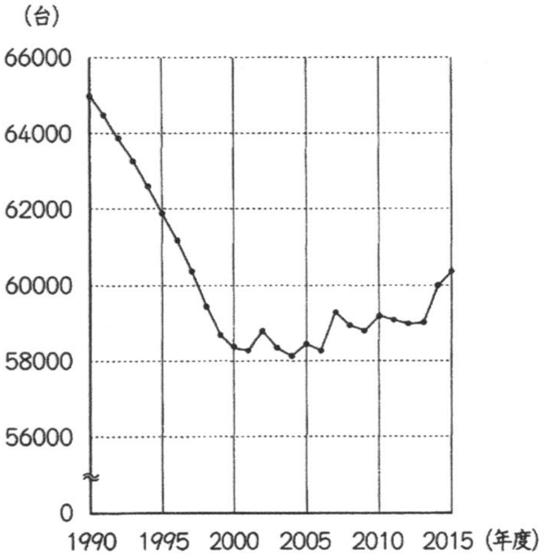

図2　日本国内の乗合バスが１年間に実際に走行したきょりの移り変わり

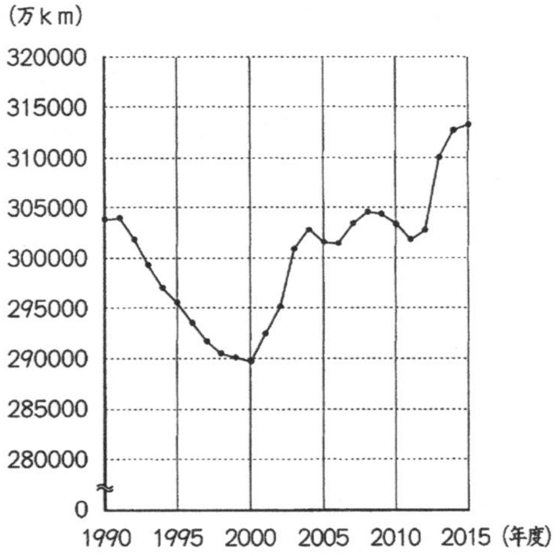

（公益社団法人日本バス協会「２０１８年度版（平成３０年度）日本のバス事業」より作成）

太　郎：資料に書いてある乗合《のりあい》バスとは、どんなバスのことですか。
先　生：バスの種類は大きく分けて、乗合バスと、貸切《かしきり》バスがあります。決められた経路を時刻表《じこくひょう》に従《したが》って走るバスは、乗客の一人一人が料金をはらいます。このようなバスを乗合バスといいます。６年生の校外学習などでは、学校でいらいをしたバスで見学コースをまわってもらいましたね。このようなバスを貸切バスといいます。

表1　乗合《のりあい》バスに関する主な出来事

	主な出来事
1995 (平成7) 年度	●　東京都武蔵野市《むさしのし》で、地域《ちいき》の人たちの多様な願いにこまやかに応えるため、新しいバスサービス「コミュニティバス」の運行を開始した。
1996 (平成8) 年度	●　都営バスなどがノンステップバスの導入を開始した。
1997 (平成9) 年度	●　国がオムニバスタウン事業を開始した。(オムニバスタウン事業とは、全国から14都市を指定し、バス交通を活用して、安全で豊かな暮《く》らしやすいまちづくりを国が支えんする制度のこと。)
2001 (平成13)年度	●　バスの営業を新たに開始したり、新たな路線を開設したりしやすくするなど、国の制度が改められた。また、利用そく進等のため、割引運賃《わりびきうんちん》の導入などのサービス改善《かいぜん》がはかられた。
2006 (平成18)年度	●　貸切《かしきり》バスで運行していた市町村のバスのサービスを、乗合《のりあい》バスでの運行と認《みと》めることや、コミュニティバスでは地域の意見を取り入れて運賃の設定ができるようにすることなど、国の制度が改められた。
2012 (平成24)年度	●　都営バスの全車両がノンステップバスとなった。

(「国土交通白書」や「都営バスホームページ」などより作成)

花　子：コミュニティバスは小型のバスで、私《わたし》たちの地域《ちいき》でも走っていますね。

先　生：1995(平成7) 年度以降《いこう》、コミュニティバスを導入する地域が増えて、2016(平成28) 年度には、全国の約80%の市町村で、コミュニティバスが運行されているという報告もあります。小型のコミュニティバスは、せまい道路を走ることができるという長所があります。

太　郎：ノンステップバスとは、出入口に段差《だんさ》がないバスのことですね。

先　生：**図1**や**図2**の資料からどんなことが分かりますか。

花　子：1990年度から2000年度までは、どちらの資料も減少を示していますね。

太　郎：2001年度以降の変化も考えてみましょう。

〔問題1〕　1990年度から2000年度までにかけて減少していた乗合バスの合計台数や1年間に実際に走行したきょりと比べて、2001年度から2015年度にかけてどのような移り変わりの様子がみられるか、**図1**と**図2**のどちらかを選び、その図から分かる移り変わりの様子について、**表1**と関連付けて、あなたの考えを書きなさい。

太　郎：先日、祖父が最近のバスは乗りやすくなったと言っていたのだけれども、最近のバスは何か変化があるのでしょうか。

先　生：２０１２（平成２４）年度に都営バスの全車両がノンステップバスになったように、日本全国でもノンステップバスの車両が増えてきています。

花　子：私が昨日乗ったのもノンステップバスでした。

太　郎：**図3**の資料を見ると、車内に手すりがたくさんあるようですね。

先　生：ノンステップバスが増えてきた理由について、**表2**の資料をもとに考えてみましょう。

図3　乗合バスの様子

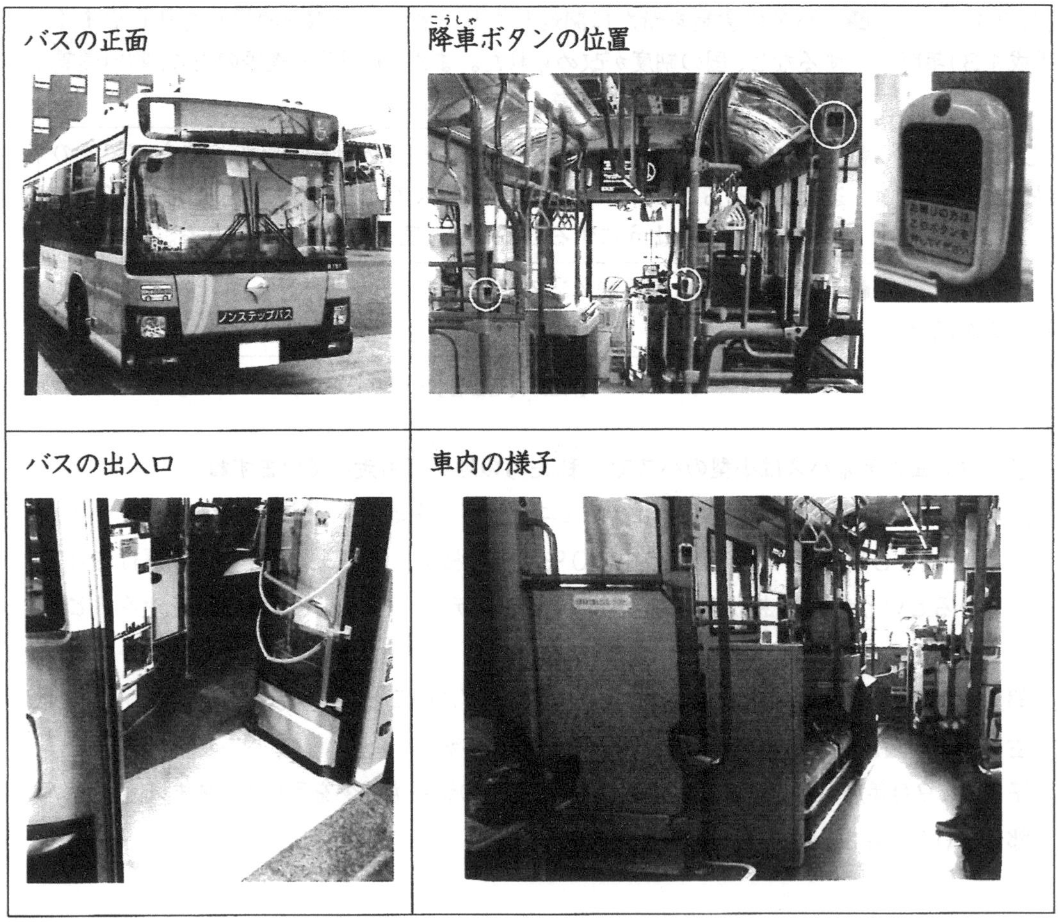

表2　２０１５（平成２７）年度以降《いこう》のノンステップバスの標準的な設計の工夫《くふう》の一部

・出入口の高さ	・車いすスペースの設置
・手すりの素材	・フリースペースの設置
・ゆかの素材	・固定ベルトの設置
・降車《こうしゃ》ボタンの位置	・優先席《ゆうせんせき》の配置

（公益社団法人日本バス協会「２０１８年度版（平成３０年度）日本のバス事業」より作成）

花　子：ノンステップバスは、いろいろな人が利用しやすいように、設計が工夫《くふう》されているようですね。

太　郎：このような工夫にはどのような役割《やくわり》が期待されているのでしょうか。

〔問題２〕　太郎さんが「このような工夫にはどのような役割《やくわり》が期待されているのでしょうか。」と言っています。**表2**から設計の工夫を二つ選び、その二つの工夫に共通する役割として、どのようなことが期待されているか、あなたの考えを書きなさい。

太　郎：バスの車両は、いろいろな人が利用しやすいように、工夫したつくりになっていることが分かりました。バスの車両以外にも、何か工夫があるのでしょうか。

花　子：私は、路面に「バス優先《ゆうせん》」と書かれた道路を見たことがあります。２車線の道路のうち、一方の道路には「バス優先」と書かれていました。

先　生：一般《いっぱん》の自動車も通行できますが、乗合バスが接近してきたときには、「バス優先」と書かれた車線から出て、道をゆずらなければいけないというきまりがあります。バス以外の一般の自動車の運転手の協力が必要ですね。

太　郎：**図4**のような資料がありました。この資料の説明には、「このシステムがある場所では、乗合バスからの信号を受信する通信機が設置されています。この通信機が乗合バスからの信号を感知すると、乗合バスの通過する時刻《じこく》を予測して、バスの進行方向の青信号が点灯している時間を長くしたり、赤信号の点灯している時間を短くしたりするなど、乗合バスが通過しやすくしています。」と書いてあります。この仕組みのことを「公共車両優先システム」というそうです。

図4　公共車両優先《ゆうせん》システム

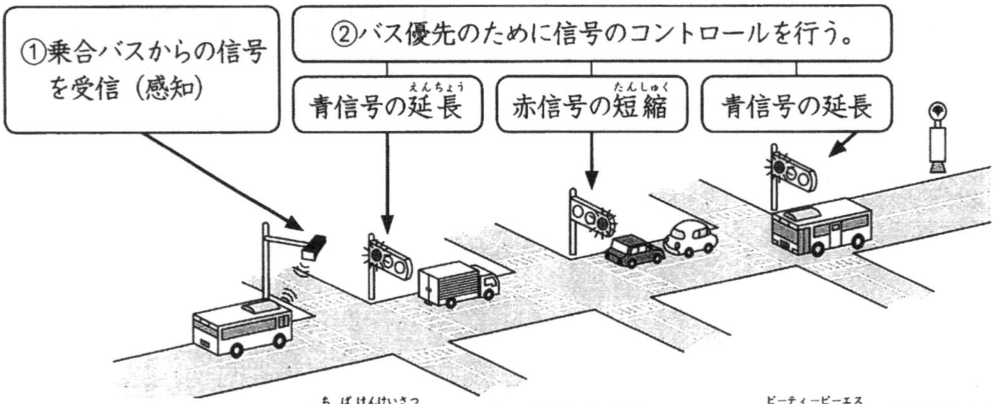

（千葉県警察《ちばけんけいさつ》ホームページ「新交通管理システム・ＰＴＰＳ《ピーティーピーエス》調査報告」より作成）

先　生：「公共車両優先システム」は、乗合バスを常に青信号で通過させるための仕組みではありませんが、バスの信号待ちの時間を短くする効果があります。また、花子さんが見た「バス優先」の車線とあわせて利用されている場所もあるようです。

花　子：この仕組みがある場所では、バスが通過するときと、通過しないときとでは、青信号や赤信号の点灯時間が変わるというのはおもしろいですね。この仕組みがある場所では、実際にどのような変化がみられたのでしょうか。

先　生：ここに、**図5**、**図6**、**図7**の三つの資料があります。

図5　公共車両優先システムが導入された区間

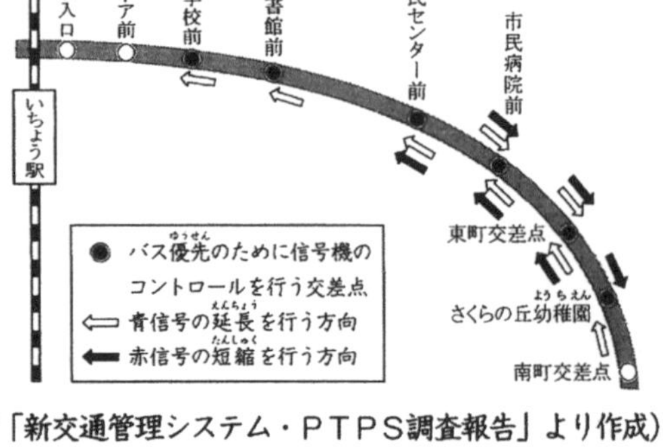

（千葉県警察ホームページ「新交通管理システム・ＰＴＰＳ調査報告」より作成）

図6　調査した区間のバスの平均運行時間

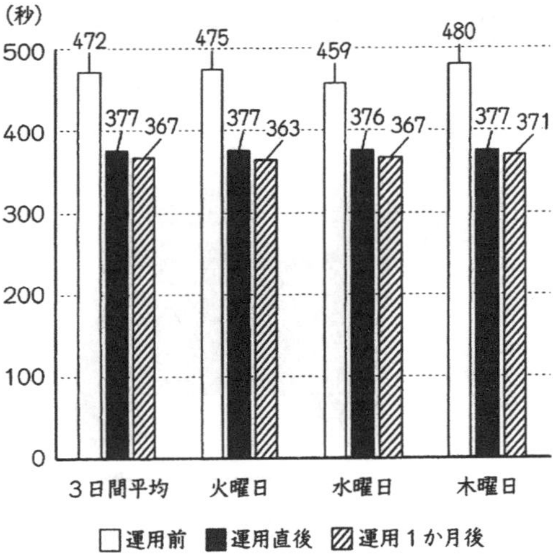

図7　時刻表《じこくひょう》に対するバスの運行状きょう（7分間の所要時間の経路を8分以内で運行した割合《わりあい》）

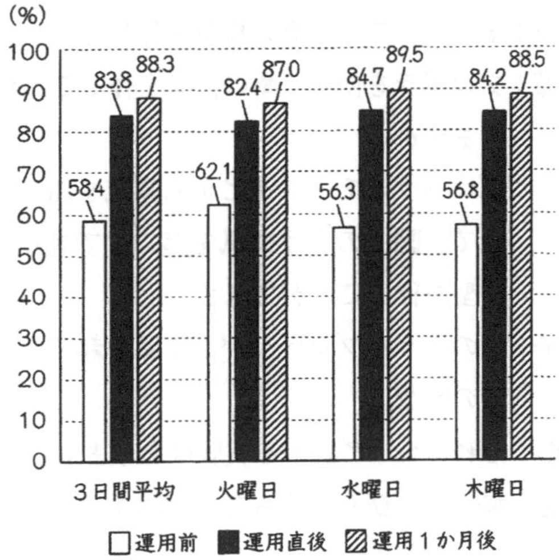

（千葉県警察ホームページ「新交通管理システム・PTPS調査報告」より作成）

太　郎：**図6**で、「公共車両優先システム」の運用前と運用後を比べると、調査した区間をバスで移動するときに、かかる時間が短縮《たんしゅく》されたようですね。

花　子：バスの時刻表に対しても、ほぼ時間どおりに運行しているようです。

太　郎：時間どおりにバスが運行してくれると便利だから、この仕組みをまだ導入していない地域があったら、導入していけばよいですね。

花　子：先生の話や、**図4**～**図7**の資料からは、「バス優先」の車線や「公共車両優先システム」がこのままでよいとはいえないと思います。

〔問題3〕　花子さんは、「先生の話や、**図4**～**図7**の資料からは、「バス優先」の車線や「公共車両優先システム」がこのままでよいとはいえないと思います。」と言っています。あなたは、「バス優先」の車線や「公共車両優先システム」にどのような課題があると考えますか。また、その課題をどのように解決すればよいか、あなたの考えを書きなさい。

3 **花子**さん、**太郎《たろう》**さん、**先生**が車の模型《もけい》について話をしています。

花　子：モーターで走る車の模型を作りたいな。

太　郎：プロペラを使って車の模型を作ることができますか。

先　生：プロペラとモーターとかん電池を組み合わせて、**図1**のように風を起こして走る車の模型を作ることができます。

花　子：どのようなプロペラがよく風を起こしているのかな。

太　郎：それについて調べる実験はありますか。

先　生：電子てんびんを使って、**実験1**で調べることができます。

花　子：**実験1**は、どのようなものですか。

先　生：まず、**図2**のように台に固定したモーターを用意します。それを電子てんびんではかります。

太　郎：はかったら、５４．１gになりました。

先　生：次に、**図3**のようにスイッチがついたかん電池ボックスにかん電池を入れます。それを電子てんびんではかります。

花　子：これは、４８．６gでした。

先　生：さらに、プロペラを**図2**の台に固定したモーターにつけ、そのモーターに**図3**のボックスに入ったかん電池をつなげます。それらを電子てんびんではかります。その後、電子てんびんにのせたままの状態でスイッチを入れると、プロペラが回り、電子てんびんの示す値《あたい》が変わります。ちがいが大きいほど、風を多く起こしているといえます。

太　郎：**表1**の**A**～**D**の４種類のプロペラを使って、**実験1**をやってみましょう。

図1　風を起こして走る車の模型《もけい》

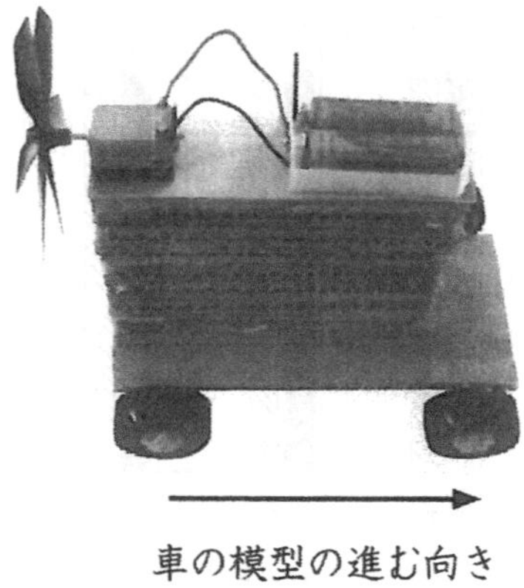

図2　台に固定したモーター

図3　ボックスに入ったかん電池

表1　４種類のプロペラ

	A	B	C	D
プロペラ				
中心から羽根のはしまでの長さ（cm）	5.4	4.9	4.2	2.9
重さ（g）	7.5	2.7	3.3	4.2

スイッチを入れてプロペラが回っていたときの電子てんびんの示す値は、**表2**のようになりました。

表2　プロペラが回っていたときの電子てんびんの示す値《あたい》

プロペラ	A	B	C	D
電子てんびんの示す値《あたい》（g）	123.5	123.2	120.9	111.8

〔問題1〕　**表1**の**A**～**D**のプロペラのうちから一つ選び、そのプロペラが止まっていたときに比べて、回っていたときの電子てんびんの示す値《あたい》は何gちがうか求めなさい。

花　子：**図１**の車の模型から、モーターの種類やプロペラの種類の組み合わせをかえて、**図４**のような車の模型を作ると、速さはどうなるのかな。

太　郎：どのようなプロペラを使っても、①モーターが軽くなればなるほど、速く走ると思うよ。

花　子：どのようなモーターを使っても、②プロペラの中心から羽根のはしまでの長さが長くなればなるほど、速く走ると思うよ。

図４　車の模型

太　郎：どのように調べたらよいですか。

先　生：**表３**の**ア**～**エ**の４種類のモーターと、**表４**の**E**～**H**の４種類のプロペラを用意して、次のような**実験２**を行います。まず、モーターとプロペラを一つずつ選び、**図４**のような車の模型を作ります。そして、それを体育館で走らせ、走り始めてから、５m地点と１０m地点の間を走りぬけるのにかかる時間をストップウォッチではかります。

表３　４種類のモーター

	ア	**イ**	**ウ**	**エ**
モーター				
重さ（g）	１８	２１	３０	４４

表４　４種類のプロペラ

	E	**F**	**G**	**H**
プロペラ				
中心から羽根のはしまでの長さ（cm）	４．０	５．３	５．８	９．０

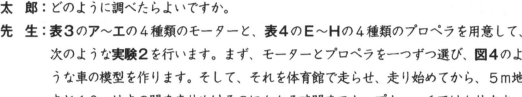

花　子：モーターとプロペラの組み合わせをいろいろかえて、**実験2**をやってみましょう。

実験2で走りぬけるのにかかった時間は、**表5**のようになりました。

表5　5m地点から10m地点まで走りぬけるのにかかった時間（秒）

		モーター			
		ア	イ	ウ	エ
プロペラ	E	3.8	3.1	3.6	7.5
	F	3.3	2.9	3.2	5.2
	G	3.8	3.1	3.1	3.9
	H	4.8	4.0	2.8	4.8

〔問題2〕（1）　**表5**において、車の模型が最も速かったときのモーターとプロペラの組み合わせを書きなさい。

（2）　**表5**から、①の予想か②の予想が正しくなる場合があるかどうかを考えます。

太郎さんは、「①モーターが軽くなればなるほど、速く走ると思うよ。」と予想しました。①の予想が正しくなるプロペラは**E**～**H**の中にありますか。

花子さんは、「②プロペラの中心から羽根のはしまでの長さが長くなればなるほど、速く走ると思うよ。」と予想しました。②の予想が正しくなるモーターは**ア**～**エ**の中にありますか。

①の予想と②の予想のどちらかを選んで解答らんに書き、その予想が正しくなる場合があるかどうか、解答らんの「あります」か「ありません」のどちらかを丸で囲みなさい。また、そのように判断した理由を説明しなさい。

太　郎：モーターとプロペラを使わずに、ほを立てた車に風を当てると、動くよね。

花　子：風を車のななめ前から当てたときでも、車が前に動くことはないのかな。調べる方法は何かありますか。

先　生：**図5**のようにレールと車輪を使い、長方形の車の土台を動きやすくします。そして、**図6**のように、ほとして使う三角柱を用意します。次に、車の土台の上に**図6**の三角柱を立てて、**図7**のようにドライヤーの冷風を当てると、車の動きを調べることができます。

太　郎：車の動きを調べてみましょう。

二人は先生のアドバイスを受けながら、次のような１～４の手順で**実験３**をしました。

１　工作用紙で**図6**の三角柱を作る。その三角柱の側面が車の土台と垂直《すいちょく》になるように底面を固定し、車を作る。そして、車をレールにのせる。

２　**図8**のように、三角柱の底面の最も長い辺のある方を車の後ろとする。また、真上から見て、車の土台の長い辺に対してドライヤーの風を当てる角度をⓐとする。さらに、車の土台の短い辺と、三角柱の底面の最も長い辺との間の角度をⓘとする。

３　ⓐが２０°になるようにドライヤーを固定し、ⓘを１０°から７０°まで１０°ずつ変え、三角柱に風を当てたときの車の動きを調べる。

４　ⓐを３０°から８０°まで１０°ごとに固定し、ⓘを手順３のように変えて車の動きを調べる。

実験３の結果を、車が前に動いたときには○、後ろに動いたときには×、３秒間風を当てても動かなかったときには△という記号を用いてまとめると、**表6**のようになりました。

図5　レールと車輪と車の土台

図6　ほとして使う三角柱

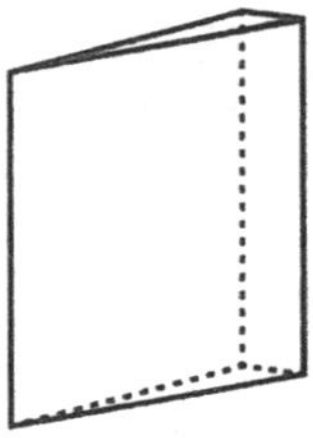

図7　車とドライヤー

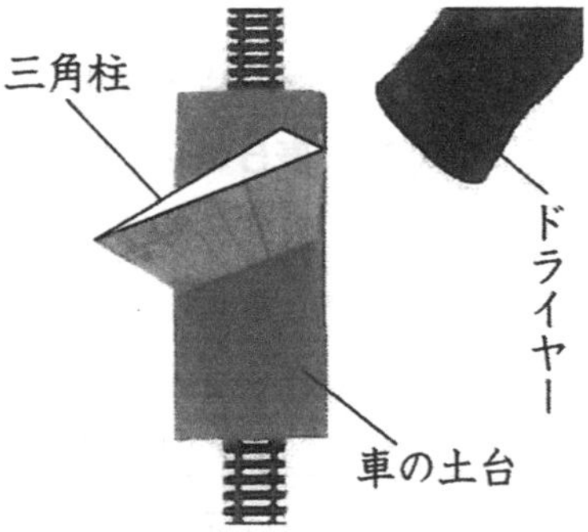

図8　**実験３**を真上から表した図

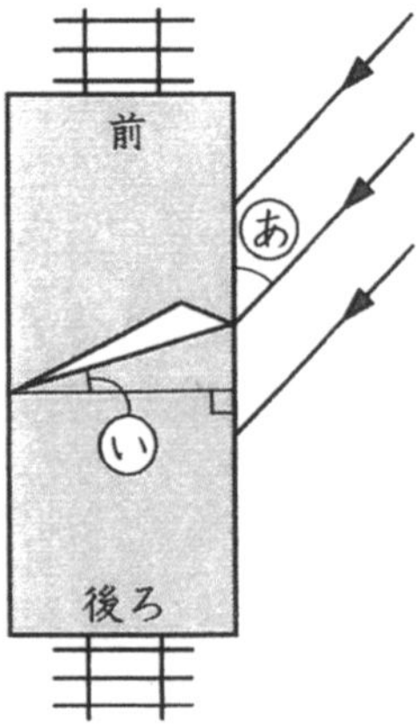

表6　実験3の結果

		（い）						
		10°	20°	30°	40°	50°	60°	70°
（あ）	20°	×	×	×	×	×	×	×
	30°	×	×	×	×	×	×	×
	40°	×	×	×	×	△	△	△
	50°	×	×	×	△	○	○	○
	60°	×	×	△	○	○	○	○
	70°	×	△	○	○	○	○	○
	80°	△	○	○	○	○	○	○

花　子：風をななめ前から当てたときでも、車が前に動く場合があったね。

太　郎：車が前に動く条件は、どのようなことに注目したら分かりますか。

先　生：（あ）と（い）の和に注目するとよいです。

花　子：表7の空らんに、○か×か△のいずれかの記号を入れてまとめてみよう。

表7　車の動き

		（あ）と（い）の和					
		60°	70°	80°	90°	100°	110°
（あ）	20°						
	30°						
	40°						
	50°						
	60°		★				
	70°						
	80°						

〔問題3〕（1）　**表7**の★に当てはまる記号を○か×か△の中から一つ選び、書きなさい。

（2）　**実験3**の結果から、風をななめ前から当てたときに車が前に動く条件を、あなたが作成した**表7**をふまえて説明しなさい。

適性検査Ⅲ

注　　意

1　問題は 1 から 2 までで、**8ページ**にわたって印刷してあります。

2　検査時間は**３０分**で、終わりは**正午**です。

3　声を出して読んではいけません。

4　計算が必要なときは、この問題用紙の余白を利用しなさい。

5　答えは全て解答用紙に明確に記入し、**解答用紙だけを提出しなさい。**

6　答えを直すときは、きれいに消してから、新しい答えを書きなさい。

7　**受検番号**を解答用紙の決められたらんに記入しなさい。

東京都立富士高等学校附属中学校

問題は次のページからです。

〔注意〕問題を解くときに、えんぴつや消しゴムなどに文字や印を書いて考えてはいけません。

1　**キミオ**さんと**ユミコ**さんはわり算について話をしています。

キミオ：最初にわり算を習ったとき、例えば「７÷２」だったら答えは「３あまり１」だったけれど、小数を習うと答えが「３．５」になったよ。新しいことを勉強すると、答えが変わるのはおもしろいね。

ユミコ：「７÷２」であれば商は「３．５」で、小数で表すと割《わ》り切れるけれど、例えば「２÷３」だと商は「０．６６６６６６……」となって割り切れない。このように、小数で表しても割り切れない場合もあるんだよ。

キミオ：ユミコさんが計算した「２÷３」の商は「６」をくり返すけれど、「１÷１１」の商は「０．０９０９……」のように「０９」という二つの数字をくり返すね。三つの数字をくり返すような、割る数と割られる数の組み合わせもあるのかな。

〔問題１〕　以下のわくの中の数から二つ選びわり算を行った結果、商が「０．４５６４５６……」のように三つの数字のくり返しとなる、割《わ》る数と割られる数の組み合わせがあります。いくつかある組み合わせの中から一つの組み合わせを選び、「ア÷イ」の式で解答らんに示しなさい。なお、アよりもイの方を大きい数とすること。

25	32	333	640

次に、**キミオ**さんと**ユミコ**さんは、数を使ったゲームをすることにしました。ユミコさんは**図1**のようなカードを取り出しました。

図1　ユミコさんが用意したカード

余　(　①　÷　②　)　⇒　③

キミオ：このカードはどうやって使うのかな。

ユミコ：このカードは、①と②に好きな数や記号を書き入れて、⇒の左側の作業の結果により、出てきた数を③に新しく書きかえることを示したカードだよ。
例えば、①に８を②に５を③に記号の○を書き入れると、余（８÷５）⇒○ となるよ。「８÷５」のあまり、３を、○に新しく書きかえるんだ。１枚《まい》だけではなく、２枚使うこともできるよ。

（1）：余（８÷５）⇒○
（2）：余（１３÷○）⇒□

（1）から順番に考えて、○は８÷５のあまりだから３になるんだ。
これを（2）に当てはめると、余（１３÷３）⇒□ だから、□は１３÷３のあまり、１になるんだ。０（ゼロ）で数を割ることはできないから、÷の右側に０を入れることはできないよ。

キミオ：なるほど。あらかじめどのように計算するかの形を示しておいて、上から順番に計算するんだね。

〔問題２〕　ユミコさんが用意したカードが次のように並《なら》んでいます。

（1）：余（○÷△）⇒□
（2）：余（△÷□）⇒☆

今、（2）の結果、☆＝２となりました。最初の○と△にはどのような数字が入るでしょうか。解答らんに数字の組を書きなさい。ただし、使える数は１から１０までの整数とします。

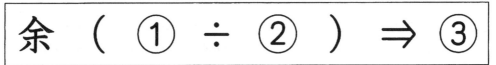

ユミコさんは新しく３種類のカードを出してきました。それぞれのカードの意味は以下のア～ウのとおりです。

ア：①⇒② ➡ ①の数を、②に新しく書きかえる。

イ：(③＋④) ⇒⑤ ➡ (③＋④) の結果の数を、⑤に新しく書きかえる。

ウ：約 (⑥・⑦) ⇒⑧ ➡ ⑥と⑦との最大公約数を、⑧に新しく書きかえる。

ユミコ：これらのカードには、○、△、□の記号をそれぞれ２種類以上自由に書き入れて使うよ。例えば、ア～ウのカードに○、△、□の記号を以下の**表１**のように書き入れてみるね。最初、○＝２、△＝４、□＝６だったとき、ア～ウのカードをそれぞれ使うと、以下の**表１**のように数が書きかえられるよ。

表１　ア～ウのカードをそれぞれ使った結果

使うカード		○	△	□
		2	4	6
アのカード	△⇒○	4	4	6
イのカード	(□＋△) ⇒○	10	4	6
ウのカード	約 (□・○) ⇒△	2	2	6

ユミコ：たとえば、最初○＝２、△＝４、□＝６だったとき、

（１）：(△＋□) ⇒△

（２）：約 (○・△) ⇒□

（３）：(□＋○) ⇒△

の３枚のカードを順番に使うと下の**表２**のようになるよ。

表２　３枚《まい》のカードを順番に使った結果

計算の順番	使うカード	○	△	□
最初		2	4	6
１枚め	(△＋□) ⇒△	2	10	6
２枚め	約 (○・△) ⇒□	2	10	2
３枚め	(□＋○) ⇒△	2	4	2

キミオ：**ユミコ**さんは、イのカードを２枚とウのカードを１枚の合計３枚を使ったんだね。カードを自由に組み合わせると、いろいろなことができそうだね。

〔問題３〕　最初、○＝６、△＝４、□＝１であるとします。ア～ウの３種類のカードに○、△、□の記号を２種類以上自由に書き入れて、初めて○＝４、△＝６となるのがちょうど３枚《まい》の手順となる組み合わせを２通り考え、**表２**のように解答らんに記入しなさい。ただし、アのカードから始まる手順とウのカードから始まる手順の２通りにすること。

解答用紙　適性検査Ⅰ

1

〔問題1〕10点

45

50

40　20

※

〔問題2〕20点

45

ものの見方。

40　20

※

〔問題3〕70点

20

※

※

※100点満点

受検番号

得点
※

※のらんには何も記入しないこと。

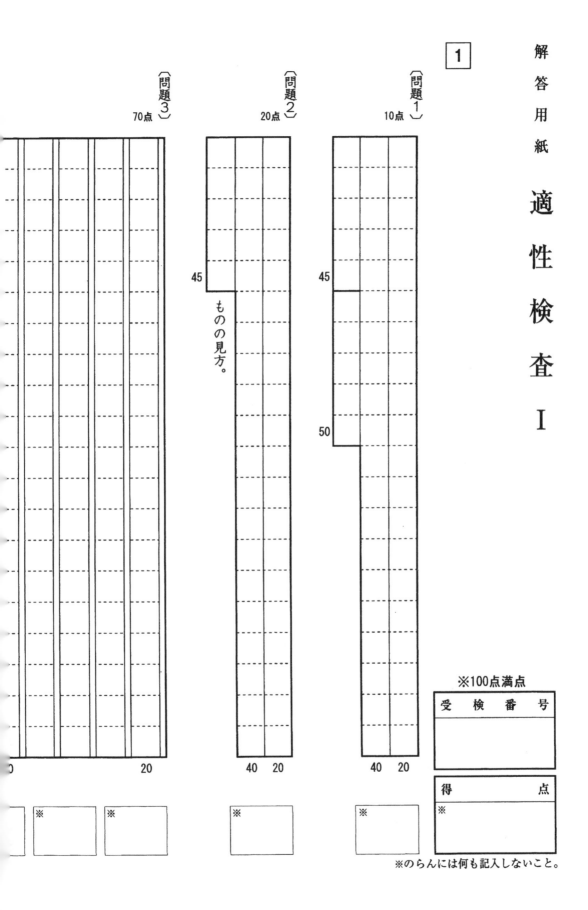

解答用紙　適性検査Ⅱ

※100点満点

受検番号	得点
	※

※のらんには、記入しないこと

1

〔問題１〕10点

①	②	③	④
cm	cm	cm	cm

※

〔問題２〕14点

〔必要なパネルの台数〕

台

〔説明〕

※

〔問題３〕16点

〔ア に入る数〕

点

〔イ に入る数〕	〔ウ に入る数〕	〔エ に入る数〕	〔オ に入る数〕

※

2

〔問題１〕10点

歯の数：

計算した理由

※

〔問題２〕15点

動力の歯車：　　　　　　　　　　、タイヤの歯車：

動力の歯車の回転数：

※

〔問題３〕25点

	正面の数字	回転のさせ方
「答え方の例」	３	(右９０度)→(上９０度)→(右９０度)
からだ		
右うで		
左うで		
右足		
左足		

※

※100点満点

受　検　番　号

得　　点
※

※のらんには、記入しないこと

解 答 用 紙　適 性 検 査 Ⅲ

1

〔問題１〕10点

ア　　　　　　÷　イ

※

〔問題２〕15点

○：　　　　　、△：

※

〔問題３〕25点

アのカードから始まる手順

計算の順番	使うカード	○	△	□
最初		6	4	1
1枚《まい》め				
2枚め				
3枚め				

ウのカードから始まる手順

計算の順番	使うカード	○	△	□
最初		6	4	1
1枚め				
2枚め				
3枚め				

※

2

〔問題１〕10点

〔選んだ図〕

〔あなたの考え〕

※

〔問題２〕8点

〔設計の工夫《くふう》〕（選んだ二つをそれぞれ◯で囲みなさい。）

出入口の高さ　手すりの素材　ゆかの素材　降車《こうしゃ》ボタンの位置

車いすスペースの設置　フリースペースの設置　固定ベルトの設置

優先席《ゆうせんせき》の配置

〔期待されている役割《やくわり》〕

※

〔問題３〕12点

〔課題〕

〔あなたの考え〕

※

3

〔問題1〕 6点

〔選んだプロペラ〕
〔示す値《あたい》のちがい〕 g

※

〔問題2〕 14点

(1) 〔モーター〕 〔プロペラ〕
(2) 〔選んだ予想〕 の予想
〔予想が正しくなる場合〕 あります ・ ありません
〔理由〕

※

〔問題3〕 10点

(1)
(2)

※

（２　富士）

440　400　300　200

※

【解答用

2 **ヒカル**さんと**アキラ**さんは自転車の仕組みについて調べる中で、歯車に興味をもちました。そこで、ヒカルさんのおじさんが経営しているおもちゃのリサイクル工場からいらなくなった歯車をいくつかもらってきた二人は、歯車を組み合わせてさまざまなことを調べています。

ヒカル：いろいろな大きさの歯車があるね。もらってきた歯車のサイズはちがっても、歯の大きさはみんな同じだから、サイズがちがう歯車同士でもかみ合って動くんだね。

アキラ：かみ合った二つの歯車を回すと、**図１**のようにそれぞれ反対向きに回るんだね。

図１　歯車①と歯車②が回転する様子

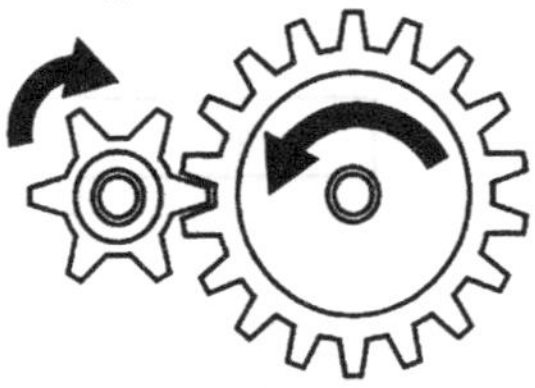

アキラ：歯車①の歯の数は６、歯車②の歯の数は１８だね。

ヒカル：歯車②が１回転する間に、歯車①は３回転するね。かみ合った二つの歯車の回転数のちがいは、それぞれの歯車の歯の数と関係がありそうだね。歯車①と歯車②の回転数の関係を**表１**にしてみたよ。

表１　歯車①と歯車②の回転数の関係

	回転数			
歯車①	３回転	６回転	９回転	１２回転
歯車②	１回転	２回転	３回転	４回転

〔問題１〕　歯車①と歯車②とは別の、歯車③を用意して歯車②とかみ合わせて回転させました。回転数の関係が以下の**表２**のようになったとき、歯車③の歯の数を答えなさい。解答らんに歯の数を書き、あなたがそのように計算した理由を説明しなさい。

表２　歯車②と歯車③の回転数の関係

	回転数			
歯車②	２回転	４回転	６回転	８回転
歯車③	３回転	６回転	９回転	１２回転

二人は、タイヤがついた模型《もけい》を使い、動力による回転を歯車が伝えてタイヤが動くような仕組みを作っています。

ヒカル：タイヤに歯車を固定すれば、タイヤの回転数とタイヤの歯車の回転数は同じになるね。歯車が回転を伝えることによって、動力の歯車が回るのと同時にタイヤも回るんだ。

アキラ：動力の歯車を回転させると、かみ合っている歯車が連動してタイヤが回るんだね。タイヤの円周がわかれば、動力の歯車が何回転すると模型全体がどれくらい進むかがわかるね。

図2　動力とタイヤがついた模型《もけい》を横からみた図

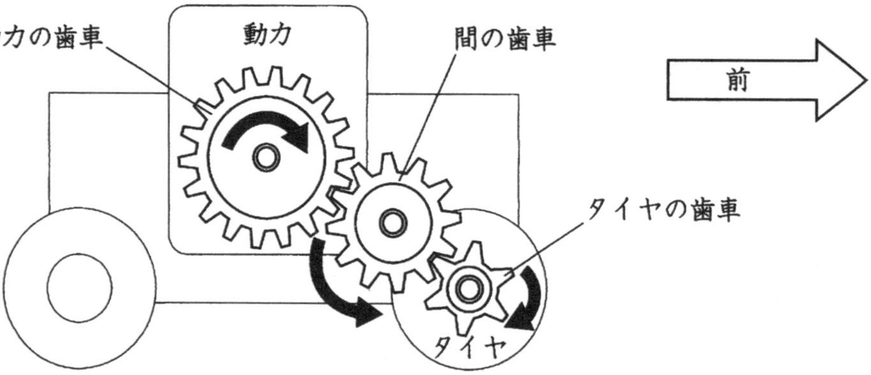

〔問題２〕　**図2**の模型《もけい》全体を前の方向に進ませたいとします。動力の歯車、タイヤの歯車、間の歯車の合計３個を使い、動力をタイヤに伝えます。タイヤの円周は１０センチメートル、歯車ア～歯車カの回転数は以下の**表3**のとおりとします。間の歯車を歯車オにしたとき、模型全体が３．６メートルちょうど進むためには、動力の歯車を何回転させればよいでしょうか。動力の歯車とタイヤの歯車を**表3**の中からそれぞれ選んで答え、動力の歯車の回転数を整数で答えなさい。ただし、動力の歯車とタイヤの歯車に同じ歯車を使うことはできません。

表3　歯車ア～歯車カの回転数の関係

	回転数		
歯車ア	１回転	２回転	３回転
歯車イ	２回転	４回転	６回転
歯車ウ	３回転	６回転	９回転
歯車エ	４回転	８回転	１２回転
歯車オ	５回転	１０回転	１５回転
歯車カ	６回転	１２回転	１８回転

動力について考えた二人は、次にコンピュータの３Ｄ《スリーディー》モデリングソフト「富士」を使って、コンピュータの中で模型を作ることにしました。「富士」は、コンピュータの中に用意された部品を回転させて自分の好きな形に組み上げることができます。自分たちが作った動力で動く夢のロボットを、「富士」を使って作ろうとしています。

ヒカル： ロボットに必要な部品のデザインは終わったから、あとは「富士」を使ってコンピュータの画面の中で組み立てよう。

アキラ： ロボットは「頭」「からだ」「右うで」「左うで」「右足」「左足」の６個の部品に分かれているよ。

ヒカル： それぞれの部品には、数字が書かれているから、組み合わせる向きによっていろいろなパターンが作れるんだね。

> 画面上のロボットの部品の回転について
>
> ロボットの部品の回転方向として、以下の**図３**を参考にしてください。それぞれ、基本の置き方から各回転を行った様子を示します。なお、サイコロは反対側の面の目の数同士を足すと、目の数の合計が７になります。

図３　回転方向の説明

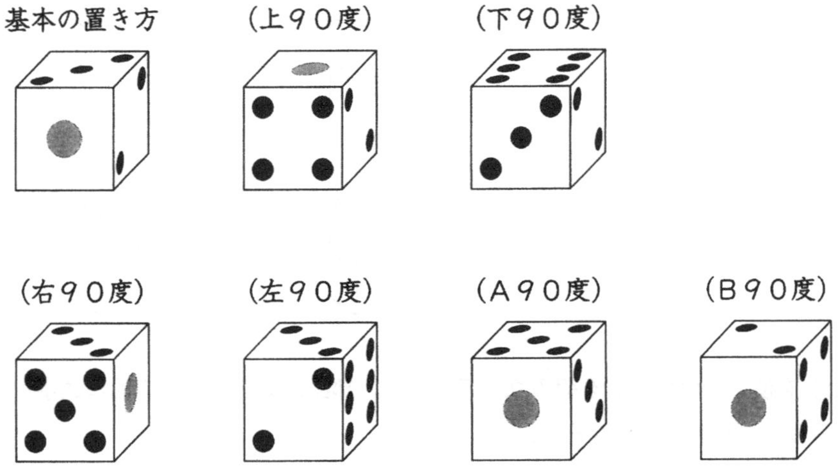

以下の**図4**で、各部品に書かれている数字と数字の向きを示す。各数字は線が引いてある方を下とする。

図4　各部品に書かれている数字

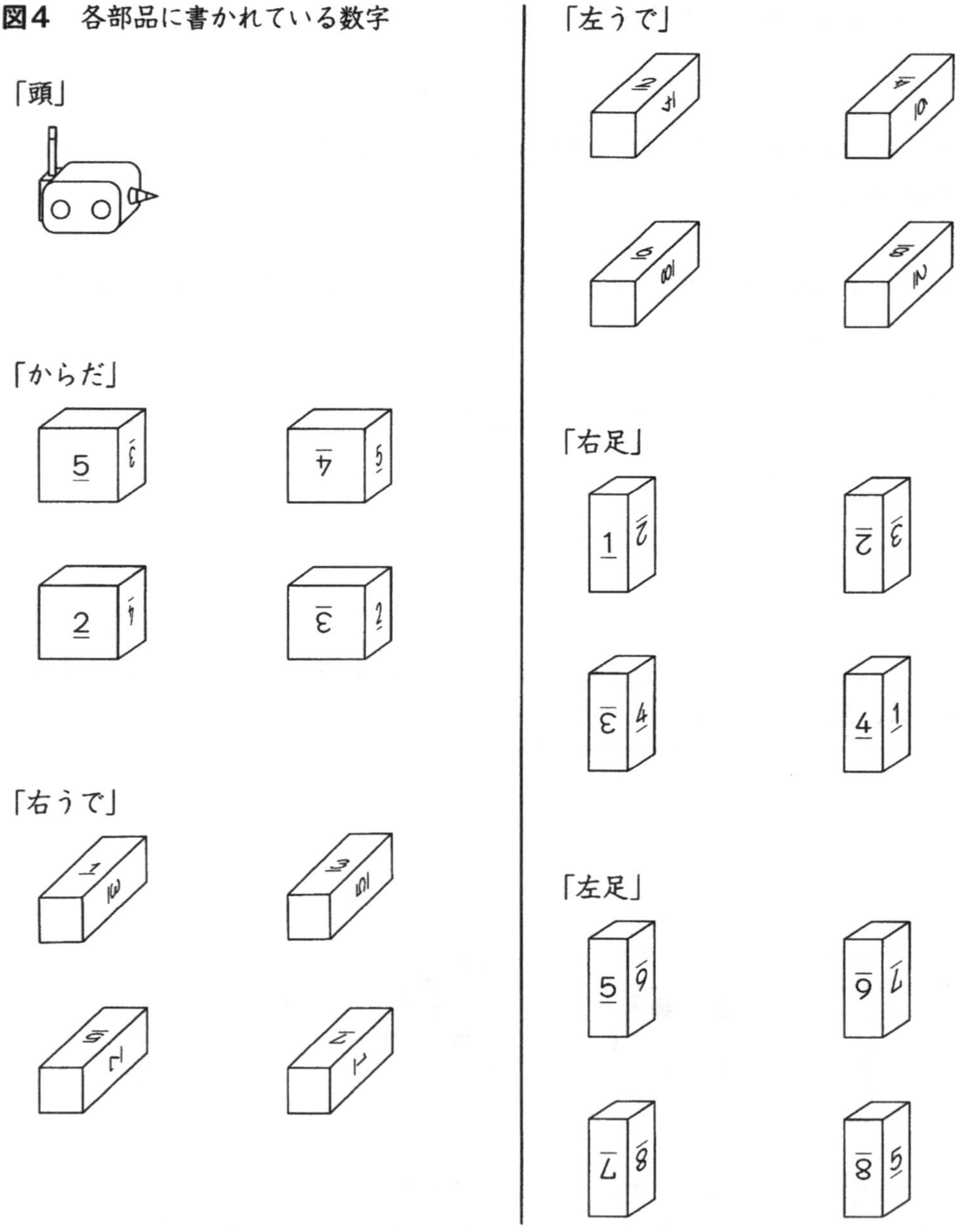

ヒカル：「富士」を使ってロボットを組み立ててみよう。部品にはそれぞれの面に数字が書いてあるから、何か決まりを作ろう。

アキラ：コンピュータの中でのデザインだから、各部品の接着や関節の仕組みについては考えなくていいよ。正面から見たデザインについてだけ考えよう。

〔問題３〕「富士」を用いてロボットを組み立てます。以下の**図５**のように置かれているそれぞれの部品を**図６**の例のような置かれ方にするには、部品をどのように回転させればよいか、解答用紙の「答え方の例」にならって解答らんに書きなさい。ただし、完成したロボットを正面から見たときに「からだ」「右うで」「左うで」「右足」「左足」に<u>書かれている数字がすべてちがうものになり、数字の合計が１５になるようにすること</u>。組み立てる際には以下の**ルール**に従《したが》うこと。

図５　部品の最初の置かれ方

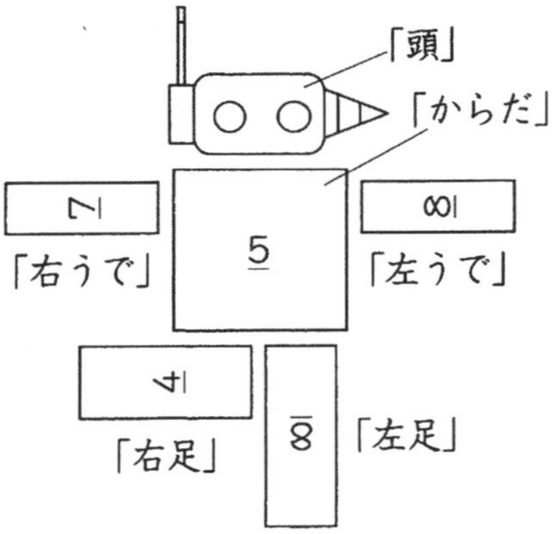

図６　正面から見た完成図（例）

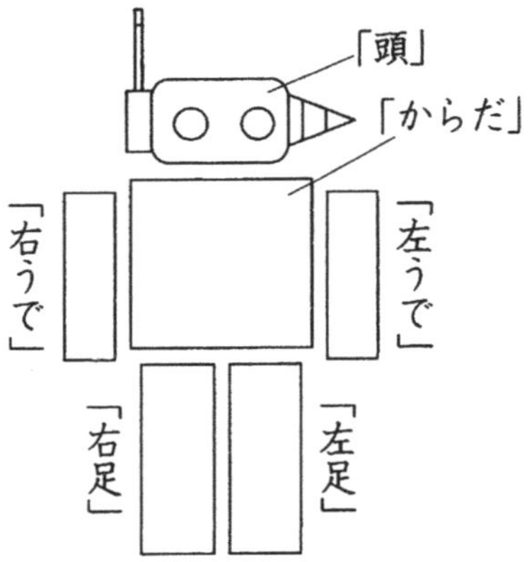

ルール

１：各部品は**図３**のように（上９０度）、（下９０度）、（右９０度）、（左９０度）、（Ａ９０度）、（Ｂ９０度）の６種類の回転を行うことができる。１８０度回転させたい場合は、解答らんに同じ回転を２回書くこと。また、最初の置かれ方から回転する必要がない場合は（回転なし）と解答すること。

２：各部品の回転は４回までとする。

３：完成したロボットを正面から見たときに、すべての数字が線を下にして書かれているようにすること。

ヒカル：デザインしたロボットを、いつか実際に作りたいね。

アキラ：二人で組み上げた動力を使って、本当に動くロボットにしたいね。

適性検査Ⅰ

☆

注意

1 問題は 1 のみで、**8ページ**にわたって印刷してあります。

2 検査時間は**四十五分**で、終わりは**午前九時四十五分**です。

3 声を出して読んではいけません。

4 答えは全て解答用紙に明確に記入し、**解答用紙だけを提出しなさい。**

5 答えを直すときは、きれいに消してから、新しい答えを書きなさい。

6 **受検番号**を解答用紙の決められたらんに記入しなさい。

東京都立富士高等学校附属中学校

㉛

問題は次のページからです。

1　次の **文章1** は、絵本作家のかこさとしさんと、聞き手である林《はやし》 公代《きみよ》さんとの対話です。（——は林さんの発言を表します。）これと、あとに続く **文章2** を読んで、あとの問題に答えなさい。（＊印の付いている言葉には、本文のあとに〔注〕があります。）

文章1

お詫び
著作権上の都合により、文章は掲載しておりません。
ご不便をおかけし、誠に申し訳ございません。

お詫び
著作権上の都合により、文章は掲載しておりません。
ご不便をおかけし、誠に申し訳ございません。

お詫び

著作権上の都合により、文章は掲載しておりません。
ご不便をおかけし、誠に申し訳ございません。

お詫び

著作権上の都合により、文章は掲載しておりません。
ご不便をおかけし、誠に申し訳ございません。

お詫び

著作権上の都合により、文章は掲載しておりません。
ご不便をおかけし、誠に申し訳ございません。

お詫び

著作権上の都合により、文章は掲載しておりません。
ご不便をおかけし、誠に申し訳ございません。

（かこさとし〔談〕・林公代〔聞き手〕「科学の本の作り方」による）

〈注〉

拝読《はいどく》した――読ませていただいた。

動的に――変化するものとして。

論文《ろんぶん》――意見や研究の結果を、筋道《すじみち》を立ててのべた文章。

プレートテクトニクス論《ろん》――地球のつくりに関する理論《りろん》。

妥当《だとう》――実情によく当てはまっていること。

学会――学問研究のための学者の団体やその会合。

仰《おお》せつかって――命じられて。

ことに――中でも。特に。

技術のことをかじった端《はし》くれ――技術のことを少しでも学んだ者。

原理原則――基本的な決まり。

匹敵《ひってき》する――同じ程度の。

羅列《られつ》したり――ならべたり。

真っ当な――まともな。

喚起《かんき》すれば――よび起こせば。

ちゃちな――いいかげんで内容がない。

エンジン――原動力。

琴線《きんせん》に触《ふ》れる――心の奥底《おくそこ》を刺激《しげき》し感動させる。

文章2

　とかく科学の本というと、肩《かた》がこる、知識が覚えられる、学校の成績に少しでも役立つ――というような意識が先にたちがちですが、私《わたくし》の場合、（1）おもしろくて、（2）総合的で、（3）発展的《はってんてき》な内容を、これからの科学の本の軸《じく》にしたいと心がけています。

　おもしろいというのは、一冊《さつ》の本をよみ通し、よく理解してゆく原動力になるだけでなく、もっとよく調べたり、もっと違《ちが》うものをよんだりするというように、積極的な行動にかりたてるもっとも大事なエネルギーとなるものです。よい本だけれど一頁《ぺーじ》よんだらねむくなったとかいうのでは*残念なきわみなので、私は内容がよければよいほど、おもしろさというものが必要だと考えています。しかし、おもしろさと一口にいっても、子どもだからとて、いや子どもだからこそ、いつも下品でゲラゲラ*くすぐりだけをよろこぶわけではありません。必ずしだいに内容の深い次元の高いものに興味を発展《はってん》させ*昇華《しょうか》してゆくものと、私は考えています。

　二番目の総合性に関連していえば、個々の分野ではすばらしく深い*精緻《せいち》な本が多いのですが、それらは分化し細分化されたまま、その本質や全体像が明示されていない*うらみがありました。日本の科学技術の*泣き所の一つに、やはり総合力のなさや*学界の*断層《だんそう》の問題が多くの方から指摘《してき》されています。したがって、こまかな個々の分野は他の方におまかせして、私はあまり他の方がおやりにならない総合性をめざしてみたいと考えているものです。

　第三の発展性《はってんせい》については、今日の科学技術の*様相を、ただ現状だけとか、いまいえる限りといったように*静的に提示するだけでは十分でありません。なぜそのようになってきたかという姿勢《しせい》、延長《えんちょう》としての未来、どう臨《のぞ》むのが好ましいのかという態度、そうした科学観や社会への視点《してん》、未来への*洞察《どうさつ》といった点が、これからの科学の本、しかも、①これからの将来《しょうらい》に生きる子どもたちのための本としては不可欠であると私は考えています。そのことは、好むと好まざるとにかかわらず、作者に態度を明確にすることを迫《せま》るでしょう。

（かこさとし『地球』解説　福音館書店による）

〔注〕

残念なきわみ――非常に残念。
くすぐり――笑わせようとすること。
昇華《しょうか》してゆく――高めてゆく。
精緻《せいち》な――くわしくて細かい。
うらみ――残念な点。
泣き所――弱点。
学界――学問の世界。
断層《だんそう》――意見などの食いちがい。
様相――ありさま。
静的に――変化のない、あるいは少ないものとして。
洞察《どうさつ》――見通し。

このページには問題は印刷されていません。

〈問題1〉 ㋐＊真っ当な面白《おもしろ》さにぶつかる とありますが、「真っ当な面白さにぶつかる」と、子どもはどうなるとかこさんは考えているでしょうか。**文章2** の中から探《さが》し、解答らんに合うように二十四字以上三十五字以内で答えなさい。（、や。も字数に数えます。）

〈問題2〉 ㋑これからの将来《しょうらい》に生きる子どもたちのための本 とありますが、そのためにかこさんはどのような態度で本を書いているのでしょうか。**文章1** のかこさんの発言の中から探《さが》し、解答らんに合うように二十四字以上三十五字以内で答えなさい。（、や。も字数に数えます。）

〈問題3〉 下に示すのは、**文章1** と **文章2** を読んだ後の、**ひかる**さんとある**友だち**とのやりとりです。このやりとりのあと、**ひかる**さんが示したと思われる考えを、四百字以上四百四十字以内で書きなさい。ただし、下の条件と次ページの〈**きまり**〉にしたがうこと。

ひかる―― **文章1** と **文章2** を読んで、科学の本を読んでみたくなりました。

友だち――たしかに、かこさんが、むずかしそうな専門知識《せんもんちしき》まで調べた上で本を作っていることはよくわかりました。でも、それだと、私《わたし》たち子ども向けの本としてはつまらない本になってしまうと思います。

ひかる――それは誤解《ごかい》のような気がします。それに、私はかこさんの考えを知って、本を読むときに心がけたいこともできました。

友だち――そうですか。**ひかる**さんの考えをくわしく教えてください。

条件　次の三段落構成《さんだんらくこうせい》にまとめて書くこと

①第一段落では、**友だち**の発言の中で誤解《ごかい》をしていると思う点を指摘《してき》する。

②第二段落では、①で示した点について、**文章1** と **文章2** にもとづいて説明する。

③第三段落には、①と②とをふまえ、**ひかる**さんがこれから本を読むときに心がけようと思っている点を書く。

〈きまり〉

○題名は書きません。

○最初の行から書き始めます。

○各段落《だんらく》の最初の字は一字下げて書きます。

○行をかえるのは、段落《だんらく》をかえるときだけとします。

○、や。や」などもそれぞれ字数に数えます。これらの記号が行の先頭に来るときには、前の行の最後の字と同じますめに書きます。（ますめの下に書いてもかまいません。）

○。と」が続く場合には、同じますめに書いてもかまいません。この場合、。」で一字と数えます。

○段落をかえたときの残りのますめは、字数として数えます。

○最後の段落の残りのますめは、字数として数えません。

適性検査Ⅱ

注　　意

1　問題は 1 から 3 までで、１８ページにわたって印刷してあります。

2　検査時間は**４５分**で、終わりは**午前１１時００分**です。

3　声を出して読んではいけません。

4　計算が必要なときは、この問題用紙の余白を利用しなさい。

5　答えは全て解答用紙に明確に記入し、**解答用紙だけを提出しなさい。**

6　答えを直すときは、きれいに消してから、新しい答えを書きなさい。

7　**受検番号**を解答用紙の決められたらんに記入しなさい。

東京都立富士高等学校附属中学校

問題を解くときに、問題用紙や解答用紙、ティッシュペーパーなどを実際に折ったり切ったりしてはいけません。

1　**先生**、**太郎**《たろう》さん、**花子**さんが、学校生活最後のお楽しみ会の準備をしています。

先　生：お楽しみ会では、クラスのみなさんでできる遊びを行いましょう。遊び方をしおりにまとめて、クラスのみなさんに配ろうと思います。１枚《まい》の紙の片面《かためん》から左とじのしおり（**図１**）を作りましょう。

太　郎：１枚の紙の片面からしおりを作ることができるのですか。

花　子：しおりの作り方（**図２**）によると、１枚の紙を ----- で折り、━━━━ を切って、折りたたむと、しおりを作ることができるみたいよ。

図１　左とじのしおり

図２　しおりの作り方

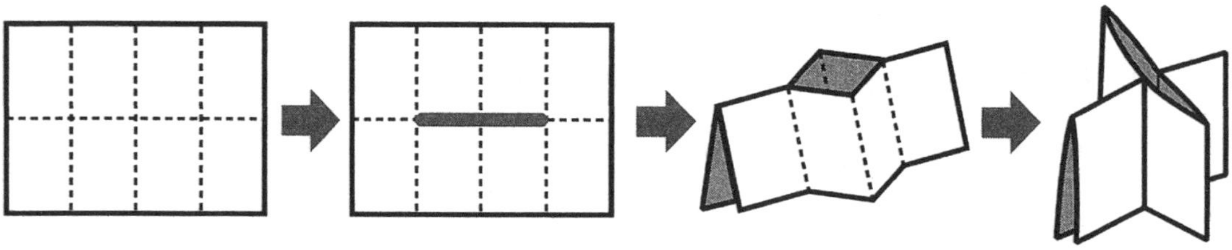

先　生：お楽しみ会では二つの遊びを行います。しおりができたら、表紙を１ページとして、最初の遊びの説明を２ページから４ページに、次の遊びの説明を５ページから７ページにのせましょう。８ページは裏表紙《うらびょうし》になります。

太　郎：折りたたみ方によって、しおりの表紙がくる位置や５ページがくる位置が変わってくるね。

花　子：それに、文字の上下の向きも変わってくるね。しおりにしたときにすべてのページの文字の向きがそろうように書かないといけないね。

先　生：そうですね。では、１枚の紙を折りたたみ、しおりにする前の状態（**図３**）で、しおりの表紙や５ページがどの位置にくるのか、またそれぞれ上下どの向きで文字を書けばよいのかを下書き用の用紙に書いて確かめておきましょう。

〔問題１〕　１枚の紙を折りたたみ、左とじのしおり（**図1**）を作るとき、しおりの表紙と５ページは、しおりにする前の状態（**図3**）ではどの位置にくるのでしょうか。また、それぞれ上下どちらの向きで文字を書けばよいですか。

解答用紙の図の中に、表紙の位置には「表」という文字を、５ページの位置には「五」という文字を**図4**のように文字の上下の向きも考え、書き入れなさい。

図3　しおりにする前の状態

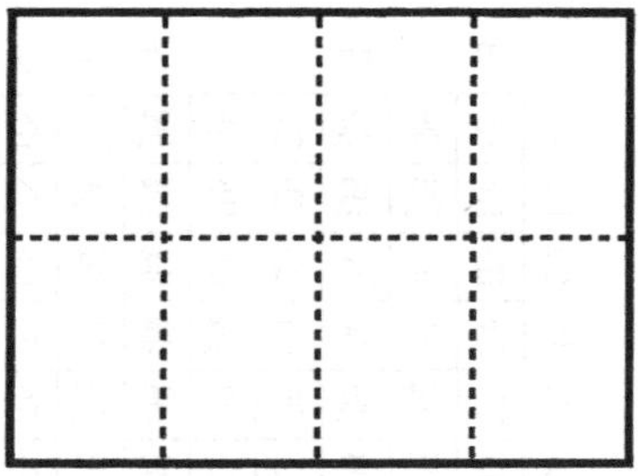

図4　文字の書き方

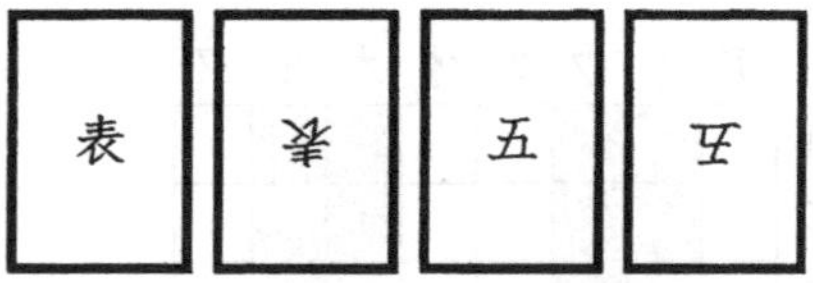

先　生：しおりの２ページから４ページには、「白と黒の２色でぬられた模様《もよう》を漢字や数字で相手に伝える遊び方」の説明をのせます。

花　子：どのような遊びですか。

先　生：例えば、伝える人は模様（**図５**）を漢字で表現（**図６**）します。答える人は、伝えられた表現から模様を当てるという遊びです。横の並《なら》びを「行」といい、縦《たて》の並びを「列」といいます。

図５　白と黒の２色でぬられた模様《もよう》

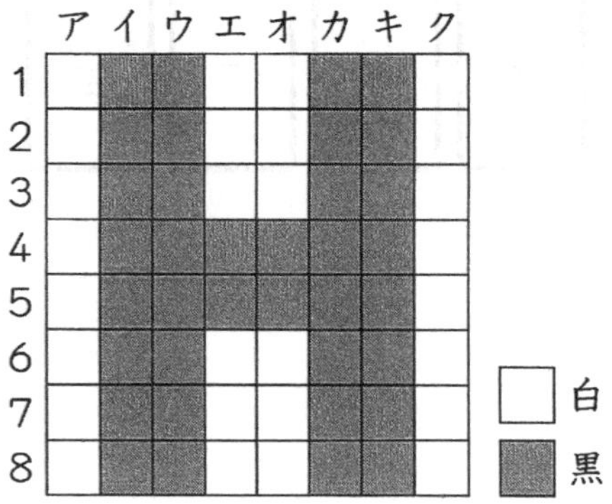

図６　漢字で表現した模様

	ア	イ	ウ	エ	オ	カ	キ	ク
1	白	黒	黒	白	白	黒	黒	白
2	白	黒	黒	白	白	黒	黒	白
3	白	黒	黒	白	白	黒	黒	白
4	白	黒	黒	黒	黒	黒	黒	白
5	白	黒	黒	黒	黒	黒	黒	白
6	白	黒	黒	白	白	黒	黒	白
7	白	黒	黒	白	白	黒	黒	白
8	白	黒	黒	白	白	黒	黒	白

太　郎：全部で６４個の漢字を使って模様を表現していますね。６４個も答える人に伝えるのは大変ではないでしょうか。

先　生：そうですね。ではここで、数字も取り入れて、１行ずつ考えていくと（約束１）、より少ない漢字と数字の個数で模様を表現することができますよ。

> 約束１
>
> ①上から１行ごとに、左から順にますの漢字を見る。
>
> ②漢字が白から始まるときは「白」、黒から始まるときは「黒」と最初だけ漢字を書く。
>
> ③白または黒の漢字が続く個数を数字で書く。

花　子：**図６**の模様については、１行めは白から始まるから、最初の漢字は「白」になりますね。左から白が１個、黒が２個、白が２個、黒が２個、白が１個だから、

白１２２２１

という表現になります。漢字と数字を合わせて６個の文字で表現できますね。２行めと３行めも１行めと同じ表現になりますね。

先　生：そうですね。４行めと５行めは、白から始まり、白が１個、黒が６個、白が１個ですから、

白１６１

という表現になります。

太　郎： ６行めから８行めも１行めと同じ表現になりますね。そうすると、漢字と数字を合わせて４４個の文字で**図６**の模様を表現できました（**図７**）。約束１ を使うと**図６**よりも２０個も文字を少なくできましたね。漢字と数字の合計の個数をもっと少なくすることはできないのかな。

先　生： 別の約束を使うこともできますよ。今度は、１列ずつ考えていきます（約束２）。

図７　約束１ を使った表現

白１２２２１
白１２２２１
白１２２２１
白１６１
白１６１
白１２２２１
白１２２２１
白１２２２１

約束２

①ア列から１列ごとに、上から順にますの漢字を見る。
②文字が白から始まるときは「白」、黒から始まるときは「黒」と最初だけ漢字を書く。
③白または黒の漢字が続く個数を数字で書く。

花　子： **図６**の模様については、**図８**のように表現できるから、漢字と数字を合わせて２０個の文字で模様を表現できました。約束１ に比べて 約束２ を使ったほうが、２４個も文字を少なくできましたね。
伝える人は、約束２ を使って答える人に模様を伝えるのがよいと思います。

先　生： どのような模様であっても 約束２ で表現するのがよいのでしょうか。別の模様でも考えてみましょう。

図８　約束２ を使った表現

白	黒	黒	白	白	黒	黒	白
８	８	８	３	３	８	８	８
			２	２			
			３	３			

〔問題２〕 **図９**はある模様を 約束１ で表現したものです。この模様を 約束２ で表現したとき、漢字と数字の合計の個数がいくつになるのかを答えなさい。
　また、約束１ と 約束２ のどちらを使ったほうが表現する漢字と数字の合計の個数が少なくできるのか答えなさい。さらに、少なくできる理由を説明しなさい。考えるときに**図１０**を使ってもよい。

図９　約束１ を使った表現

白８
黒７１
黒１７
白１１６
白２１５
白１１６
黒１７
黒８

図１０

	ア	イ	ウ	エ	オ	カ	キ	ク
１								
２								
３								
４								
５								
６								
７								
８								

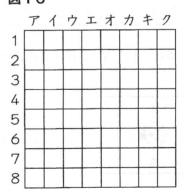

先　生： しおりの５ページから７ページには、**図１１**のような「磁石《じしゃく》がついているおもちゃ（てんとう虫型）を鉄製の箱の表面で動かす遊び方」の説明をのせます。
図１２のように鉄製の箱の表面にはますがかかれていて、使う面は前面と上面と右面だけです。

図１１

図１２

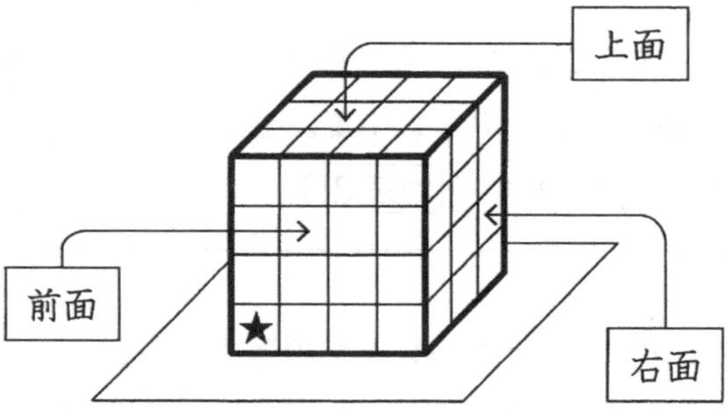

太　郎： どのような遊びですか。

先　生： **表１**にあるカードを使って、「★」の位置から目的の位置まで、指定されたカードの枚数でちょうど着くようにおもちゃを動かす遊びです。最初に、おもちゃを置く向きを決めます。次に、おもちゃを動かすカードの並べ方を考えます。同じカードを何枚使ってもかまいませんし、使わないカードがあってもかまいません。では、まずはカードの枚数を気にしないでやってみましょう。例えば、目的の位置を「う」の位置とします（**図１３**）。**表１**をよく読んで、おもちゃの動かし方を考えてみてください。

表１

カード番号	カード	おもちゃの 動かし方
①		同じ面で １ます前に動かす
②		同じ面で ２ます前に動かす
③		そのままで右に ９０度回転させる
④		そのままで左に ９０度回転させる
⑤		面を変えながら １ます前に動かす

図１３

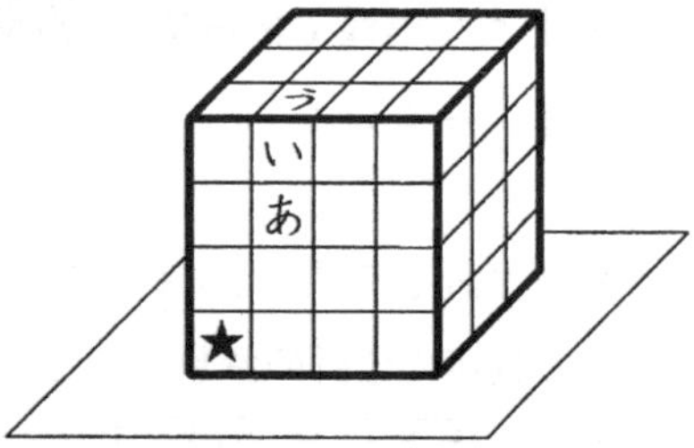

太　郎： 私《わたし》は、最初におもちゃを**図１４**のように置いて、このように考えました。

図１４

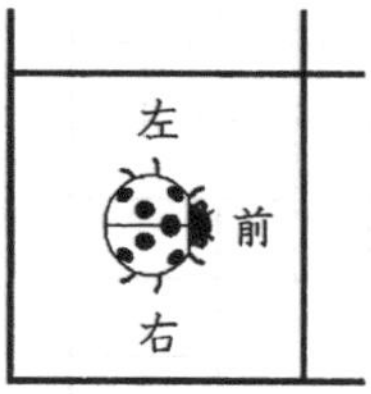

（カード番号　①　④　②　①　⑤　）

先　生：そうですね。「あ」の位置でまずのカードを使って「い」の位置に動かし、それからのカードを使って面を変えながら１ます前に動かすことで「う」の位置にたどりつきます。

花　子：私は、最初におもちゃを**図１５**のように置いて、このように考えました。

図１５

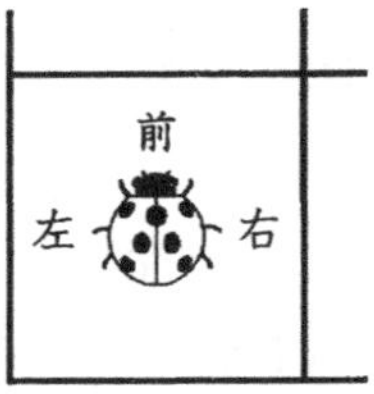

（カード番号　②　①　③　①　④　⑤　）

先　生：そうですね。花子さんの並べ方では、「い」の位置でまずのカードを使っておもちゃの向きを変え、それからのカードを使って面を変えながら１ます前に動かすことで「う」の位置にたどりつきます。

花　子：お楽しみ会ではカードの枚数を指定して遊びましょう。

太　郎：お楽しみ会の日が待ち遠しいですね。

〔問題３〕 **図１６**のように「★」の位置から「え」の位置を必ず通るようにして、「お」の位置までおもちゃを動かします。**表１**のカードを１０枚使って、おもちゃを動かすとき、使うカードの種類とカードの並《なら》べ方を考えなさい。

　最初に、「★」の位置に置くおもちゃの向きを**図１７**から選び、解答用紙の（　）内に○をつけなさい。

　次に、おもちゃを動かすカードの並べ方を、**表１**にある①から⑤のカード番号を使って左から順に書きなさい。

図１６

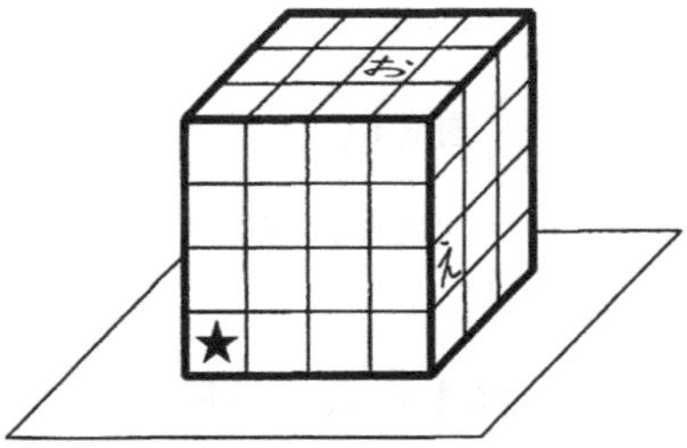

図１７

（　　）　（　　）

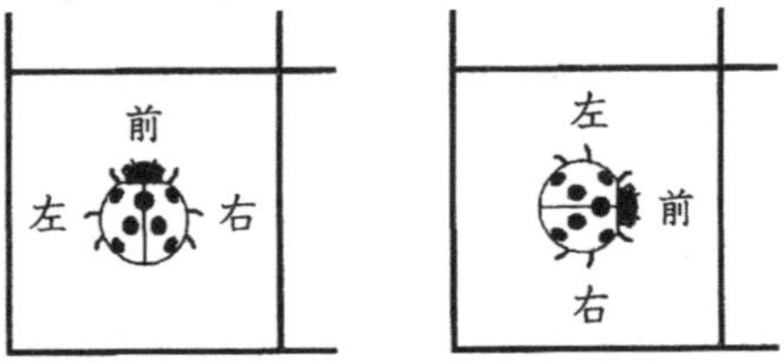

2　校外学習で昼食時におとずれた都立公園で**花子**さんと**太郎《たろう》**さんが、外国人旅行者について話をしています。

花　子：都立公園には外国人が大勢見学におとずれているね。
太　郎：先生も、最近は日本をおとずれる外国人の数が増えていると言っていたよ。
花　子：日本をおとずれる外国人の数はいつごろから多くなってきたのかな。
太　郎：私《わたし》たちが生まれたころと比べて、どのくらい増えているのだろうか。
花　子：日本をおとずれる外国人の数の変化を調べてみようよ。
太　郎：国外に行く日本人もたくさんいるだろうから、日本をおとずれる外国人の数と比べてみるのもおもしろそうだよ。校外学習から帰ったら、調べてみよう。

花子さんと太郎さんは、校外学習の後、図書館に行き、次の資料（**図1**）を見つけました。

図1　日本人の出国者数と、日本への外国人の入国者数の移り変わり

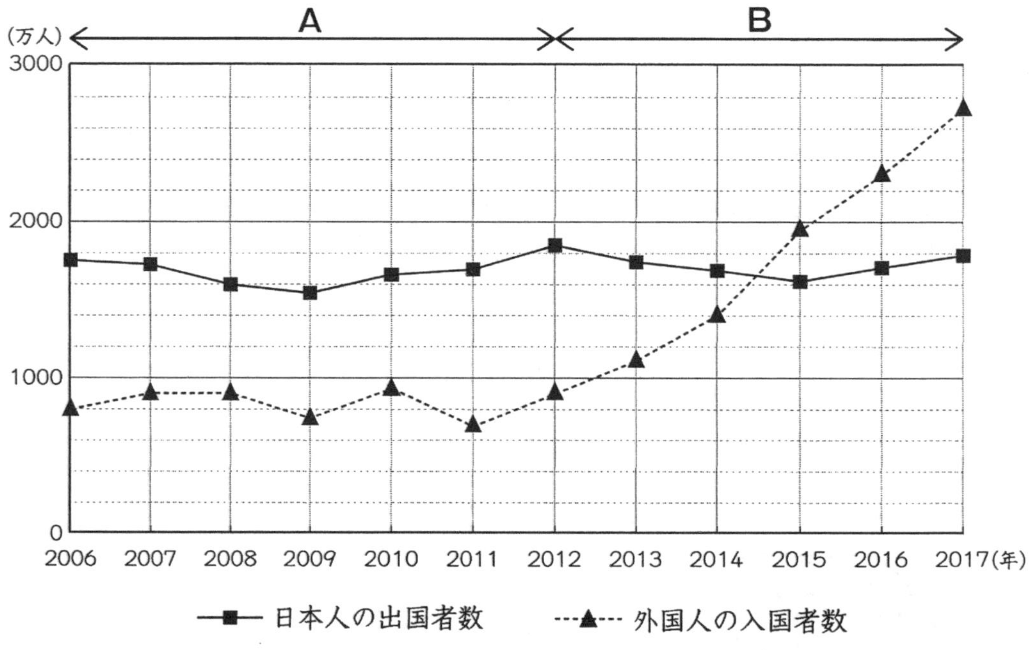

（法務省の資料より作成）

花　子：2006（平成18）年から2012（平成24）年までの間（**図1**の**A**の期間）では、［　（あ）　］。2012（平成24）年は日本人の出国者数は、外国人の入国者数の約［　（い）　］倍であることが分かるね。
太　郎：2012（平成24）年から2017（平成29）年までの間（**図1**の**B**の期間）では、［　（う）　］。外国人の入国者数は、2017（平成29）年には2012（平成24）年と比べて約［　（え）　］倍になっていることが分かるね。

〔問題1〕　花子さんと太郎さんは、**図1**をもとに日本人の出国者数と、日本への外国人の入国者数を比べて、それぞれの変化のようすについて話し合っています。二人の会話中の［（あ）］から［（え）］の空らんのうち［（あ）］と［（う）］には当てはまる文を、［（い）］と［（え）］には当てはまる整数を答えなさい。

花　子：観光を目的として日本をおとずれる外国人旅行者について、調べてみようよ。

太　郎：日本をおとずれる外国人旅行者について、こんな資料（**図2**）があったよ。この資料の「延《の》べ宿はく者数」は、例えば一人が2はくした場合を2として数えているよ。

図2　外国人旅行者の延《の》べ宿はく者数の移り変わり

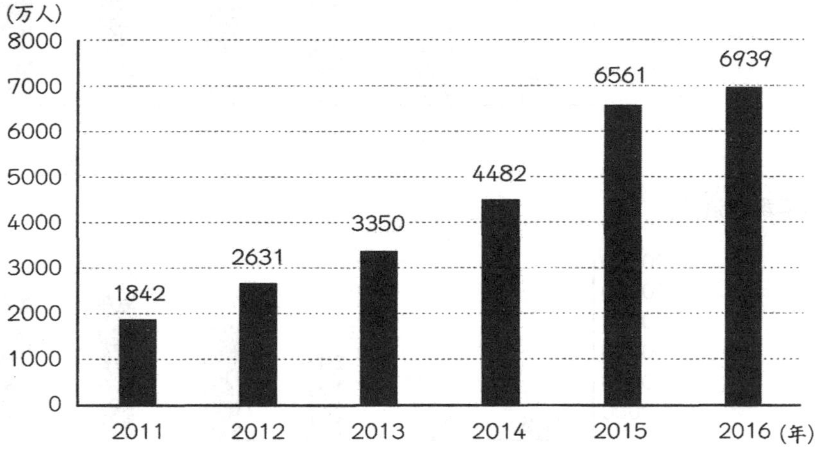

（観光庁《かんこうちょう》「宿泊《しゅくはく》旅行統計調査」より作成）

太　郎：外国人旅行者の延べ宿はく者数が2011（平成23）年には約1842万人だったのに対し、2016（平成28）年には約6939万人になっていて、約4倍に増えていることが分かるね。

花　子：日本のどのような地域《ちいき》で外国人旅行者の延べ宿はく者数が増えているのかな。

太　郎：こんな資料（**図3**）があったよ。これは、長野県松本市《ながのけんまつもとし》、岐阜県高山市《ぎふけんたかやまし》、和歌山県《わかやまけん》西牟婁郡白浜町《にしむろぐんしらはまちょう》という三つの地域における外国人旅行者の延べ宿はく者数の移り変わりを示しているよ。

図3　三つの地域《ちいき》の外国人旅行者の延べ宿はく者数の移り変わり

長野県松本市《ながのけんまつもとし》

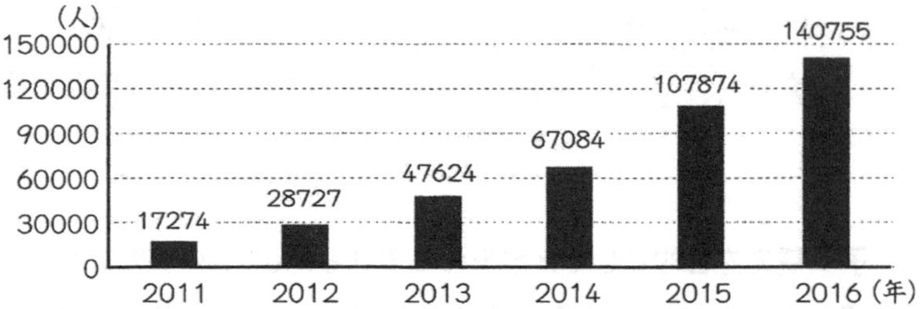

(長野県「長野県外国人延宿泊者数《のべしゅくはくしゃすう》調査結果」より作成)

岐阜県高山市《ぎふけんたかやまし》

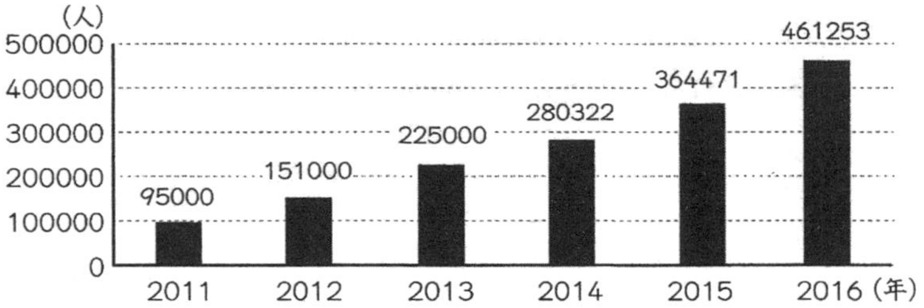

(高山市「高山市外国人観光客宿泊統計」より作成)

和歌山県西牟婁郡白浜町《わかやまけんにしむろぐんしらはまちょう》

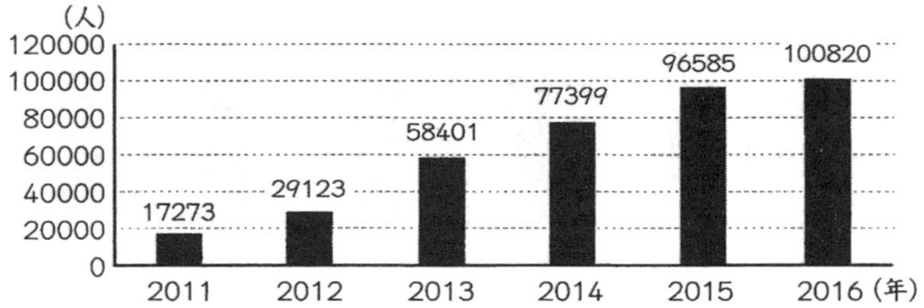

(一般《いっぱん》社団法人南紀白浜《なんきしらはま》観光局「平成３０年度事業計画」より作成)

花　子：この三つの地域は、外国人旅行者の延べ宿はく者数がここ数年で大はばに増えた地域だね。地図上の位置や、どのような地域かなどをもう少し調べてみようよ。(**図4**、**表1**、**表2**)

図4

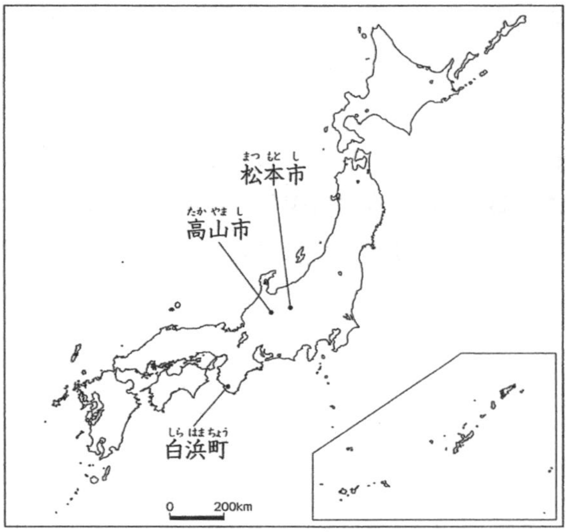

表1　花子さんが調べた三つの地域の主な観光資源《かんこうしげん》

松本市《まつもとし》	松本城《まつもとじょう》、スキー場、古い街なみ、温泉《おんせん》、そば打ち体験
高山市《たかやまし》	合しょう造りの民家、豊かな自然、鍾乳洞《しょうにゅうどう》、古い街なみ、温泉
白浜町《しらはまちょう》	砂浜《すなはま》、温泉、美しい景観、パンダ

（各市町ホームページなどより作成）

表2　太郎《たろう》さんが調べた三つの地域が行っている外国人旅行者のための取り組み

松本市	・中部国際空港との連けい（鉄道やバスへのスムーズな乗りつぎなど） ・観光情報サイトのじゅう実 ・多言語表記などのかん境整備 ・観光産業をになう人材の確保と育成
高山市	・海外への職員派《は》けん ・多言語パンフレットの作成 ・伝統文化とふれ合う場の提供《ていきょう》 ・通訳《つうやく》案内士の養成
白浜町	・観光案内看板《かんばん》の多言語化 ・観光情報サイトのじゅう実 ・外国人向けの観光案内の動画作成 ・多言語によるアンケート調査

（各市町ホームページなどより作成）

太　郎：三つの地域にはいろいろな観光資源《かんこうしげん》があることが分かるね。

花　子：この三つの地域は、観光資源があることの他に、外国人旅行者におとずれてもらうために、さまざまな取り組みをしているね。

太　郎：外国人旅行者が旅行中に困《こま》ったことを調査した結果（**表3**）を見つけたけれど、このような資料を活用しながら、それぞれの取り組みを進めているのかな。

表3　日本をおとずれた外国人旅行者が旅行中に困《こま》ったこと

○情報通信かん境が十分でない。
○クレジットカード支はらいが利用できない場所がある。
○多言語対応が不十分である。
・し設等のスタッフとコミュニケーションがとれない。（英語が通じないなど）
・表示が少ない。分かりにくい。（観光案内板など）
・多言語の地図やパンフレットの入手場所が少ない。
・公共交通の利用方法が分からない。（乗りかえ方法など）
・外国の通貨を円に両がえできる場所が分からない。

（観光庁「訪日《ほうにち》外国人旅行者の国内における受入環境《うけいれかんきょう》整備に関するアンケート結果」平成29年より作成）

〔問題２〕　松本市、高山市、白浜町の三つの地域から一つを選び、その地域で外国人旅行者の延べ宿はく者数がここ数年で大はばに増えているのは、観光資源があることの他にどのような理由が考えられるか、**表2**と**表3**をふまえてあなたの考えを書きなさい。

花　子：外国人旅行者のためのパンフレットやガイドブックには、具体的にどのような工夫《くふう》がされているのかな。

太　郎：東京駅では日本語と日本語以外の言語で書かれている駅構内・周辺案内図があって、もらってきたので日本語の案内図と比べてみようよ。

花　子：案内図（**図5**、**図6**）には、いろいろなマークがたくさんかいてあるね。

太　郎：このマークは案内用図記号というそうだよ。

花　子：この案内図の中の「インフォメーションセンター（案内所）」、「エレベーター」、「郵便《ゆうびん》ポスト」、「バスのりば」を表すマーク（**図7**）は、今までに見かけたことがあるよ。

図5　日本語の東京駅構内・周辺案内図の一部

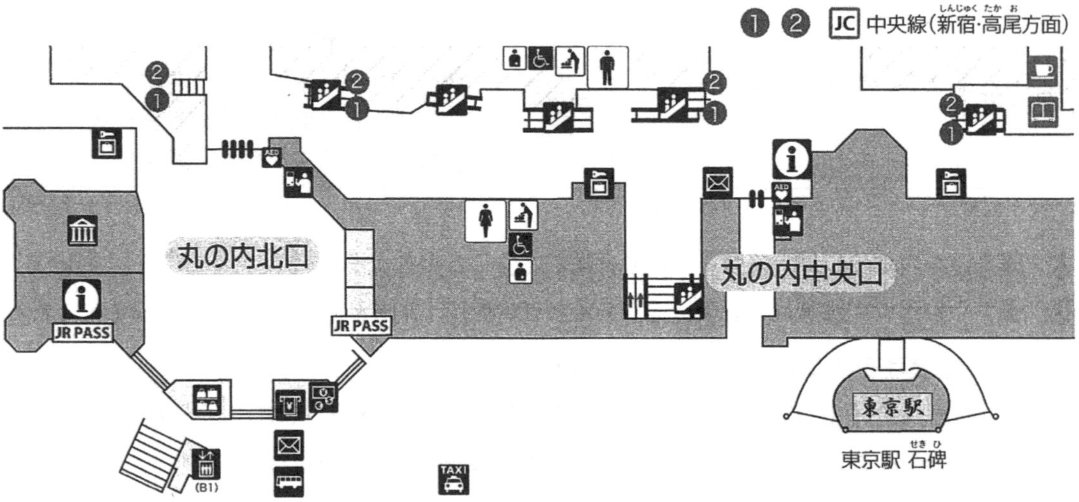

（東京ステーションシティー運営協議会「東京駅構内・周辺案内マップ」より作成）

図6　英語の東京駅構内・周辺案内図の一部

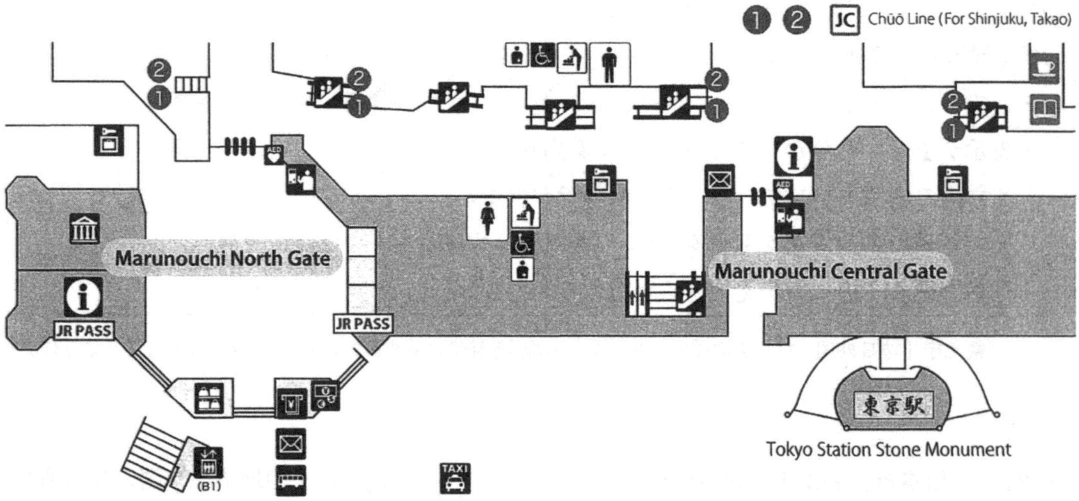

（東京ステーションシティー運営協議会「東京駅構内・周辺案内マップ」より作成）

図7　花子さんが今までに見かけたことがあるマーク

太　郎： このようなマークは外国人旅行者もふくめて、子供《こども》から高れい者まで、さまざまな人に役立っているようだね。

〔問題3〕　太郎さんは「さまざまな人に役立っているようだね。」と言っていますが、案内用図記号にはどのような役割《やくわり》があるか、あなたの考えを二つ説明しなさい。答えは、解答らんの役割1、役割2に分けて書きなさい。

このページには問題は印刷されていません。

3 **太郎《たろう》**さん、**花子**さん、**先生**が先日の校外学習について話をしています。

太　郎： 校外学習の紙すき体験で、和紙は水をよく吸《す》うと教えてもらったね。

花　子： 和紙と比べて、プリント用の紙、新聞紙、工作用紙などのふだん使っている紙は、水の吸いやすさにちがいがありそうだね。和紙と比べてみよう。

二人は先生のアドバイスを受けながら、和紙、プリント用の紙、新聞紙、工作用紙について、**実験1**をしました。

実験1　水の吸《す》いやすさを調べる実験

1　実験で使う紙の面積と重さをはかる。
2　容器に水を入れ、水の入った容器全体の重さを電子てんびんではかる。
3　この容器の中の水に紙を１分間ひたす。
4　紙をピンセットで容器の上に持ち上げ、３０秒間水を落とした後に取り除《のぞ》く。
5　残った水の入った容器全体の重さを電子てんびんではかる。
6　２の重さと５の重さの差を求め、容器から減った水の重さを求める。

太　郎： **実験1**の結果を**表1**のようにまとめたよ。

花　子： 容器から減った水の重さが多いほど、水を吸いやすい紙といえるのかな。

太　郎： 実験で使った紙は、面積も重さもそろっていないから、水の吸いやすさを比べるにはどちらか一方を基準にしたほうがいいよね。

花　子： 紙の面積と紙の重さのどちらを基準にしても、水の吸いやすさについて、比べることができるね。

表1　**実験1**の結果

	和紙	プリント用の紙	新聞紙	工作用紙
紙の面積（cm^2）	４０	８０	２００	５０
紙の重さ（g）	０.２	０.５	０.８	１.６
減った水の重さ（g）	０.８	０.７	２.１	２

〔問題１〕　和紙の水の吸いやすさについて、あなたが比べたい紙をプリント用の紙、新聞紙、工作用紙のうちから一つ選びなさい。さらに、紙の面積と紙の重さのどちらを基準にするかを書き、あなたが比べたい紙に対して、和紙は水を何倍吸うかを**表1**から求め、小数で答えなさい。ただし、答えが割《わ》りきれない場合、答えは小数第二位を四捨五入《ししゃごにゅう》して小数第一位までの数で表すこととする。

花　子：紙すき体験では、あみを和紙の原料が入った液に入れて、手であみを前後左右に動かしながら原料をすくったね。

太　郎：和紙の原料は、コウゾやミツマタなどの植物のせんいだったよ。

花　子：**図1**を見ると、和紙は、せんいの向きがあまりそろっていないことが分かるね。

図1　和紙のせんいの拡大写真《かくだいしゃしん》

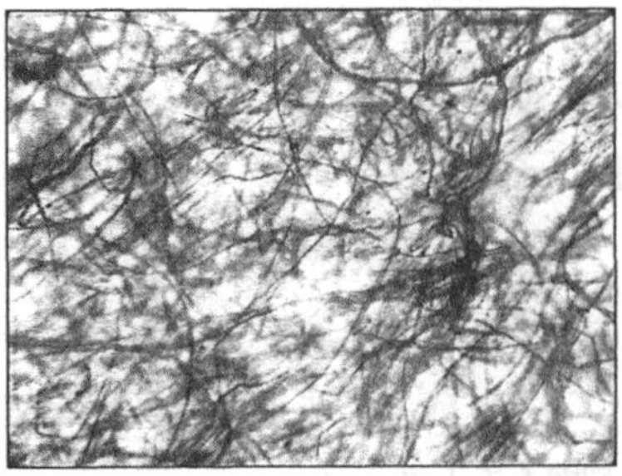

太　郎：ふだん使っている紙は、和紙とどのようにちがうのですか。

先　生：学校でふだん使っている紙の主な原料は、和紙とは別の植物のせんいです。また、機械を使って、あみを同じ向きに動かし、そこに原料をふきつけて紙を作っています。だから、和紙と比べると、より多くのせんいの向きがそろっています。

花　子：ふだん使っている紙のせんいの向きを調べてみたいです。

先生は、プリント用の紙、新聞紙、工作用紙のそれぞれについて、一つの角を選び、**A**方向・**B**方向と名前をつけて、**図2**のように示しました。

図2　方向の名前のつけ方

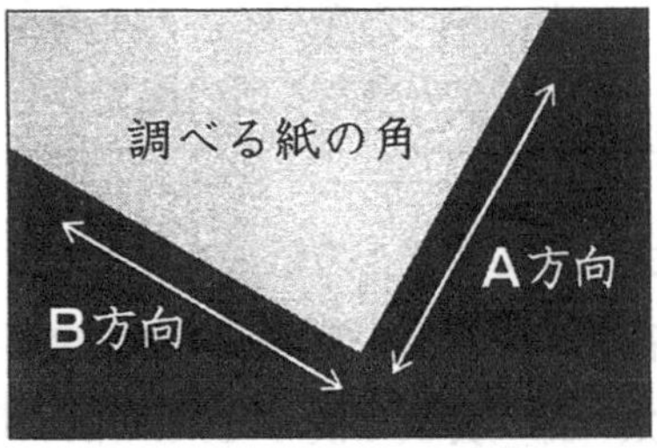

太　郎：それぞれの紙について、せんいの向きが**A**方向と**B**方向のどちらなのかを調べるには、どのような実験をしたらよいですか。

先　生：**実験2**と**実験3**があります。**実験2**は、紙の一方の面だけを水にぬらした時の紙の曲がり方を調べます。ぬらした時に曲がらない紙もありますが、曲がる紙については、曲がらない方向がせんいの向きです。

花　子：それぞれの紙について、先生が選んだ一つの角を使って同じ大きさの正方形に切り取り、**実験2**をやってみます。

実験2の結果は、**図3**のようになりました。

図3　**実験2**の結果

プリント用の紙	新聞紙	工作用紙
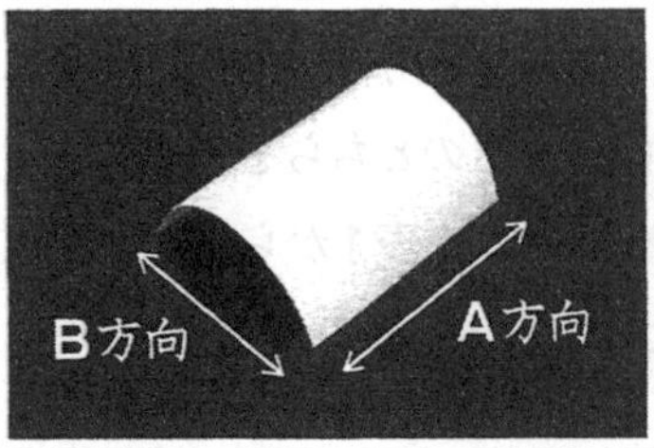	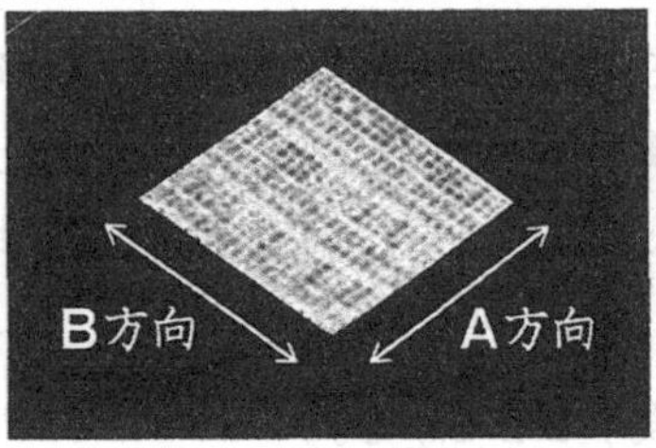	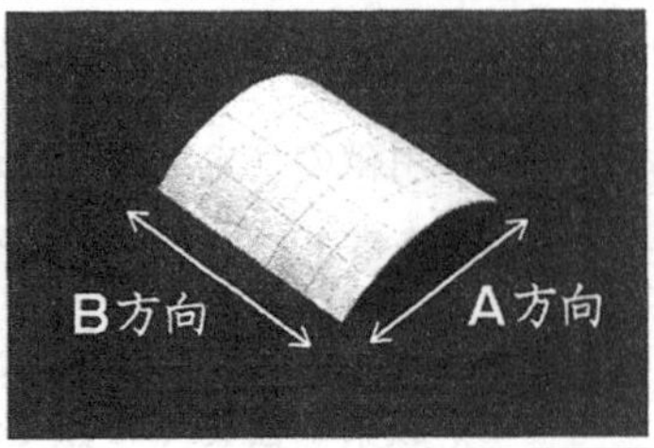

花　子：実験３はどのようなものですか。

先　生：短冊《たんざく》の形に切った紙の垂《た》れ下がり方のちがいを調べます。紙には、せんいの向きに沿《そ》って長く切られた短冊の方が垂れ下がりにくくなる性質がありますが、ちがいが分からない紙もあります。

太　郎：短冊は、同じ大きさにそろえた方がいいよね。

花　子：Ａ方向と**Ｂ**方向は、紙を裏返《うらがえ》さずに**図２**で示された方向と同じにしないといけないね。

二人は、**図２**で先生が方向を示した紙について、**図４**のように**Ａ**方向に長い短冊**Ａ**と、**Ｂ**方向に長い短冊**Ｂ**を切り取りました。そして、それぞれの紙について**実験３**を行いました。その結果は、**図５**のようになりました。

図４　短冊《たんざく》の切り取り方

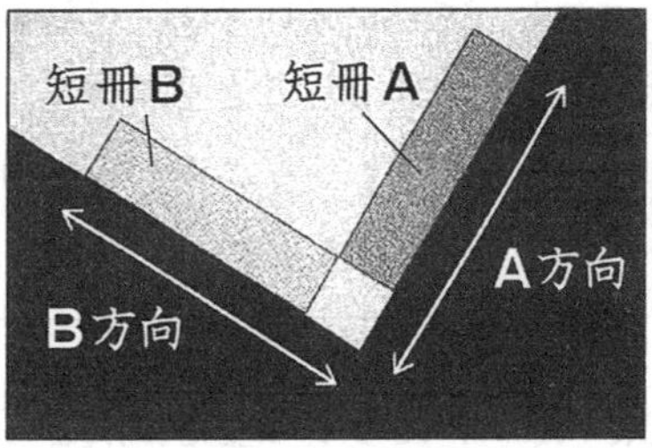

図５　実験３の結果

	プリント用の紙	新聞紙	工作用紙
短冊Ａ			
短冊Ｂ			

太　郎：実験２と**実験３**の結果を合わせれば、プリント用の紙、新聞紙、工作用紙のせんいの向きが分かりそうですね。

〔問題２〕　プリント用の紙、新聞紙、工作用紙のうちから一つ選び、選んだ紙のせんいの向きは、**図２**で示された**Ａ**方向と**Ｂ**方向のどちらなのか答えなさい。また、そのように答えた理由を**実験２**の結果と**実験３**の結果にそれぞれふれて説明しなさい。

太　郎：私《わたし》たちが校外学習ですいた和紙を画用紙にはって、ろう下のかべに展示《てんじ》しようよ。

先　生：昔から使われているのりと同じようなのりを使うといいですよ。

花　子：どのようなのりを使っていたのですか。

先　生：でんぷんの粉と水で作られたのりです。それをはけでぬって使っていました。次のような手順でのりを作ることができます。

> **〔のりの作り方〕**
>
> １　紙コップに２gのでんぷんの粉を入れ、水を加える。
>
> ２　割《わ》りばしでよく混ぜて、紙コップを電子レンジに入れて２０秒間加熱する。
>
> ３　電子レンジの中から紙コップを取り出す。
>
> ４　ふっとうするまで２と３をくり返し、３のときにふっとうしていたら、冷ます。

太　郎：加える水の重さは決まっていないのですか。

先　生：加える水の重さによって、紙をはりつけたときのはがれにくさが変わります。

花　子：なるべく紙がはがれにくくなるのりを作るために加える水の重さを調べたいです。

先　生：そのためには、加える水の重さを変えてできたのりを使って、**実験４**を行うといいです。

太　郎：どのような実験ですか。

先　生：**実験４**は、和紙をのりで画用紙にはってから１日おいた後、**図６**のようにつけたおもりの数を調べる実験です。同じ重さのおもりを一つずつ増やし、和紙が画用紙からはがれたときのおもりの数を記録します。

花　子：おもりの数が多いほど、はがれにくいということですね。

先　生：その通りです。ここに実験をするためのでんぷんの粉が５回分ありますよ。はけでぬるためには、加える水の重さは１回あたり５０g以上は必要です。また、紙コップからふきこぼれないように、１５０g以下にしておきましょう。

太　郎：のりしろは５回とも同じがいいですね。

図６　実験４のようす
（横からの図）

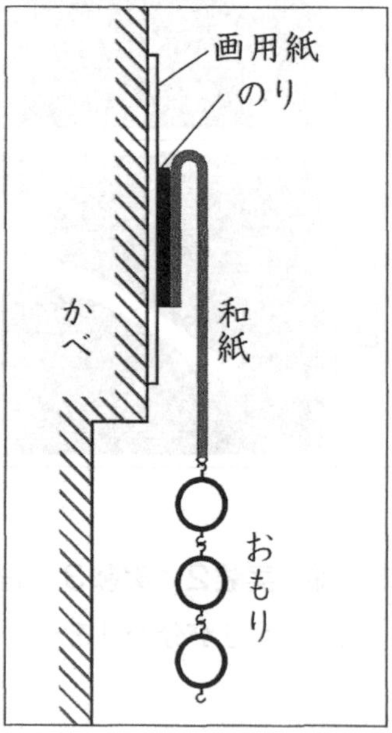

二人は、１回めとして、加える水の重さを５０gにしてできたのりを使って、**実験４**を行いました。そして、２回めと３回めとして、加える水の重さをそれぞれ６０gと７０gにしてできたのりを使って、**実験４**を行いました。その結果は、**表２**のようになりました。

表2　１回めから３回めまでの**実験４**の結果

	１回め	２回め	３回め
加える水の重さ（g）	５０	６０	７０
おもりの数（個）	４４	４６	５３

花　子：さらに加える水を増やしたら、どうなるのかな。たくさん実験したいけれども、でんぷんの粉はあと２回分しか残っていないよ。

先　生：では、あと２回の実験で、なるべく紙がはがれにくくなるのりを作るために加える水の重さを何gにすればよいか調べてみましょう。のりを作る手順は今までと同じにして、４回めと５回めの**実験４**の計画を立ててみてください。

太　郎：では、４回めは、加える水の重さを１００gにしてやってみようよ。

花　子：５回めは、加える水の重さを何gにしたらいいかな。

太　郎：それは、４回めの結果をふまえて考える必要があると思うよ。

花　子：なるほど。４回めで、もし、おもりの数が **（あ）** だとすると、次の５回めは、加える水の重さを **（い）** にするといいね。

先　生：なるべく紙がはがれにくくなるのりを作るために、見通しをもった実験の計画を立てることが大切ですね。

〔問題３〕（１）　５回めの**実験４**に使うのりを作るときに加える水の重さを考えます。あなたの考えにもっとも近い **（あ）** と **（い）** の組み合わせを、次の**Ａ～Ｄ**のうちから一つ選び、記号で書きなさい。

Ａ　**（あ）**３５個　**（い）**　８０g
Ｂ　**（あ）**４５個　**（い）**１１０g
Ｃ　**（あ）**６０個　**（い）**　９０g
Ｄ　**（あ）**７０個　**（い）**１３０g

（２）　あなたが（１）で選んだ組み合わせで実験を行うと、なぜ、なるべく紙がはがれにくくなるのりを作るために加える水の重さを調べることができるのですか。３回めの**実験４**の結果と関連付けて、理由を説明しなさい。

適性検査Ⅲ

注　　意

1　問題は 1 から 2 までで、**8ページ**にわたって印刷してあります。

2　検査時間は**３０分**で、終わりは**正午**です。

3　声を出して読んではいけません。

4　計算が必要なときは、この問題用紙の余白を利用しなさい。

5　答えは全て解答用紙に明確に記入し、**解答用紙だけを提出しなさい。**

6　答えを直すときは、きれいに消してから、新しい答えを書きなさい。

7　**受検番号**を解答用紙の決められたらんに記入しなさい。

東京都立富士高等学校附属中学校

問題は次のページからです。

1　**ショウ**さんと**ユミコ**さんのきょうだいは、**おじさん**の畑でジャガイモほりをしました。
二人は、今日とったジャガイモについて話をしています。

ショウ　：ジャガイモの大きさがばらばらだね。
ユミコ　：それぞれどれくらいの重さなのかな。量ってみようよ。

二人は、とったジャガイモの重さを量ることにしました。以下の**表１**は、ジャガイモの重さを量り、記録したものです。

表１　二人がとったジャガイモの重さ

１個め：１００g	２個め：１１０g	３個め：　７５g	４個め：　４６g
５個め：１２７g	６個め：３２０g	７個め：　９９g	８個め：１０３g

ショウ　：平均すると、どれくらいの重さなのかな。お店で売っているジャガイモよりも重い気がするな。全部の重さを足して、個数で割《わ》れば平均の重さが出るよね。結果は１２２．５gだね。
ユミコ　：調べてみたらお店で売っているジャガイモの重さは約１００gらしいから、おじさんの畑でとれたジャガイモは少し重いね。重さがばらばらだけど、今のやり方で平均の重さを出してもいいのかな。
おじさん：極たんな重さのものを除《のぞ》いて考える方法もあるよ。例えば、軽いほうから順番にジャガイモを１列に並《なら》べて、並べたジャガイモを四等分するようにグループを考えるんだ。そのうち、真ん中の二つのグループに入ったジャガイモの平均の重さを出すんだよ。
ショウ　：今日とれたジャガイモは全部で８個あるから、四等分だと、２個ずつになるようにグループに分けるんだね。真ん中の４個の平均の重さを考えればいいのか。

〔問題１〕　おじさんが説明してくれたやり方で、ジャガイモの平均の重さを出すと何gになるでしょうか。答えなさい。

ショウ　：とったジャガイモの重さを全部量って、軽い順に並べるのは大変だね。

おじさん：うちでは、軽い順に並べるために、コンピュータを使って特別な方法で並べているんだよ。ためしに数字を使って説明してみようか。

例えば、「3　1　5　4　2」という順に並んでいる数字を、左から小さい順に並べるとする。「左側から順に数字を見ていって、右どなりの数字のほうが小さかったら左右の数字を入れかえる」という作業をして、入れかえがなくなるまでその作業をくり返すんだ。

スタート：3　1　5　4　2
1周め①：1　3　5　4　2
　　　②：1　3　4　5　2
　　　③：1　3　4　2　5

これで右はしまで数字を見たことになるね。そうしたらもう一度、左はしから順番に見ていって、

2周め　：1　3　2　4　5

さらにもう一度左から作業をすると、

3周め　：1　2　3　4　5

これで左から順番に数字が並んだね。合計3周で、5回数字を入れかえて、小さい順に並べかえることができたんだよ。

〔問題2〕　二人はおじさんが説明してくれた方法をためしてみることにしました。二人がとった8個のジャガイモを1個めから順にア、イ、ウ、…、クと名づけます。その中から5個のジャガイモを取り出し、ある順番に並べてから作業を行ったところ、並べかえるまでに2周かかりました。ジャガイモは最初どのように並んでいたでしょうか。以下の**表2**を参考に、ア～クの中から5個選び、初めの並び方を解答らんに書きなさい。

表2　ア～クの名前をつけたジャガイモの重さ

ア：100g	イ：110g	ウ：　75g	エ：　46g
オ：127g	カ：320g	キ：　99g	ク：103g

おじさん：「並べかえ」を英語では「ソート」と言うんだけれど、いろいろな種類の「ソート」があるんだよ。

ショウ　：ほかにはどんな「ソート」があるんだろう。

おじさん： では、「ソート」の例として、「富士ソート」のやり方を実際にやりながら説明してあげよう。

富士ソート　やり方の手順

最初の数字の並び方：５　９　１　４　８　７　２　６　３

（１）　好きな数字を選び、全体をその右側と左側に分けて考える。
例えば８を選ぶと、左側が「５　９　１　４」となり、
右側が「７　２　６　３」となる。

（２）　左側からは８よりも大きい数字を見つけ、並んでいた順番通りに右はしに移動させ、右側からは８よりも小さい数字を見つけ、並んでいた順番通りに左はしに移動させる。選んだ数字の８には◯をつける。

５　９　１　４　８　７　２　６　３
７　２　６　３　５　１　４　⑧　９

（３）　（１）と（２）の作業をくり返す。例えば５を選び、左右の数字を移動させる。選んだ数字の５には◯をつける。また、以前の作業で◯をつけた数字（この場合は⑧）をまたいで数字を動かすことはできない。

７　２　６　３　５　１　４　⑧　９
１　４　２　３　⑤　７　６　⑧　９

（４）　次に、６を選び、７を移動させる。

１　４　２　３　⑤　７　６　⑧　９
１　４　２　３　⑤　⑥　７　⑧　９

（５）　次に、２を選び、４を移動させる。

１　４　２　３　⑤　⑥　７　⑧　９
１　②　３　４　⑤　⑥　７　⑧　９

以上で数字がすべて小さい順に並んだ。この場合、作業の回数は４回である。なお、作業の回数と、◯をつけた数字の個数は等しくなる。

解答用紙　適性検査Ⅰ

1

〔問題1〕

24

35

ようになる。

20

10点

※

〔問題2〕

24

35

という態度。

20

20点

※

〔問題3〕

20

100

70点

※

※

※100点満点

受検番号

得点
※

※のらんには何も記入しないこと。

解答用紙　適性検査Ⅱ

※100点満点

受　検　番　号	得　　点
	※

※のらんには、記入しないこと

1

〔問題１〕　８点

〔しおりにする前の状態〕

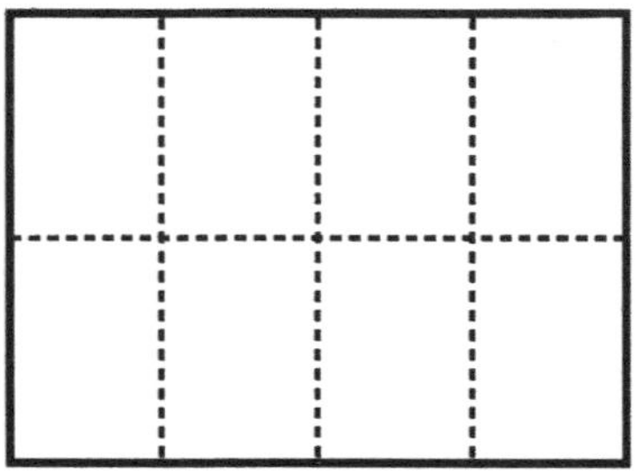

※

〔問題２〕　16点

約束２ で表現したときの漢字と数字の合計の個数	〔答え〕　　個
漢字と数字の合計の個数が少ない約束	〔答え〕　約束

〔理由〕

※

〔問題３〕　16点

〔「★」の位置に置くおもちゃの向き〕

（　　）

（　　）

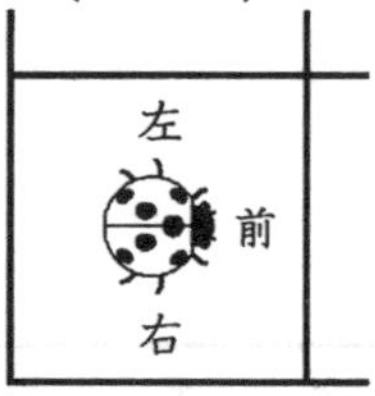

〔カードの並《なら》べ方〕

○○○○○○○○○○

※

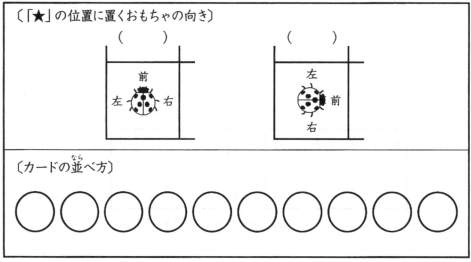

（31　富士）

解答用紙　適性検査Ⅲ

※100点満点

受検番号

得点
※

※のらんには、記入しないこと

1

〔問題１〕 10点

g

※

〔問題２〕 15点

※

〔問題３〕 25点

作業をした結果の数字の並《なら》び方							
12	30	18	42	36	6	48	24

※

2

〔問題１〕　10点

正三角形

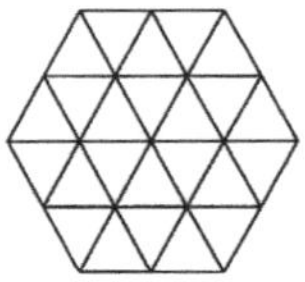

□ 個

正六角形

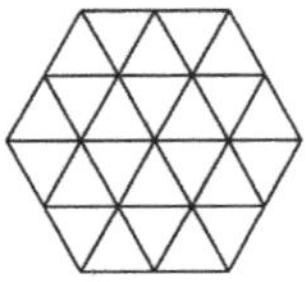

□ 個

※

〔問題２〕　15点

正三角柱				
正四角柱				

※

〔問題３〕　25点

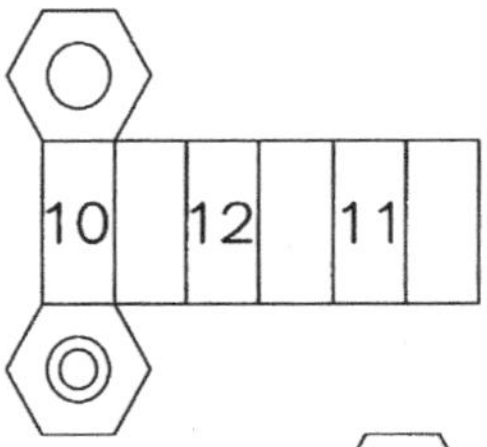

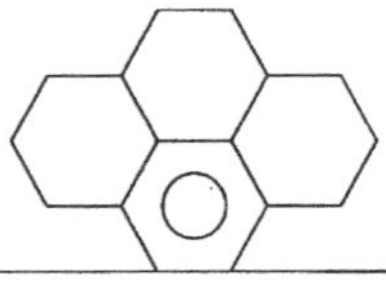

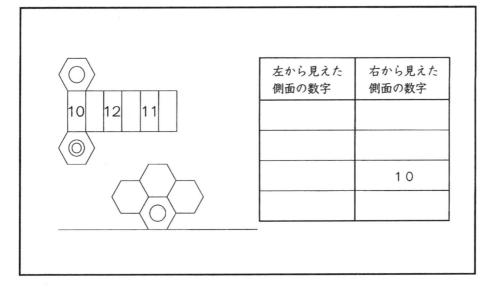

左から見えた側面の数字	右から見えた側面の数字
	１０

※

2

〔問題１〕　12点

(あ)

(い)　　　　倍

(う)

(え)　　　　倍

※

〔問題２〕　８点

〔選んだ地域《ちいき》〕

〔あなたの考え〕

※

〔問題３〕　10点

〔役割《やくわり》１〕

〔役割２〕

※

3

〔問題1〕 6点

〔比べたい紙〕

〔基準にするもの〕

〔和紙は水を何倍吸《す》うか〕 倍

※

〔問題2〕 12点

〔選んだ紙〕

〔せんいの向き〕 方向

〔理由〕

※

〔問題3〕 12点

(1)

(2)

※

(31　富士)

440　400　300　200

※

〔問題３〕「富士ソート　やり方の手順」を参考にして、以下の８個の数字を、「富士ソート」を使って、左から小さい順に並べかえなさい。作業ごとに数字を移動させた後の並びを解答らんに記入し、選んだ数字には◯をつけること。解答の際には下の**例１**を参考にしなさい。なお、解答らんの行をすべて使う必要はありません。

12　30　18　42　36　6　48　24

例１　「富士ソート　やり方の手順」の作業を解答らんに記入した例

作業をした結果の数字の並《なら》び方								
5	**9**	**1**	**4**	**8**	**7**	**2**	**6**	**3**
7	2	6	3	5	1	4	⑧	9
1	4	2	3	⑤	7	6	⑧	9
1	4	2	3	⑤	⑥	7	⑧	9
1	②	3	4	⑤	⑥	7	⑧	9

2 **シンヤ**さんと**ナオコ**さんはコンパスを使った正六角形のかき方を先生から教わったので、その復習をしています。二人は**図１**のように、正六角形に線を引いています。

シンヤ　：コンパスって正六角形をかく時にも使えるんだね。では、完成した正六角形が６個の同じ大きさの正三角形に分かれるように３本の対角線を引いてみるよ。

ナオコ　：私《わたし》はシンヤさんが作った正三角形を、さらに４個の同じ大きさの正三角形に分けるように線を引くね。

図１　二人が正六角形に線を引いた様子

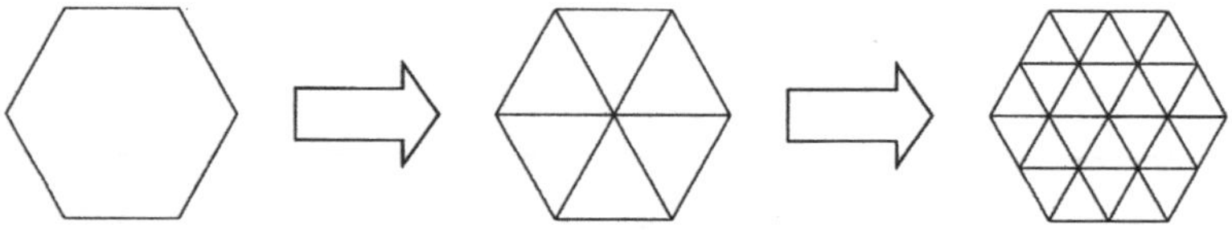

正六角形ア　　　正六角形イ　　　正六角形ウ

シンヤ　：大きさがちがう正三角形や、台形、平行四辺形がいくつもあるね。全部でいくつあるのかな。

〔問題１〕　二人が作図した**図１**の正六角形ウの中にふくまれる正三角形と正六角形を一種類ずつ見つけて、それぞれの個数を答えなさい。同じ形でも大きさが異《こと》なるものは、別の図形とし、回転して重なる図形は同じものとみなします。ただし、解答らんの図を用いて選んだ図形がどの図形なのか、その図形を一つぬりつぶして示し、正六角形ウにふくまれるすべての個数を答えること。なお、正六角形ウの辺を使ってもかまいません。

シンヤさんはカバンの中からいくつかの消しゴムを取り出しました。

シンヤ　：ぼくはいろいろな形の消しゴムを集めるのが好きなんだ。この正三角柱、正四角柱、正六角柱の形をした消しゴムは、三角形や四角形、六角形を底面としたときの、側面の長方形が合同なんだ。

図２　シンヤさんがカバンから取り出した消しゴム

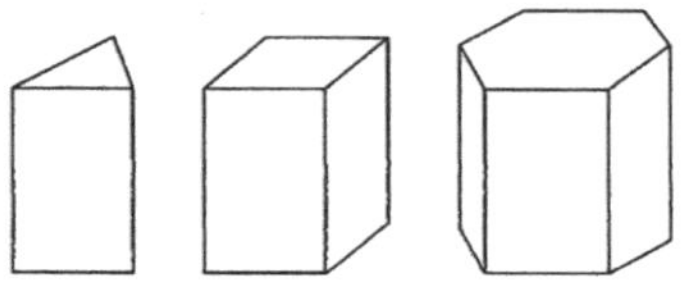

ナオコ　：それぞれサイコロのようにしたら、何かおもしろいことができそうだね。

二人は、正三角柱と正四角柱の消しゴムに、すけない白い紙で作ったカバーをつけてそれぞれの側面に、１～９までの好きな整数を一つずつ書きこむことにしました。それぞれ出来上がったカバーをつけた消しゴムを転がして、机《つくえ》にふれた面の数字がいくつになるか、確認《かくにん》しています。

ナオコ　：カバーをつけた二種類の消しゴムを使って、ゲームをしてみようよ。こんなますを用意してみたよ。全部で１０ますあるけど、○、☆、▲のマークがついたますに、どの数字がふれるかを考えるゲームはどうかな。

図３　ナオコさんが用意したます

○					☆		▲		

シンヤ　：なるほど、転がしたときに、○、☆、▲のますにふれたカバーの面に書かれている数字を考えるんだね。ふつうのサイコロだったら上向きの面だけど、正三角柱もあるからますにふれた面を考えるんだ。

〔問題２〕　**図３**のナオコさんが用意したますの上で、カバーをつけた消しゴムを○のますから右に向けて転がします。ただし、カバーをつけた消しゴムはすべらず、１ますにつき一つの側面がふれるように転がります。二人が転がした結果、それぞれのますにふれた数字について、

（○にふれた数字）＋（☆にふれた数字）＝５
（☆にふれた数字）＋（▲にふれた数字）＝７

となりました。カバーの側面には、どのような数字が書かれていたでしょうか。正三角柱と正四角柱のそれぞれの場合について、考えられる側面の数字の組み合わせを一つずつ答えなさい。なお、最初にますにふれた数字を解答らんの一番左に記入し、転がしたときにますにふれる順番通りに残りの数字を解答らんに記入しなさい。

シンヤさんは、正六角柱消しゴムだけを残し、残りの消しゴムを片《かた》付《づ》けました。

ナオコ　：転がすだけではなくて、積み木みたいに積んでいっても楽しそうだね。

シンヤ　：まずは、そのために使う正六角柱消しゴムのカバーを作ろう。側面の数字が１から６まで順番に並んでいる、基本のものを１個と、もう一種類、別の数字を並べたものを３個、合計４個の正六角柱消しゴムを作ろう。

ナオコ　：正六角柱消しゴムの二つの底面にもカバーをつけて、別のマークをかこう。

図4　基本の正六角柱消しゴムの図と、カバーの展《てん》開《かい》図《ず》

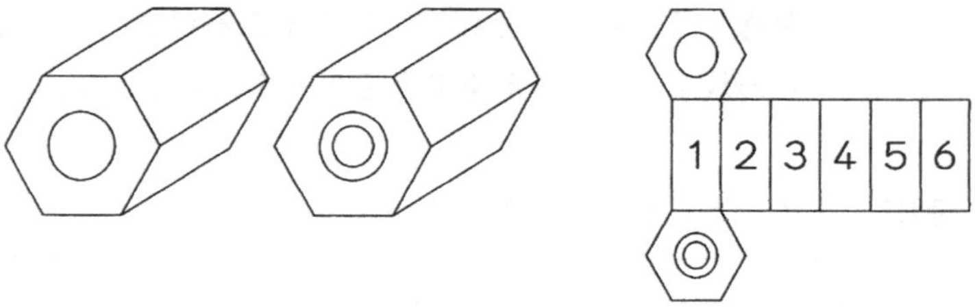

正六角柱消しゴムのカバーの作り方
（１）：基本の正六角柱消しゴムのカバーは、**図4**の通りに１個作る。
（２）：（１）で作ったカバーのほかに、もう一種類のカバーを３個作る。合計でカバーは４個になる。
（３）：（２）で作るカバーの側面の数字は、７～１２までの整数を一つずつ書きこむ。１度使った数字を再び使うことはできない。二つの底面のマークは基本のカバーと同じものとする。
（４）：基本のカバーをつけた正六角柱消しゴムを「消しゴム　あ」、（２）で作ったカバーをつけた正六角柱消しゴムを「消しゴム　い」と名付ける。

二人は、出来上がったカバーを数字とマークが見える向きでつけて、カバーをつけた正六角柱消しゴムの積み方と接着方法のルールを８ページの通りに決めました。また、以後カバーをつけた正六角柱消しゴムを見る方向を**図5**のように定めます。

図5　カバーをつけた正六角柱消しゴムを４個接着したものを見るときの呼《よ》び方

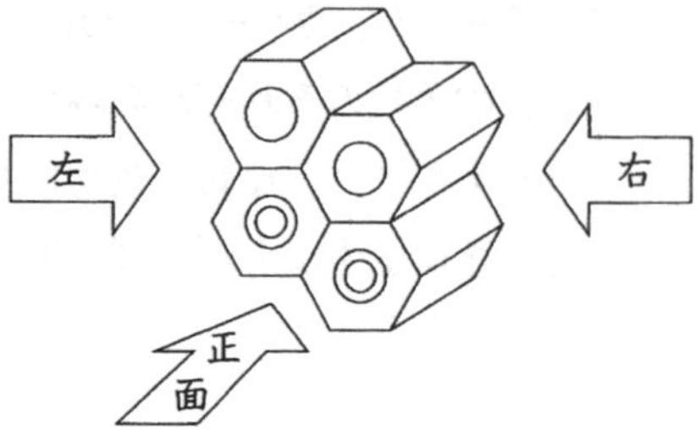

カバーをつけた正六角柱消しゴムの積み方と接着方法のルール

○「消しゴム　あ」の６の面を台紙に固定する。その際、正面に向くマークは○になるようにする。

○その後、「消しゴム　い」を、**図6**の形になるように、「消しゴム　あ」に接着していく。接している面はすべて接着するものとする。

○接着する際は強力な接着ざいで側面同士をはみ出すことなく接着するので、カバーをつけた正六角柱消しゴムが落ちたり転がったりすることはない。

○二つの接着面の**数字の合計がぐう数になる場合のみ**接着することができる。

○正面から見えるマークは○と◎が二つずつになるように接着する。

図6　カバーをつけた正六角柱消しゴムを４個接着したものを正面から見た図

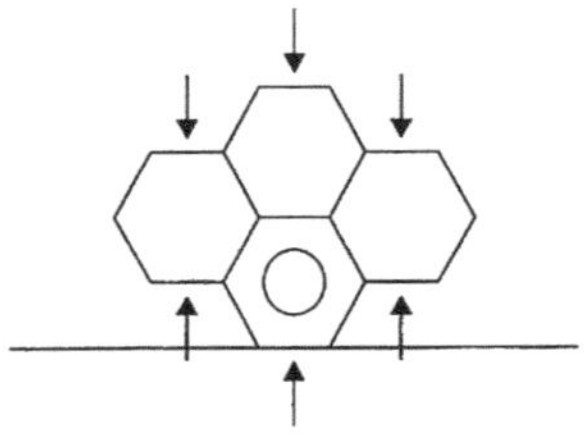

図中で矢印をつけた、数字の書かれている六つの側面は、右からも左からも見ることができない。

〔問題３〕　今回用いた、「消しゴム　い」のカバーの７～１２の数字の並びを、解答らんの展開図を利用して書きこみなさい。ただし、数字の向きに関しては問わないこととする。また、実際にどのように「消しゴム　い」を接着すればよいのか、解答らんに、正面を向いているマークと側面の数字を以下の**例１**を参考に記入しなさい。なお、すでに解答らんの展開図には、１０～１２の数字が記入されており、右から見えた側面の数字も一つ記入されています。

例１　答え方の例

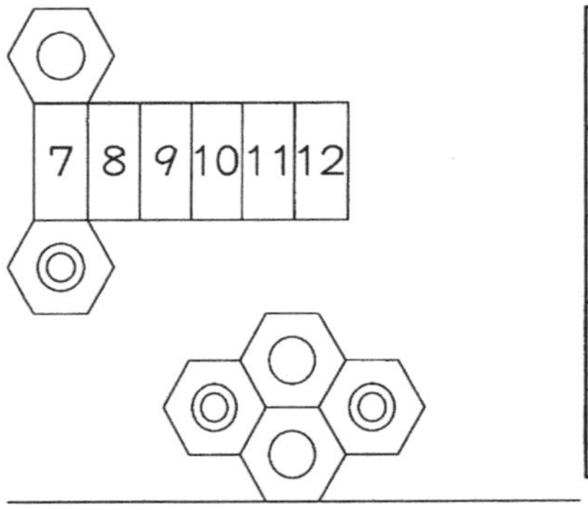

左から見えた側面の数字	右から見えた側面の数字
１１	１２
７	８
１２	９
２	３

（注意）

○　左から見たときに見える側面の数字と、右から見たときに見える側面の数字をそれぞれ上から順番に表の中に記入すること。

○　**例１**で示した図と表の数字は正しいものとは限らない。